装备全寿期可靠性系统工程
Equipment Life Cycle Reliability System Engineering

史跃东 刘 凯 楼京俊 著

华中科技大学出版社
中国·武汉

内 容 简 介

本书从系统工程和全寿期的角度详细阐述了装备可靠性系统工程的基础知识与核心应用技术。主要内容包括装备可靠性系统工程的技术内涵、理论体系与知识引论，装备研制阶段可靠性系统工程的建模、设计与数据分析，装备使用阶段可靠性系统工程的维修策略管理与供应保障优化等。

本书定位于装备通用质量与系统工程领域的基础类入门读物，旨在通过内容翔实的可靠性系统工程基础知识论述，以及面向装备全寿期的类型多样、内容丰富的可靠性系统工程应用案例释析，为读者全面理解可靠性系统工程的技术内涵，深刻认知其潜在工程应用价值，提供技术引导与实践参考。

本书对于从事装备论证、研制、生产、使用、维修以及全寿期通用质量工程管理的工程技术人员具有重要价值，也可作为工业工程管理专业的本科生与研究生教学教材。

图书在版编目(CIP)数据

装备全寿期可靠性系统工程/史跃东，刘凯，楼京俊著．—武汉：华中科技大学出版社，2024.4
ISBN 978-7-5772-0636-3

Ⅰ.①装… Ⅱ.①史… ②刘… ③楼… Ⅲ.①武器装备-设备时间利用率-可靠性工程 Ⅳ.①E144

中国国家版本馆 CIP 数据核字(2024)第 079486 号

装备全寿期可靠性系统工程	史跃东 刘 凯 楼京俊 著
Zhuangbei Quanshouqi Kekaoxing Xitong Gongcheng	

策划编辑：张少奇
责任编辑：李梦阳
封面设计：廖亚萍
责任校对：王亚钦
责任监印：朱 玢

出版发行：华中科技大学出版社(中国·武汉)　　电话：(027)81321913
　　　　　武汉市东湖新技术开发区华工科技园　　邮编：430223
录　排：武汉市洪山区佳年华文印部
印　刷：武汉科源印刷设计有限公司
开　本：787mm×1092mm　1/16
印　张：12
字　数：315千字
版　次：2024年4月第1版第1次印刷
定　价：68.00元

本书若有印装质量问题，请向出版社营销中心调换
全国免费服务热线：400-6679-118　竭诚为您服务
版权所有　侵权必究

道虽迩，不行不至；事虽小，不为不成。

——《荀子·修身》

谨以此书献予海军工程大学常年从事艰辛装备保障工作的全体同仁。

前　言

　　装备作为一类附加了"军事任务属性"的特殊工业产品,其技术状态完好要求和任务功能保持要求均远高于普通的工业产品。为此,如何通过优良的技术设计与科学的工程管理,长期稳定保持装备的技术状态完好,一直是装备可靠性工程与保障性工程领域研究的热点与难点问题。传统的装备可靠性工程与保障性工程研究,大都围绕各自专题领域关注的重点内容,探讨解决问题的有效技术方法与改进工程手段。此种研究方法,虽然可在各自的研究领域内有所建树与突破,但从长期的装备保障工程实践看,并不能保证装备全寿期综合保障工程管理成效的最优化,即装备技术状态与任务功能的保持成效欠佳。甚至,部分工程实现层面的技术"脱节"困境,导致装备全寿期的综合保障工程管理成效只能"差强人意"。

　　随着当今装备制造科技的高速发展,装备结构越发复杂,内置单元数目越发庞大,多样化环境下的使用要求越发苛刻,伴之而来,装备任务期内保持技术状态完好的工程实现难度也越发增加。此时,装备通用质量设计要求与综合保障工程管理成效要求已在装备制造产业中上升到前所未有的重要地位。为应对当今装备制造产业发展的新趋势,需摒弃陈旧的装备设计制造"惯性"思维,契合装备的新特点和新使用需求,树立装备全寿期可靠性系统工程设计制造的新思维、新理念和新认识。装备全寿期可靠性系统工程建立于传统的装备系统工程、可靠性工程和保障性工程基础之上,其以装备潜在故障特征为主要研究脉络,融合系统工程、维修性与维修管理、保障性与综合保障等诸多工程理论,旨在探究能够有效抑制装备故障发生、有效规划装备维修决策、有效筹措装备供应保障资源的系列先进工程技术与工程管理方法,以确保装备在使用期内能够长期稳定保持技术状态完好,具备成功遂行多样化任务的最佳可能。

　　本书重点论述装备全寿期可靠性系统工程的基本内涵,知识引论,研制期间的建模、设计与分析,使用期间的维修策略管理与供应保障优化等核心技术内容。其中:第1章概述装备可靠性系统工程的基本内涵、核心问题、技术特点与现实价值,引导读者树立先进正确的装备全寿期可靠性系统工程观;第2章介绍装备可靠性系统工程理论体系中的常见术语、定义及其相关测度解算模型,为读者学习后续章节的技术内容,提供先导理论支撑与基础知识铺垫;第3章详述装备研制阶段科学实施可靠性系统工程建模所需关注的系列技术问题,旨在通过成体系、多层面的建模方法论述,全面解构装备寿命周期内的复杂故障衍生规律;第4章探讨装备研制阶段可靠性系统工程"设计分析"层面的系列技术问题,旨在通过多角度、多类型的设计分析论述,深度挖掘影响装备通用质量特性生成的诸项关键技术要素;第5章专题论述如何利用历史统计数据,科学分析估计装备可靠性系统工程的诸项特征参数,进而合理评判装备通用质量特性指标的工程统计验证方法;第6章详细阐述装备使用阶段可靠性系统工程中的系列维修策略管理问题,旨在通过解构不同维修策略的工程应用优缺点,探索一套能够有效保持装备最佳可用状态的维修工作管理方法;第7章专题论述装备使用阶段备件供应保障的需求预测与储供优化问题,旨在给出便于工程实现的需求预测模型与最佳动态订货方案,进而为高效实施各类型维修工作活动、快速恢复装备技术完好状态,提供坚实的工程技术支持。

北宋学者张载有言:"为天地立心,为生民立命,为往圣继绝学,为万世开太平。"本书的编撰初衷为对"往圣绝学"的继承与发展。本书主体技术内容是对以往系统工程、可靠性工程、维修性工程、保障性工程、综合保障工程等行业经典知识的继承、丰富、发展与融合式推进。本书既可作为学习装备可靠性系统工程与通用质量工程的基础性读物,又可作为装备保障工程实践领域的引导性与衔接性读物。鉴于篇幅所限,本书重点阐述了装备研制与使用阶段可靠性系统工程涉及的部分核心工程技术问题,并辅以大量翔实的工程算例来加深知识理解与消化,而对于信息化、网络化、无人化、智能化等装备保障前沿领域的知识内容,并未做过多阐述。本书对于从事装备通用质量论证、设计、评估,以及装备全系统研制、生产、使用、保障、管理的相关工程技术人员,具有重要研读价值,也可作为国内军事装备学专业、系统工程专业、工业工程管理专业的本科生与研究生教材。

在成书过程中,感谢海军工程大学舰船与海洋学院各位领导、同事的大力支持,特别感谢朱石坚教授、金家善教授、王德石教授对本书各章节内容提出的宝贵修改意见。感谢华中科技大学出版社张少奇老师、李梦阳老师及其他编辑的辛勤工作。最后,本书的完成离不开作者家人的大力支持与默默付出。

《墨子·修身》有言:"士虽有学,而行为本焉。"囿于作者的知识水平与工程实践经验所限,书中所述装备全寿期可靠性系统工程内容难免存在疏漏之处,敬请广大读者批评指正。作者联系方式:trigger_1982@163.com。

作 者

2024 年 2 月

目　　录

第一篇　理论基础篇

第1章　可靠性系统工程概述 (3)
- 1.1　可靠性系统工程的基本内涵 (3)
  - 1.1.1　可靠性 (3)
  - 1.1.2　可靠性系统工程 (3)
- 1.2　装备全寿期内的可靠性系统工程问题 (4)
  - 1.2.1　装备全寿期 (4)
  - 1.2.2　装备全寿期内的可靠性系统工程问题 (4)
- 1.3　可靠性系统工程的技术特点 (5)
- 1.4　可靠性系统工程的现实价值 (6)
- 1.5　本书的主要论述内容 (7)
  - 1.5.1　篇章内容安排 (7)
  - 1.5.2　内容体系概览 (8)

第2章　可靠性系统工程引论 (9)
- 2.1　可靠性工程引论 (9)
  - 2.1.1　可靠性 (9)
  - 2.1.2　故障概率 (9)
  - 2.1.3　固有可靠度 (16)
  - 2.1.4　任务可靠度 (21)
  - 2.1.5　风险率 (22)
  - 2.1.6　平均故障前时间 (26)
  - 2.1.7　平均故障间隔时间 (31)
  - 2.1.8　可靠寿命 (32)
  - 2.1.9　免维修使用周期 (33)
- 2.2　维修性工程引论 (36)
  - 2.2.1　维修与维修性 (36)
  - 2.2.2　维修持续时间 (36)
  - 2.2.3　维修人力时间 (38)
  - 2.2.4　维修资源 (39)

2.2.5 维修费用 (40)
2.3 保障性工程引论 (41)
   2.3.1 保障性 (41)
   2.3.2 保障概率 (42)
   2.3.3 瞬态可用度 (43)
   2.3.4 平均可用度 (46)
   2.3.5 固有可用度 (46)
   2.3.6 可达可用度 (47)
   2.3.7 使用可用度 (49)

第二篇 工程设计篇

第3章 可靠性系统工程建模 (53)
3.1 可靠性框图 (53)
3.2 串联构型装备系统的可靠性建模 (54)
3.3 并联构型装备系统的可靠性建模 (58)
3.4 串并混联装备系统的可靠性建模 (61)
   3.4.1 串并构型 (61)
   3.4.2 并串构型 (62)
   3.4.3 混联构型 (62)
3.5 表决构型装备系统的可靠性建模 (65)
3.6 冗余构型装备系统的可靠性建模 (67)
   3.6.1 冷储备构型 (67)
   3.6.2 温储备构型 (68)
   3.6.3 热储备构型 (69)
3.7 桥联构型装备系统的可靠性建模 (71)
3.8 基于可靠特性的供应保障需求预测建模 (73)
   3.8.1 非齐次泊松过程 (73)
   3.8.2 更新过程 (73)

第4章 可靠性系统工程设计 (77)
4.1 可靠性分配 (77)
   4.1.1 等分配法 (77)
   4.1.2 AGREE 分配法 (78)
   4.1.3 ARINC 分配法 (79)
   4.1.4 评分分配法 (80)
4.2 维修性分配 (83)
4.3 保障性分配 (84)
4.4 故障模式、影响及危害性分析 (84)

        4.4.1 分析程序 …………………………………………………………… (85)
        4.4.2 故障模式与影响分析案例 …………………………………………… (90)
        4.4.3 危害性分析案例 ……………………………………………………… (95)
        4.4.4 设计改进与使用补偿措施分析案例 ……………………………… (95)
    4.5 故障树分析 ……………………………………………………………………… (100)
        4.5.1 分析基础 ……………………………………………………………… (100)
        4.5.2 分析程序 ……………………………………………………………… (101)
        4.5.3 分析案例 ……………………………………………………………… (102)
    4.6 寿命周期费用分析 ……………………………………………………………… (103)
第 5 章 可靠性系统工程数据分析 ……………………………………………………… (107)
    5.1 参数估计分析 …………………………………………………………………… (107)
    5.2 统计回归分析 …………………………………………………………………… (113)
        5.2.1 指数分布线性回归 …………………………………………………… (114)
        5.2.2 威布尔分布线性回归 ………………………………………………… (117)
    5.3 最大似然估计 …………………………………………………………………… (120)
        5.3.1 指数分布最大似然估计 ……………………………………………… (121)
        5.3.2 正态分布最大似然估计 ……………………………………………… (122)

第三篇 保障实践篇

第 6 章 可靠性系统工程维修策略管理 ………………………………………………… (127)
    6.1 维修 ……………………………………………………………………………… (127)
        6.1.1 基本内涵 ……………………………………………………………… (127)
        6.1.2 工程目的 ……………………………………………………………… (127)
    6.2 维修级别 ………………………………………………………………………… (128)
        6.2.1 用户级 ………………………………………………………………… (128)
        6.2.2 中继级 ………………………………………………………………… (128)
        6.2.3 基地级 ………………………………………………………………… (128)
    6.3 维修类别 ………………………………………………………………………… (129)
        6.3.1 修复性维修 …………………………………………………………… (129)
        6.3.2 预防性维修 …………………………………………………………… (129)
        6.3.3 预测性维修 …………………………………………………………… (130)
    6.4 维修策略 ………………………………………………………………………… (130)
        6.4.1 基于故障的"事后"维修 …………………………………………… (131)
        6.4.2 基于可靠特征的定期"事前"维修 ………………………………… (131)
        6.4.3 基于状态监测的"视情"维修 ……………………………………… (132)
        6.4.4 维修策略选择的基本原则 …………………………………………… (134)
    6.5 维修策略优化 …………………………………………………………………… (135)

6.5.1　预防性维修最优换件周期 …………………………………………（135）
　　6.5.2　原件修复与换件修复 ………………………………………………（136）
　　6.5.3　以可靠性为中心的维修工作类型分析 ……………………………（138）
第7章　可靠性系统工程供应保障优化 …………………………………………（145）
　7.1　供应保障术语定义 …………………………………………………………（145）
　7.2　供应保障需求影响因素分析 ………………………………………………（148）
　7.3　面向"换件修复"策略的供应保障需求预测 ……………………………（149）
　　7.3.1　基于"齐次泊松过程"的供应保障需求预测 ……………………（149）
　　7.3.2　基于"更新过程"的供应保障需求预测 …………………………（154）
　7.4　面向"原件修复"策略的供应保障需求预测 ……………………………（157）
　　7.4.1　基于"生灭过程"的供应保障需求预测 …………………………（158）
　　7.4.2　基于"帕姆定理"的供应保障需求预测 …………………………（162）
　7.5　多层次供应保障需求预测 …………………………………………………（163）
　7.6　多级别供应保障需求预测 …………………………………………………（164）
　7.7　储供优化目标及影响因素分析 ……………………………………………（166）
　7.8　面向"经济订货"策略的储供优化决策 …………………………………（167）
　7.9　几类常见的储供优化管理技术方法 ………………………………………（167）
　　7.9.1　非线性整数规划法 …………………………………………………（168）
　　7.9.2　边界分析法 …………………………………………………………（168）
　　7.9.3　蒙特卡罗仿真法 ……………………………………………………（172）
附录 …………………………………………………………………………………（175）
英文缩略语 …………………………………………………………………………（178）
参考文献 ……………………………………………………………………………（180）

第一篇

理论基础篇

可靠性系统工程基础

"合抱之木,生于毫末;九层之台,起于累土。"
——《老子》

本书的第一篇,主要阐述可靠性系统工程的基本内涵、技术特点、工程价值和系列理论基础内容。接下来的章节,将涉及如下问题:

(1) 什么是装备可靠性系统工程;
(2) 装备全寿期内涉及的可靠性系统工程问题;
(3) 装备可靠性系统工程的技术特点;
(4) 研究装备可靠性系统工程的现实价值;
(5) 研究装备可靠性系统工程需要掌握哪些可靠性工程基础知识;
(6) 研究装备可靠性系统工程需要掌握哪些维修性工程基础知识;
(7) 研究装备可靠性系统工程需要掌握哪些保障性工程基础知识。

这些问题的回答,有助于夯实装备可靠性系统工程的知识基础,是后续篇章论述装备研制阶段和使用阶段相关可靠性系统工程核心技术问题的必要前导输入。

第 1 章　可靠性系统工程概述

1.1　可靠性系统工程的基本内涵

1.1.1　可靠性

可靠性作为一类表述装备"在规定的条件下和规定的时间内,完成规定功能"的固有能力的属性[1],直接反映了装备满足预期任务功能要求的能力,历来受到装备研制、生产等领域的技术人员与管理人员的高度重视。近年来,随着装备发展日趋大型化、复杂化、多功能化和技术密集化,为保证装备能够在长期使用中稳定保持其优良技术状态,有关装备可靠性的技术要求已被大部分装备订购方作为一类必须强制满足的特殊质量要求(通用质量要求),纳入装备研制合同要求。同时,有关装备可靠性的论证、设计、分析、试验、生产等技术活动,也已被视为一项独立的具备特殊技术要求的工作活动,要求在新研装备的论证、研制与生产中实施专项管理、专项试验和专项审查。

研究装备的可靠性,实际上是研究装备潜在的故障特征,并在此基础上寻求能够有效防止故障发生(消除故障或降低故障发生概率)的工程技术方法。显然,如果工程技术人员能够熟识装备的故障特征,且掌握抑制装备故障发生的有效技术手段,则无论是在保证装备遂行任务成功层面,还是在降低装备潜在工程风险层面,乃至在优化装备使用管理经济性层面,都具有重要的工程价值。为此,有关装备可靠性的研究工作,在航空航天、能源供应、船舶制造、军工生产等行业得以迅猛发展,并取得了大量先进的研究成果[2-5]。国内北京航空航天大学、国防科技大学等各大院校,更是针对可靠性人才的现实培养需求,设立了独立的学科专业和专门的教学院系(研究所)。鉴于有关可靠性的更多深层次的学术阐述和发展现状,读者可在大量公开发表的传统可靠性论著[6-11]中获得,此处笔者不再过多赘述说明。

1.1.2　可靠性系统工程

如前所述,传统的有关装备可靠性的研究主要关注装备潜在故障特征的挖掘及其有效工程抑制举措的探索。但在现实的装备保障工程实践中,仅关注装备的故障特征及其有效抑制举措还远远不够,这距离保证长期稳定保持装备技术状态完好的保障工程目标还相差甚远。一方面,无论如何改良装备的材料选择与结构设计(即便是不计成本),在长期使用过程中装备还是会或多或少地发生故障(总存在一定概率)。为此,传统的可靠性研究针对"装备故障事件"而言,并没有完全形成保障工程闭环,还需在其基础上进一步思索如何契合装备的故障特征、有效应对不同装备故障影响后果的相关维修技术与维修管理问题。另一方面,装备的潜在故障特征在不同的使用时限和不同的使用环境中均会产生变化,这不仅会给传统的可靠性建模、分析、评估等工作带来技术挑战,还会导致装备故障后技术状态恢复活动的复杂性和多变性,进而影响装备保障工程现实中的维修策略管理与供应保障资源调度。综上,为进一步满足当代装备保障工程实践中的各类现实需求,并拓展、深化传统装备可靠性研究的先进途径与前沿工作手段,近年来,逐渐衍生出了装备可靠性系统工程的理念与技术构架。

装备可靠性系统工程建立于传统的装备可靠性工程基础之上,以装备潜在故障特征为主要研究脉络,融合系统工程、维修性与维修管理、保障性与综合保障等诸多工程理论,旨在探究能够有效抑制装备故障发生、有效规划装备维修决策、有效筹措装备供应保障资源的系列先进工程技术与工程管理方法,以确保装备在使用期内能够长期稳定保持技术状态完好,具备成功遂行多样化任务的最佳能力。装备可靠性系统工程的技术内涵,如图1-1所示。

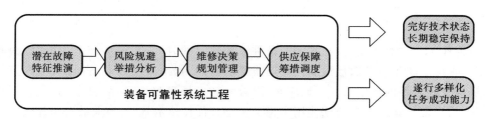

图 1-1 装备可靠性系统工程的技术内涵

1.2 装备全寿期内的可靠性系统工程问题

1.2.1 装备全寿期

装备全寿期全称"装备全寿命周期",指自装备立项论证起,至退役再循环止,所经历的全部生命周期过程。工程上,对于装备全寿期的阶段划分存有多种观点[12]。其中,比较常见的一类阶段划分为"立项论证—方案设计—工程研制—定型生产—交付部署—使用与保障—退役再循环"。此类阶段划分方法,对于装备全寿期的切分颗粒度较高,适用于工程节点要求明显的项目管理过程。但鉴于书中所述装备可靠性系统工程理论主要探讨如何契合装备固有故障特征,科学研制、使用、保障装备,使其最大限度地发挥预期任务功能,而并非面向工程的项目管理背景,为此,在本书后续章节关于装备不同寿命周期阶段的可靠性系统工程问题划分中,采用"装备研制—装备使用"此类低颗粒度的装备全寿期划分方法。

1.2.2 装备全寿期内的可靠性系统工程问题

1. 装备研制阶段的可靠性系统工程问题

装备研制阶段的可靠性系统工程问题主要包括基于可靠性系统工程思想的装备可靠性、维修性、保障性的论证、建模、设计以及数据分析等。其中:可靠性系统工程的相关论证技术问题,笔者已在公开出版的《装备综合保障工程基础》论著中详细阐述,本书不再安排专门章节阐述；可靠性系统工程的相关建模技术问题，主要涵盖面向复杂物理结构与逻辑构型的装备稳态和瞬态故障特征建模、面向多样化随机过程的装备维修与供应保障时变需求建模、面向典型任务背景要求的装备状态完好效能建模等；可靠性系统工程的相关设计技术问题，主要涵盖融合装备可靠性、维修性、保障性一体化设计要求的工程分配与预计工作，满足工程风险抑制与工艺质量提升要求的装备潜在故障模式、影响、危害性及应对补偿措施分析工作；可靠性系统工程的相关数据分析技术问题，主要涵盖基于多渠道统计数据源的装备固有故障特征预计分析、契合工程化实践要求的高信度故障数据处理方法分析等。

2. 装备使用阶段的可靠性系统工程问题

装备使用阶段的可靠性系统工程问题主要包括基于可靠性系统工程思想的装备维修策略规划与管理、装备供应保障资源筹措与优化等。其中，装备维修策略规划与管理的相关技术问题，主要涵盖多样化任务条件下装备定时预防性维修与非定时预测性维修的综合权衡评判、基于装备故障演化特征与维修费效要求的最优维修类型选择、基于维修经济性与维修高效性的装备全寿期修理结构综合管理等；装备供应保障资源筹措与优化的相关技术问题，主要涵盖面向多类任务需求的装备多层次多级别供应保障资源筹措需求预测、面向最优库存管理的装备供应保障资源筹储方法分析、面向精细化供应保障要求的装备信息化管理先进技术手段选择等。

1.3 可靠性系统工程的技术特点

近年来，装备可靠性系统工程作为一类在装备管理学科领域新兴的专业化理论，与传统的装备可靠性工程相比，具备以下技术特点。

1. 专业知识的交叉融合性更强、技术难度更高

装备可靠性系统工程虽然仍以装备可靠性工程知识为主要技术内核，但在此基础上融合了大量的系统工程分析、维修性工程与维修管理、保障性工程与综合保障、寿命周期费用分析、工程运筹决策、库存优化管理、计算机仿真、软件工程与网络信息化等多类专业领域知识，而且在解决具体工程问题的实际过程中，大都需要在不同程度上将上述不同专业知识交叉融合处理，因此工程实现的技术难度往往很高。

2. 关注问题的时间维度更广、更贴近装备使用实际

装备可靠性系统工程研究的技术问题面向装备寿命周期的全过程，既包括装备研制阶段传统可靠性工程关注的建模、设计、分析与试验数据统计评估等问题，又包括装备使用阶段基于故障演变特征的系列维修策略规划、维修任务管理、维修供应保障综合调度等问题。总体而言，在关注问题的时间跨度方面，装备可靠性系统工程要远超过传统的装备可靠性工程，更贴近装备使用实际，更能为装备任务功能完成提供现实技术支撑。

3. 目标要求的结果导向更明显、更聚焦装备任务成效

开展装备可靠性系统工程研究的最终目标是实现装备完好技术状态的长期保持和遂行多样化任务成功能力的稳定形成，这已远远突破了传统可靠性工程改良装备潜在故障特征、抑制装备潜在故障风险的工程目标。从其各类主要研究工作的目标导向与评价标准上看，装备可靠性系统工程更重视面向装备实际使用的成效性工程建模、分析、评价与管理决策，更关注装备在多样化任务背景下的现实成效表现。

1.4 可靠性系统工程的现实价值

发展装备可靠性系统工程理论,丰富与其相关的系列工程模型、分析方法与前沿技术手段,对于装备研制、使用、质量监督、决策管理等工程实践活动,具有以下几个方面的现实价值。

1. 践行新时期装备研制通用质量观的重要理论基石

在当今新型装备的研制工作中,装备通用质量要求已被提升至与装备专用质量要求同等重要的地位,且被作为一类需独立考核的重要质量指标,要求装备承制方必须强制满足。与其不相适应的是,装备研制领域的工程技术人员往往缺乏通用质量领域的有关理论基础与知识训练,致使现阶段装备通用质量设计与实现的相关工作,大都还流于"走形式、走过场"。即便是专门开展此类主题的相关技术工作,也大多以传统的可靠性建模、设计、分析为主,而能够全维度融合装备可靠性、维修性(含测试性)、保障性(含综合保障)等通用质量特性的系统化的技术工作还很少见,工程技术输出对新研装备通用质量的改进与提升作用也很有限。为此,急需面向装备研制领域的广大工程技术人员,在装备通用质量的理念认知和工程实践两个层面进行知识普及和系统培训,进而确保装备通用质量观在新研装备的设计、研制、生产、使用实践中生根发芽、切实发挥作用。装备可靠性系统工程作为一类专题研究装备可靠性、维修性、保障性间的交互关联,进而寻求抑制装备故障风险、优化装备维修决策与保障支援最佳技术手段的系统化的专业知识内容,其核心研究目标与装备通用质量要求高度统一、核心知识构架与装备通用质量高度融合、核心应用对象与装备通用质量高度契合。总体来说,学习装备可靠性系统工程知识对于提升装备研制领域工程技术人员的通用质量观和通用质量实践工作能力,具有重要的理论基石价值。

2. 契合当前高新装备研发、使用的有效技术支撑

当前,随着全球高新装备科技的迅猛发展,无论是在装备结构设计上,还是在装备功能、性能和效能要求上,预期达到的质量标准都要远高于传统装备。在这一大背景下,有关高新装备的研制工作越发复杂,工程实现的技术难度也越来越大。一方面,装备研发的全过程需要综合考虑不同测度性能指标的相互影响、相互作用,并在物理结构、材料选择、工艺确定和成品质量评估上,实现装备总体功能、性能和效能的全局最优;另一方面,日益推广完善的装备全寿命保障合同规范,迫使装备研制领域的工程技术人员必须摒弃以往仅关注装备交付前理想技术状态的陈旧观点,而应更多地从装备使用成效层面寻求工程研制的关键技术点及其有效提升对策。遗憾的是,以往的工程实践经验表明,过分依赖传统的可靠性工程的技术做法,对前述两方面问题的解决力度并不理想。而装备可靠性系统工程无论是在工程建模、设计分析和质量评价上,还是在基于装备故障特征的维修策略规划与供应保障资源管理调度上,均是以"大型装备复杂系统的完好技术状态长期保持和任务成功能力稳定具备"为最终目标的,相关研发与设计的全局性约束特征更突出,且阶段研究成果均直接或间接地与装备实际使用成效挂钩。综上,装备可靠性系统工程的技术内容更契合当前高新装备的研发过程,更有利于保证新研装备使用成效层面的工程质量,对于装备研制及其交付用户使用后的全寿命保障合同执行,具有重要的技术支撑价值。

3. 实现装备全寿期费用效能管控的得力工程手段

新研装备的各类工程实现,最终都必须以长期可承受的充足费用支持作为基础保证,否则所谓的装备通用质量优良设计特性和最佳使用效能都将沦为空谈。费用的计算,看起来似乎很简单，但实际上必须建立在能够准确解构装备全寿期内全部潜在费用分解单元的基础上。对于传统的可靠性工程而言，相关建模、设计、分析工作，对预测装备研制阶段的一次性研制工程成本比较敏感，而对装备交付使用阶段可能衍生的多类型多轮次的维修与供应保障工程成本往往预测能力严重不足。此外，作为一线的装备用户，总是期望以最低的费用投入收获最大的使用效能。解决这一问题首先就必须清晰地建立装备固有故障特征演变规律与其所需维修和供应保障投入间的逻辑关联，这样才能彻底厘清装备配套维修与供应保障条件建设的真实经济价值，进而才能做到科学评判装备全寿期内的最优费效比。传统的装备可靠性工程，鉴于其研究方法与关注目标的局限性，很难在装备配套维修与供应保障条件建设的投入与产出层面，给出过多的合理费效评判。而装备可靠性系统工程因其本身就是站在装备全寿期的角度研究与装备故障演变特征密切相关的系列维修与供应保障工程活动，因此对于精确解构装备配套维修与供应保障活动的费用投入与效能产出，具有先天技术优势，对于工程上实现装备全寿期的费用效能最佳管控，更是具有重要的工程参考价值。

1.5 本书的主要论述内容

1.5.1 篇章内容安排

本书共分三篇、七章内容，具体篇章安排如下。

第一篇　理论基础篇（可靠性系统工程基础）

第1章　可靠性系统工程概述：阐述装备可靠性系统工程的基本内涵及其在装备全寿命周期内可能涉及的系列工程技术问题；明晰当前可靠性系统工程领域发展的技术特点与现实价值；对全书各篇章内容的编撰安排与体系构架设计，给出概览性说明。

第2章　可靠性系统工程引论：阐述与装备全寿期可靠性系统工程研究密切相关的系列可靠性、维修性、保障性工程基础知识，重要测度参数及其工程解算方法，可为后续章节专题开展装备可靠性系统工程的建模、设计、分析、管理、优化研究，提供前导技术铺垫。

第二篇　工程设计篇（研制阶段的可靠性系统工程）

第3章　可靠性系统工程建模：阐述装备系统研制阶段开展可靠性系统工程建模所需关注的系列技术问题，内容涵盖装备可靠性任务功能框图绘制、不同复杂装备构型的系统可靠性建模以及不同可靠性特征的供应保障需求建模等，可为后续章节面向复杂装备保障对象开展维修策略管理与供应保障优化研究，奠定工程建模技术基础。

第4章　可靠性系统工程设计：阐述装备系统研制阶段开展可靠性系统工程设计分析所需关注的系列技术问题，内容涵盖工程设计指标分配、故障模式、影响及危害度分析、故障树分析以及寿命周期费用分析等，可为工程实践中有效提升新研装备系统的固有通用质量特性，提供设计指导与技术支持。

第5章　可靠性系统工程数据分析：阐述装备系统研制阶段开展可靠性系统工程数据分析所需关注的系列技术问题，内容涵盖基于装备历史故障数据的参数估计分析、统计回归分析以及最大似然估计分析等，可为装备研制工作的阶段性推进和装备各类通用质量特性试验结果的科学评估决策，提供关键参数指标工程统计测算层面的技术支持。

第三篇　保障实践篇（使用阶段的可靠性系统工程）

第 6 章　可靠性系统工程维修策略管理：阐述装备使用阶段可靠性系统工程中的维修策略管理问题，内容涵盖维修级别、维修类别、维修策略等维修工程的基础知识，以及预防性维修最优换件周期确定、原件修复与换件修复权衡抉择、以可靠性为中心的维修工作类型分析等，可为装备使用阶段科学筹划、决策装备修复性维修、定期预防性维修、基于状态的预测性维修等各型维护、修理活动，提供系统化、规范化的管理策略借鉴。

第 7 章　可靠性系统工程供应保障优化：阐述装备使用阶段可靠性系统工程中的供应保障优化问题，内容涵盖影响供应保障的主导因素，多层次、多级别供应保障的技术内涵，不同维修策略下基于不同随机分布模型的供应保障需求预测，以及不同保障约束条件下的常见储供优化管理技术方法等，可为装备使用阶段科学决策装备供应保障工作时机、高效利用有限供应保障资源、快速恢复或稳定保持装备完好技术状态，提供翔实的工程实践技术导引。

1.5.2　内容体系概览

本书论述内容体系概览，如图 1-2 所示。全书论述内容共分三篇。第一篇为"理论基础"篇，重点阐述装备可靠性系统工程的基础理论观、基本内涵以及相关前导知识，它是书中其他两篇论述内容的理论支撑；第二篇为"工程设计"篇，重点阐述装备研制阶段可靠性系统工程的建模、设计、分析等核心技术问题，它是书中第三篇论述内容的设计支持；第三篇为"保障实践"篇，重点阐述装备使用阶段维修保障策略管理的多样化技术途径，以及供应保障需求预测与储供优化的先进手段，它是确保装备技术状态长期稳定保持的根本保证。

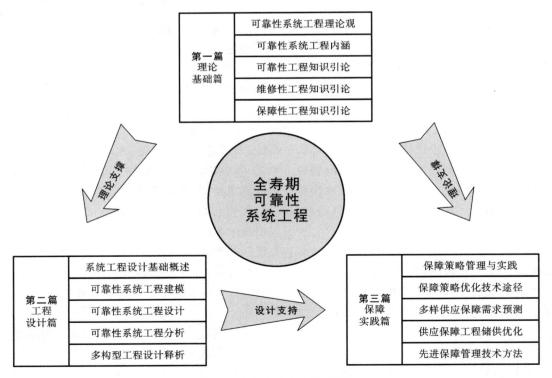

图 1-2　本书论述内容体系概览

第 2 章 可靠性系统工程引论

本章重点阐述装备可靠性系统工程理论中的有关可靠性工程、维修性工程、保障性工程的基础知识、重要测度参数及其工程解算方法，旨在为后续章节专题研究装备全寿期可靠性系统工程的建模、设计、数据分析、维修策略管理、供应保障优化等核心技术内容，提供基础知识支撑与前导技术铺垫。

为帮助读者强化可靠性系统工程中的诸项专业术语认知，并加深对其的技术内涵理解，笔者在本章引入了大量的装备工程实践算例。此外，本章内容的学习，需要读者具有一定的概率论、随机过程、数理统计和可靠性工程知识基础。鉴于书中篇幅所限，笔者仅在书中附录部分选择性地罗列了部分与装备可靠性系统工程关联紧密的经典随机模型及其数值解算结论，而在书中正文部分不再赘述相关基础知识。

2.1 可靠性工程引论

2.1.1 可靠性

国军标《装备通用质量特性术语》中可靠性的定义为"产品在规定的条件下和规定的时间内，完成规定功能的能力"。工程上，根据可靠性被应用的场合不同，又将其分为基本可靠性、任务可靠性、使用可靠性和合同可靠性。其中，基本可靠性用于刻画产品在不考虑维修与保障情形下无故障运行的能力，任务可靠性用于刻画产品在特定任务剖面下完成预期任务要求的能力，使用可靠性用于刻画产品在实际规划的使用环境中（考虑环境条件、维修策略、保障政策等因素的影响）无故障运行的能力，合同可靠性用于刻画承制方在履行合同过程中（包含设计、生产、制造等工程技术活动）必须确保产品达到的无故障运行的能力。

鉴于上述各类可靠性表述关注的技术属性不同，工程上对其考量选择的测度参数也各不相同。对于基本可靠性，通常选择的测度参数为故障概率、固有可靠度、风险率（故障率）、可靠寿命；对于任务可靠性，通常选择的测度参数为任务可靠度、免维修使用周期；对于使用可靠性，通常选择的测度参数为平均维修间隔时间、平均大修间隔时间；对于合同可靠性，通常选择的测度参数为平均故障（失效）间隔时间、平均故障（失效）前时间、平均致命故障间隔时间，等等。下面，针对可靠性工程中应用较为广泛的几类重要测度参数，分别进行详述说明。

2.1.2 故障概率

故障概率 $F(t)$，也称故障累计概率，指装备截至任意寿命时刻 t 可能发生故障的累计概率水平。它是反映装备基本可靠性的一类最为常见且最为重要的测度参数。注意，此处所述"寿命"是一类广义表述,既可以指日历时间、运行时间,也可以指动用次数、运行距离、循环周期等,具体物理含义取决于装备任务剖面的实际使用技术要求。

在工程统计意义下,故障累计概率 $F(t)$ 的数学表达式如下:

$$F(t) = P(\text{TTF} \leqslant t) = \int_0^t f(x)\mathrm{d}x \tag{2.1.1}$$

式中:$P(\cdot)$ 代表绝对概率函数;TTF 代表装备的故障前累计寿命,是一个随机变量;t 代表当前寿命时刻;$f(\cdot)$ 代表随机变量 TTF 满足的绝对概率密度函数;x 代表任意积分变量。假设随机变量 TTF 满足"指数分布"特征,则有

$$f(x) = \lambda \exp(-\lambda x) \tag{2.1.2}$$

进而,有

$$F(t) = \int_0^t \lambda \exp(-\lambda x)\mathrm{d}x = 1 - \exp(-\lambda t) \tag{2.1.3}$$

式中:$\exp(\cdot)$ 代表指数函数;λ 代表指数分布的特征参数。图 2-1 为随机变量 TTF 满足指数分布时的概率密度曲线($\lambda=0.5$)。由积分运算的原理可知,给定任意寿命时刻 t 后,图中阴影部分的面积值即装备当前寿命时刻的故障累计概率 $F(t)$ 值。

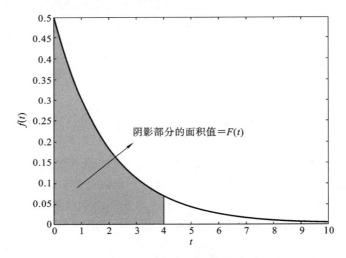

图 2-1 随机变量 TTF 满足指数分布时的概率密度曲线($\lambda=0.5$)

图 2-2 为随机变量 TTF 满足指数分布时的故障累计概率曲线($\lambda=0.5$)。

观察式(2.1.1)的数学结构和图 2-2 的曲线走向可知,故障累计概率 $F(t)$ 具有如下基本属性。

1. 单调递增属性

对于任意寿命时刻 t_1、t_2,如果 $t_1 < t_2$,则有 $F(t_1) \leqslant F(t_2)$ 成立。

2. 值域封闭有界属性

(1) 对于任意寿命时刻 t,有 $0 \leqslant F(t) \leqslant 1$ 恒成立。

(2) 假设装备在初始寿命时刻($t=0$)状态完好无故障发生,则有 $F(0)=0$ 恒成立。

(3) 无论随机变量 TTF 满足何种概率分布特征,均有 $F(+\infty)=1$ 恒成立。

为便于后续开展各类基于故障概率分布特征的装备可靠性工程解算,这里集中给出几类常见概率分布约束下故障累计概率 $F(t)$ 的数学表达式及其量化特征曲线,如表 2-1 所示。

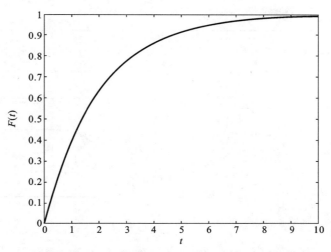

图 2-2 随机变量 TTF 满足指数分布时的故障累计概率曲线($\lambda=0.5$)

表 2-1 几类常见概率分布约束下的故障累计概率 $F(t)$

序号	TTF 满足的概率分布	故障累计概率 $F(t)$	量化特征曲线
1	指数分布	$1-\exp(-\lambda t)$ 特征参数:λ	
2	正态分布	$\int_0^t \dfrac{1}{\sigma\sqrt{2\pi}}\exp\left[-\dfrac{(x-\mu)^2}{2\sigma^2}\right]\mathrm{d}x$ 特征参数:μ,σ	

续表

序号	TTF满足的概率分布	故障累计概率 $F(t)$	量化特征曲线
2	正态分布	$\int_0^t \frac{1}{\sigma\sqrt{2\pi}} \exp\left[-\frac{(x-\mu)^2}{2\sigma^2}\right] dx$ 特征参数：μ, σ	
3	威布尔分布	$1-\exp\left[-\left(\frac{t-\gamma}{\eta}\right)^\beta\right]$ 特征参数：η, β, γ	

第2章 可靠性系统工程引论

[算例2-1] 假设某型柴油机的故障前累计运行时间 t（寿命单位：h）满足威布尔分布特征，尺度参数 $\eta=1000$，形状参数 $\beta=4$，位置参数 $\gamma=0$，试测算：

(1) 该型柴油机累计运行200 h后的故障累计概率 $F(t)$；

(2) 若工程上该型柴油机的最大可接受的故障概率风险门限为0.05，试测算该型柴油机可被允许的最长累计运行时间。

解：(1) 因为柴油机故障前累计运行时间 t 满足威布尔分布特征，且相关特征参数已知，则有

$$F(t)=1-\exp\left[-\left(\frac{t-\gamma}{\eta}\right)^{\beta}\right]=1-\exp\left[-\left(\frac{t}{1000}\right)^{4}\right]$$

取 $t=200$，则有

$$F(200)=1-\exp\left[-\left(\frac{200}{1000}\right)^{4}\right]=0.0016$$

(2) 为保证该型柴油机在可接受的故障概率风险内安全运行，必须满足

$$F(t)=1-\exp\left[-\left(\frac{t}{1000}\right)^{4}\right]\leqslant 0.05$$

解算上述不等式，则有

$$t\leqslant 1000\times\sqrt[4]{-\ln(0.95)}\text{ h}=476\text{ h}$$

即该型柴油机可被允许的最长累计运行时间为476 h。超过476 h后，如果仍继续运行，则可能发生故障的概率风险水平将超过0.05。工程上，通常应在累计运行时间接近476 h时，考虑开展相关预防性维修活动，包括例行检查、关键件检修、限寿件/易损件视情更换等，以及时恢复该型柴油机的固有技术状态，确保其在后续运行中功能、性能稳定保持，且潜在故障风险可控。

注意：导致装备发生故障的原因往往很多，而不同的故障诱发机理（包括化学腐蚀、接触磨损、应力集中、周期疲劳等）往往决定了不同的潜在故障发展速度，进而决定了不同的故障前累计寿命。显然，在测算同时存有多种故障诱发机理的装备故障累计概率 $F(t)$ 时，完全假设其故障前累计寿命TTF满足唯一概率分布特征并不尽合理。此时，为提升装备故障累计概率 $F(t)$ 的测算精度，需对式(2.1.1)进行技术升级。

假设所研装备存有 K 种故障诱发机理，且第 i 类（$i=1,2,\cdots,K$）故障诱发机理作用下装备的故障前累计概率密度为 $f_i(t)$，故障累计概率为 $F_i(t)$，则有

$$f(t)=\sum_{i=1}^{K}\left\{f_i(t)\prod_{j=1,j\neq i}^{K}[1-F_j(t)]\right\} \tag{2.1.4}$$

$$F(t)=\int_0^t f(x)\mathrm{d}x=\int_0^t\left\langle\sum_{i=1}^{K}\left\{f_i(x)\prod_{j=1,j\neq i}^{K}[1-F_j(x)]\right\}\right\rangle\mathrm{d}x \tag{2.1.5}$$

式中：$f(t)$ 和 $F(t)$ 分别代表装备在各类故障诱发机理综合作用下故障前累计概率密度和故障累计概率。

[算例2-2] 假设某船用机械传动轴在热带海洋环境中使用存有两种故障诱发机理，分别为环境腐蚀和工作磨损。由工程统计试验可知：传动轴在环境腐蚀作用下的故障前累计运行时间 t（寿命单位：h）满足指数分布特征，特征参数 $\lambda=0.002$；在工作磨损作用下的故障前累计运行时间 t（寿命单位：h）满足威布尔分布特征，尺度参数 $\eta=200$，形状参数 $\beta=1.2$，位置参数 $\gamma=0$。试测算该型传动轴在热带海洋环境中累计使用500 h后的故障累计

概率 $F(500)$。

解:显然,这是典型的多故障诱发机理作用下装备故障累计概率求解问题。依据式(2.1.5),可知

$$F(t) = \int_0^t \{f_1(x)[1-F_2(x)] + f_2(x)[1-F_1(x)]\}dx \tag{2.1.6}$$

假设环境腐蚀为第 1 类故障诱发机理,工作磨损为第 2 类故障诱发机理,则有

$$f_1(t) = \lambda\exp(-\lambda t), \quad F_1(t) = 1-\exp(-\lambda t)$$

$$f_2(t) = \frac{\beta}{\eta}\left(\frac{t}{\eta}\right)^{\beta-1}\exp\left[-\left(\frac{t}{\eta}\right)^\beta\right], \quad F_2(t) = 1-\exp\left[-\left(\frac{t}{\eta}\right)^\beta\right]$$

代入式(2.1.6)中,则有

$$F(t) = \int_0^t \left\{\lambda\exp(-\lambda x)\exp\left[-\left(\frac{x}{\eta}\right)^\beta\right] + \frac{\beta}{\eta}\left(\frac{x}{\eta}\right)^{\beta-1}\exp\left[-\left(\frac{x}{\eta}\right)^\beta\right]\exp(-\lambda x)\right\}dx \tag{2.1.7}$$

进一步,将相关特征参数代入式(2.1.7)进行积分运算,并取 $t=500$,即可完成该问题解析形式的求解。考虑到工程上随着问题复杂性的提升,很多情形下给出积分解析解的技术难度很大,这里选择直接给出依托 MATLAB 软件编程的更具工程普适性的数值积分解。图 2-3 为该型船用机械传动轴在环境腐蚀和工作磨损两类故障诱发机理作用下的故障累计概率曲线。

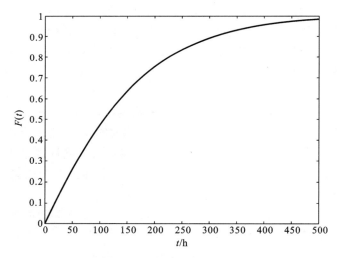

图 2-3 综合故障机理作用下机械传动轴的故障累计概率曲线

如图 2-3 所示,在初始使用时刻机械传动轴发生故障的概率为 0,随着使用时间的不断增加,发生故障的概率也不断增长。当累计运行 500 h 时,机械传动轴发生故障的累计概率约为 0.9817,在现实使用中,很可能已发生故障。图 2-4 为 $250 \leqslant t \leqslant 500$ 时,局部放大的综合故障机理作用下机械传动轴的故障累计概率曲线。

进一步,对比"综合故障机理"与"单一故障机理"两类情形下的机械传动轴故障累计概率曲线,如图 2-5 所示。读图 2-5 可知:① 综合故障机理作用下机械传动轴的故障累计概率与单一故障机理作用下的相比有明显不同,在精度要求较高的故障风险测算场合,必须给予充分的技术关注;② 单一环境腐蚀故障机理作用下机械传动轴在 $t=500$ h 时刻的故障累计概率约为 0.6321,单一工作磨损故障机理作用下机械传动轴在 $t=500$ h 时刻的故障累计

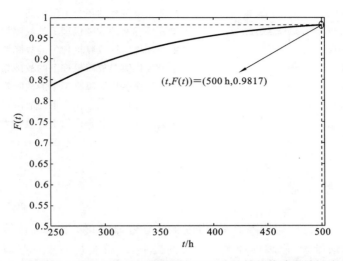

图 2-4　局部放大的综合故障机理作用下机械传动轴的故障累计概率曲线

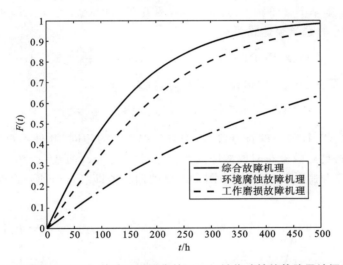

图 2-5　综合故障机理与单一故障机理两类情形下机械传动轴的故障累计概率曲线对比

概率约为 0.9504，均低于综合故障机理作用下机械传动轴在 $t=500$ h 时刻的故障累计概率；③ 工作磨损故障机理与环境腐蚀故障机理相比，在该型机械传动轴的故障诱发比例中占据主导地位，尤其在机械传动轴的使用初期，工作磨损故障发生的概率要远高于环境腐蚀故障发生的概率。

算例中，借助"MATLAB 软件"进行综合故障机理作用下机械传动轴故障累计概率数值解算的核心编程代码如下。

```
a=0.002;                    %指数分布特征参数赋初值
b=200 c=1.2;                %威布尔分布尺度参数、形状参数赋初值
t=[0:0.1:500];              %设置机械传动轴运行的数值仿真时间区间
K=length(t);                %读取仿真数组长度
F=zeros(1,K);               %构造综合故障机理作用下的故障累计概率初始零值
for i=2:K
```

```
temp=[0:0.1:t(i)];              %构造数值解算的积分上限区间
f1=a.*exp(-a.*temp);            %单一环境腐蚀故障机理下的故障累计概率密度
F1=1-exp(-a.*temp);             %单一环境腐蚀故障机理下的故障累计概率
f2=wblpdf(temp,b,c);            %单一工作磨损故障机理下的故障累计概率密度
F2=wblcdf(temp,b,c);            %单一工作磨损故障机理下的故障累计概率
f=f1.*(1-F2)+f2.*(1-F1);        %两类故障机理联合作用下的故障累计概率密度
F(i)=trapz(temp,f);             %两类故障机理联合作用下的故障累计概率
end
```

2.1.3 固有可靠度

固有可靠度 $R(t)$，也称无故障概率，指截至任意寿命时刻 t 装备无故障发生的概率水平。它体现装备在不考虑维护、修理等技术活动的前提下，维持其初始设计状态（含功能、性能）的固有能力，也是反映装备基本可靠性的一类最为常见且最为重要的测度参数。比较固有可靠度 $R(t)$ 与故障累计概率 $F(t)$ 的工程内涵易知，两者在工程统计意义上属于"互补"关系。为此，固有可靠度 $R(t)$ 的数学表达式可写为

$$R(t) = P(\text{TTF} > t) = 1 - F(t) = 1 - \int_0^t f(x)\mathrm{d}x \quad (2.1.8)$$

仍假设随机变量 TTF 满足"指数分布"特征，则有

$$R(t) = 1 - \int_0^t \lambda\exp(-\lambda t)\mathrm{d}t = \exp(-\lambda t) \quad (2.1.9)$$

式(2.1.8)和式(2.1.9)中的符号含义，均与 2.1.2 节的相同，此处不再赘述说明。图 2-6 为随机变量 TTF 满足指数分布时的故障前累计概率密度 $f(t)$ 曲线（$\lambda=0.5$）。由积分运算的原理可知，给定任意寿命时刻 t 后，图中阴影部分的面积值即装备当前寿命时刻的固有可靠度 $R(t)$ 值。

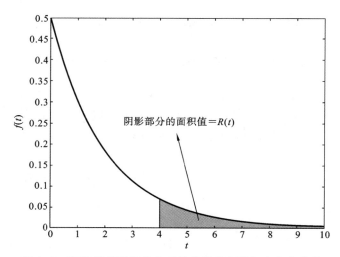

图 2-6　TTF 满足指数分布时的故障前累计概率密度曲线

图 2-7 为随机变量 TTF 满足指数分布时的固有可靠度 $R(t)$ 曲线（$\lambda=0.5$）。

类似地，观察式(2.1.8)的数学结构和图 2-7 的曲线走向可知，固有可靠度 $R(t)$ 具有如下

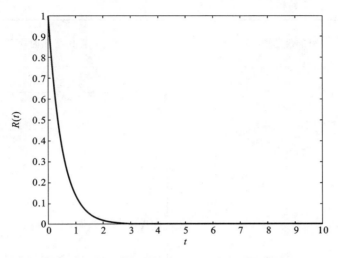

图 2-7　TTF 满足指数分布时的固有可靠度曲线

基本属性。

1. 单调递减属性

对于任意寿命时刻 t_1、t_2，如果 $t_1 < t_2$，则有 $R(t_1) \geqslant R(t_2)$ 成立。

2. 值域封闭有界属性

(1) 对于任意寿命时刻 t，有 $0 \leqslant R(t) \leqslant 1$ 恒成立。

(2) 假设装备在初始寿命时刻 ($t=0$) 状态完好无故障发生，则有 $R(0)=1$ 恒成立。

(3) 无论随机变量 TTF 满足何种概率分布特征，均有 $R(+\infty)=0$ 恒成立。

为便于后续开展各类基于故障概率分布特征的装备可靠性工程解算，这里集中给出几类常见概率分布约束下固有可靠度 $R(t)$ 的数学表达式及其量化特征曲线，如表 2-2 所示。

表 2-2　几类常见概率分布约束下的固有可靠度 $R(t)$

序号	TTF 满足的概率分布	可靠度 $R(t)$	量化特征曲线
1	指数分布	$\exp(-\lambda t)$ 特征参数：λ	

续表

序号	TTF满足的概率分布	可靠度 $R(t)$	量化特征曲线
2	正态分布	$1-\int_0^t \frac{1}{\sigma\sqrt{2\pi}} \cdot \exp\left[-\frac{(x-\mu)^2}{2\sigma^2}\right]\mathrm{d}x$ 特征参数：μ,σ	
3	威布尔分布	$\exp\left[-\left(\frac{t-\gamma}{\eta}\right)^\beta\right]$ 特征参数：η,β,γ	

序号	TTF满足的概率分布	可靠度 $R(t)$	量化特征曲线
3	威布尔分布	$\exp\left[-\left(\dfrac{t-\gamma}{\eta}\right)^\beta\right]$ 特征参数: η, β, γ	(曲线图：$\gamma=0,\eta=2,\beta=1.5$；$\gamma=0,\eta=2,\beta=2$；$\gamma=0,\eta=2,\beta=2.5$)

[**算例 2-3**] 假设某型嵌入式模拟训练设备中逻辑控制芯片的故障前累计运行时间 t（寿命单位：h）满足正态分布特征，均值参数 $\mu=10000$，标准差参数 $\sigma=2000$，试测算该类逻辑控制芯片累计运行 9000 h 后的固有可靠度 $R(9000)$。

解：因为逻辑控制芯片的故障前累计运行时间 t 满足正态分布特征，且相关特征参数已知，则有

$$R(t)=1-\int_0^t \frac{1}{\sigma\sqrt{2\pi}}\exp\left[-\frac{(x-\mu)^2}{2\sigma^2}\right]\mathrm{d}x=\Phi\left(\frac{\mu-t}{\sigma}\right) \qquad (2.1.10)$$

式中：$\Phi(\cdot)$ 为标准正态分布函数。该类问题的求解方法有三种：第一种是基于正态分布的解析表达形式直接积分求解，第二种是借助"标准正态分布量值表"查表求解，第三种是借助"MATLAB 软件"数值求解。这里从工程应用的便利性出发，重点介绍后面两种解算方法。

（1）借助"标准正态分布量值表"查表求解。

$$R(t)=\Phi\left(\frac{10000-9000}{2000}\right)=\Phi(0.5)=0.6915$$

标准正态分布量值表详见附表1，其部分内容如表 2-3 所示。其中，$\Phi(0.5)$ 的量化数值在表 2-3 中以"灰色"背景标识。

表 2-3　标准正态分布量值表（部分）

t	$\Phi(t)$	t	$\Phi(t)$	t	$\Phi(t)$	t	$\Phi(t)$
0	0.5	0.5	0.6915	1	0.8413	1.5	0.9339
0.1	0.5398	0.6	0.7257	1.1	0.8643	1.6	0.9452
0.2	0.5793	0.7	0.7580	1.2	0.8849	1.7	0.9554
0.3	0.6179	0.8	0.7881	1.3	0.9032	1.8	0.9640
0.4	0.6554	0.9	0.8159	1.4	0.9192	1.9	0.9713

（2）借助"MATLAB 软件"数值求解。

核心编程代码如下。

```
t=0:1:9000;                           %生成数值仿真时域区间
F=normcdf(t,均值参数,标准差参数);      %生成满足正态分布的故障累计概率数值序列
F=F-F(1);                             %将(-∞,t]的数值序列转换为[0,t]的数值序列
R=1-F;                                %生成满足正态分布的可靠度数值序列
plot(t,R)                             %绘制给定时域区间内满足正态分布的可靠度数值曲线
```

图 2-8 为故障前累计运行时间 t 满足正态分布的逻辑控制芯片固有可靠度仿真曲线。读图 2-8 可知，随着逻辑控制芯片的持续使用，其固有可靠度呈不断下降趋势。当累计运行 9000 h 时，逻辑控制芯片的固有可靠度 $R(t)$ 下降至 0.6915。如果该芯片对嵌入式模拟训练设备的任务功能正常发挥起到关键作用，则在后续持续使用过程中，需对其技术状态进行实时在线监测，确保及时发现故障并降低故障影响。

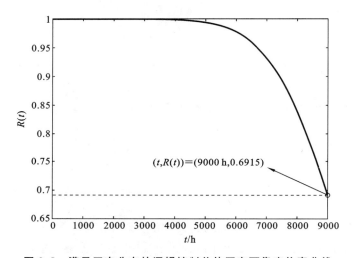

图 2-8　满足正态分布的逻辑控制芯片固有可靠度仿真曲线

[算例 2-4]　沿用算例 2-2 中关于某船用机械传动轴在热带海洋环境中使用的全部工程假设（存在环境腐蚀和工作磨损两类故障诱发机理，且不同故障诱发机理作用下的故障前累计运行时间 t 分别满足指数分布和威布尔分布），试测算该型传动轴在热带海洋环境中累计使用 500 h 后的固有可靠度 $R(500)$。

解：算例 2-2 中的式（2.1.6）给出了环境腐蚀和工作磨损两类故障诱发机理作用下该型传动轴的故障累计概率 $F(t)$ 解算表达式，这里直接引用，则有

$$R(t)=1-F(t)=1-\int_0^t \{f_1(x)[1-F_2(x)]+f_2(x)[1-F_1(x)]\}\mathrm{d}x \quad (2.1.11)$$

$f_1(t)$、$f_2(t)$、$F_1(t)$、$F_2(t)$ 的解析表达式均沿用算例 2-2 中的结论。这里直接给出两类故障诱发机理综合作用和单一作用下机械传动轴的固有可靠度曲线，如图 2-9 所示。

读图 2-9 可知：① 综合故障机理作用下机械传动轴的固有可靠度解算结果与单一故障机理作用下的相比有明显不同，在精度要求较高的装备固有可靠度测算场合，必须给予充分的技术关注；② 当 $t=500$ h 时，综合故障机理作用下机械传动轴的固有可靠度 $R(t)$ 下降至 0.0183，单一工作磨损故障机理作用下机械传动轴的固有可靠度 $R(t)$ 下降至 0.0496，单一环

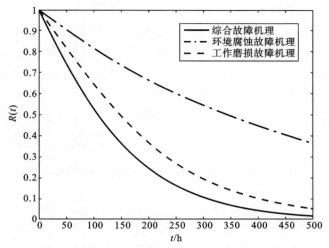

图 2-9 综合故障机理与单一故障机理两类情形下机械传动轴的固有可靠度曲线对比

境腐蚀故障机理作用下机械传动轴的固有可靠度 $R(t)$ 下降至 0.3679；③ 工作磨损故障机理与环境腐蚀故障机理相比，更容易导致机械传动轴的固有可靠度 $R(t)$ 下降，在可投入维护经费受限的情况下，应优先考虑开展针对机械传动轴工作磨损故障机理的设计补偿或使用补偿措施。

2.1.4 任务可靠度

在前面关于装备固有可靠度 $R(t)$ 的论述与工程解算中，我们一直默认装备在执行任务的初始时刻处于功能与性能的完好状态，即固有可靠度 $R(0)=1$。但工程实践表明，很多情况下装备在被要求执行特定任务的初始时刻，并非一定处于完好状态，尤其对于功能或性能随时间迁移具备明显劣变特征的装备而言，其几乎不太可能在任务前处于完好状态。为此，有必要在前述装备固有可靠度 $R(t)$ 论述的基础上，进一步论述装备的任务可靠度 $R_m(t)$。

与固有可靠度不同，任务可靠度更关注任意寿命时刻已具备部分状态劣变特征的装备，在给定任务期内能够成功完成任务要求的条件概率水平。它是反映装备任务可靠性的一类重要测度参数。假设装备在执行任务期间不考虑维护、修理等技术活动，则其相应任务可靠度 $R_m(t_b, t_m)$ 的数学表达式如下：

$$R_m(t_b, t_m) = P(\text{TTF} > t_b + t_m \mid \text{TTF} > t_b) \quad (2.1.12)$$

式中：$P(\cdot \mid \cdot)$ 代表条件概率函数；t_b 代表装备执行任务前的累计运行寿命；t_m 代表当前的任务期要求。进一步，结合装备固有可靠度 $R(t)$ 的数学定义，式(2.1.12)又可写为

$$R_m(t_b, t_m) = \frac{P(\text{TTF} > t_b + t_m \cap \text{TTF} > t_b)}{P(\text{TTF} > t_b)} = \frac{P(\text{TTF} > t_b + t_m)}{P(\text{TTF} > t_b)} = \frac{R(t_b + t_m)}{R(t_b)} \quad (2.1.13)$$

仍假设随机变量 TTF 满足"指数分布"特征，则装备任务可靠度 $R_m(t_b, t_m)$ 的数学表达式可简化为

$$R_m(t_b, t_m) = \frac{R(t_b + t_m)}{R(t_b)} = \frac{\exp[-\lambda(t_b + t_m)]}{\exp(-\lambda t_b)} = \exp(-\lambda t_m) = R(t_m) \quad (2.1.14)$$

观察式(2.1.14)可知：① 鉴于指数分布的"无记忆"特征，此时装备任务可靠度的测算等价于给定任务期长度的固有可靠度测算；② 对于故障前累计寿命 TTF 满足指数分布特征的装备，其在任意等长任务期内可能发生故障的概率水平保持恒定，不会因任务的起点时刻不同

而不同。

[算例 2-5] 假设某型山地越野汽车齿轮箱的故障前累计运行寿命 t(寿命单位:km)满足威布尔分布概率特征,尺度参数 $\eta=2000$,形状参数 $\beta=1.2$,位置参数 $\gamma=0$。若该齿轮箱当次任务前已累计使用 1800 km,试测算该型山地越野汽车再次执行 500 km、1000 km、1500 km 的山地越野任务时,其齿轮箱的任务可靠度 $R_m(t)$。

解:依据式(2.1.13),该型山地越野汽车任务期间齿轮箱的任务可靠度 $R_m(t_b,t_m)$ 为

$$R_m(t_b,t_m)=\frac{R(t_b+t_m)}{R(t_b)}=\exp\left[\left(\frac{t_b}{\eta}\right)^\beta-\left(\frac{t_b+t_m}{\eta}\right)^\beta\right]=\exp\left[\frac{t_b^\beta-(t_b+t_m)^\beta}{\eta^\beta}\right] \quad (2.1.15)$$

取 $t_b=1800$ km,分别取 $t_m=500$ km、1000 km、1500 km,则任务期间齿轮箱的任务可靠度如表 2-4 所示。

表 2-4 任务期间齿轮箱的任务可靠度

序号	t_b/km	t_m/km	$R(t_b)$	$R(t_b+t_m)$	$R_m(t_b,t_m)$
1	1800	500	0.4143	0.3065	0.7398
2	1800	1000	0.4143	0.2237	0.5400
3	1800	1500	0.4143	0.1614	0.3896

读表 2-4 可知:① 该型山地越野汽车再次执行 500 km 山地越野任务时,其齿轮箱的任务可靠度 $R_m(t_b,t_m)$ 为 0.7398;② 随着该型山地越野汽车山地越野任务里程的不断增加,其齿轮箱的任务可靠度 $R_m(t_b,t_m)$ 不断下降,当任务里程达到 1500 km 时,任务可靠度 $R_m(t_b,t_m)$ 下降至 0.3896,此时任务期间齿轮箱出现故障的风险概率大大增加。进一步,给出该算例假设下该型山地越野汽车齿轮箱的任务可靠度和固有可靠度曲线,如图 2-10 所示。

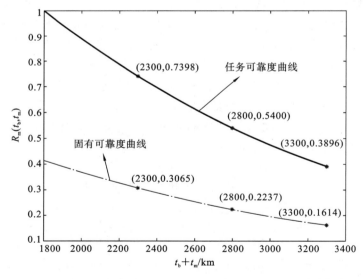

图 2-10 该型山地越野汽车齿轮箱的任务可靠度和固有可靠度曲线对比

2.1.5 风险率

风险率 $h(t)$,也称风险函数,指当前无故障装备在未来单位时间内可能发生故障的风险

极限比率。工程上,对于功能或性能随时间迁移具备明显劣变特征的装备而言,风险率的测算极为重要,其量值变化趋势将直接影响装备交付用户使用后的预防性维修管理决策结论。假设装备在当前寿命时刻 t 未发生故障,则在未来寿命时刻装备风险率 $h(t)$ 的数学表达式可写为

$$h(t) = \lim_{\Delta t \to 0} \frac{P(t < \text{TTF} \leqslant t + \Delta t \mid \text{TTF} > t)}{\Delta t} \quad (2.1.16)$$

式中:$P(\cdot \mid \cdot)$ 代表条件概率函数;$\lim(\cdot)$ 代表极限函数;Δt 代表任意寿命增量。进一步,综合故障累计概率 $F(t)$ 和固有可靠度 $R(t)$ 的数学定义,以及概率函数 $P(\cdot)$、条件概率函数 $P(\cdot \mid \cdot)$、故障累计概率密度函数 $f(\cdot)$ 的相关运算法则,式(2.1.16)又可写为

$$\begin{aligned} h(t) &= \lim_{\Delta t \to 0} \frac{P(t < \text{TTF} \leqslant t + \Delta t \mid \text{TTF} > t)}{\Delta t} \\ &= \lim_{\Delta t \to 0} \frac{1}{\Delta t} \times \frac{P(t < \text{TTF} \leqslant t + \Delta t \cap \text{TTF} > t)}{P(\text{TTF} > t)} \\ &= \lim_{\Delta t \to 0} \frac{1}{\Delta t} \times \frac{P(t < \text{TTF} \leqslant t + \Delta t)}{R(t)} \\ &= \lim_{\Delta t \to 0} \frac{1}{\Delta t} \times \frac{P(\text{TTF} \leqslant t + \Delta t) - P(\text{TTF} \leqslant t)}{R(t)} \\ &= \lim_{\Delta t \to 0} \frac{1}{R(t)} \times \frac{F(t + \Delta t) - F(t)}{\Delta t} \\ &= \frac{f(t)}{R(t)} \end{aligned} \quad (2.1.17)$$

观察式(2.1.17)可知:① 风险率 $h(t)$ 不是故障概率,而是条件概率与任意寿命增量的极限比值,体现了每单位寿命间隔内出现故障的可能性,其取值与任意寿命增量的乘积 $h(t)\Delta t$ 可用于测算装备在未来寿命间隔 $[t, t+\Delta t]$ 内将要发生故障的次数;② 风险率 $h(t)$ 与固有可靠度 $R(t)$ 存在直接数学关联,可写为故障累计概率密度 $f(t)$ 与固有可靠度 $R(t)$ 的比率形式,也是一类反映基本可靠性的测度参数。

需要注意的是,故障累计概率密度 $f(t)$ 实际上也与固有可靠度 $R(t)$ 存在直接数学关联。为此,在式(2.1.17)的基础上,可尝试消除故障累计概率密度 $f(t)$,直接建立固有可靠度 $R(t)$ 与风险率 $h(t)$ 间的数学关联。这里,将式(2.1.17)两边进行积分化处理,可得

$$\begin{aligned} \int_0^t h(x)\mathrm{d}x &= \int_0^t \frac{f(x)}{R(x)}\mathrm{d}x = \int_0^t \frac{F'(x)}{R(x)}\mathrm{d}x = \int_0^t \frac{[1-R(x)]'}{R(x)}\mathrm{d}x \\ &= \int_0^t \left[-\frac{R'(x)}{R(x)}\right]\mathrm{d}x = \ln[R(x)]\Big|_t^0 \\ &= \ln[R(0)] - \ln[R(t)] = \ln 1 - \ln[R(t)] \\ &= -\ln[R(t)] \end{aligned} \quad (2.1.18)$$

式中:$\ln(\cdot)$ 代表以 e 为底的自然对数函数;$R'(\cdot)$、$F'(\cdot)$、$[\cdot]'$ 代表一阶导数函数。整理式(2.1.18)有

$$R(t) = \exp\left[-\int_0^t h(x)\mathrm{d}x\right] \quad (2.1.19)$$

为便于读者理解风险率 $h(t)$ 的工程技术内涵,表 2-5 给出了风险率 $h(t)$、固有可靠度 $R(t)$、故障累计概率密度 $f(t)$ 间的数学换算关系。

进一步,为便于后续开展各类基于故障概率分布特征的装备可靠性工程解算,这里集中给出几类常见概率分布约束下风险率 $h(t)$ 的数学表达式及其量化特征曲线,如表 2-6 所示。

表 2-5　风险率 $h(t)$、固有可靠度 $R(t)$、故障累计概率密度 $f(t)$ 间的数学换算关系

序号	已知量	未知量	数学换算关系
1	$h(t)$	$R(t)$	$R(t) = \exp\left[-\int_0^t h(x)\mathrm{d}x\right]$
2	$h(t)$	$f(t)$	$f(t) = h(t)\exp\left[-\int_0^t h(x)\mathrm{d}x\right]$
3	$R(t)$	$h(t)$	$h(t) = -\dfrac{R'(t)}{R(t)}$
4	$R(t)$	$f(t)$	$f(t) = -R'(t)$
5	$f(t)$	$R(t)$	$R(t) = 1 - \int_0^t f(x)\mathrm{d}x$
6	$f(t)$	$h(t)$	$h(t) = \dfrac{f(t)}{1 - \int_0^t f(x)\mathrm{d}x}$

表 2-6　几类常见概率分布约束下的风险率 $h(t)$

序号	TTF 满足的概率分布	风险率 $h(t)$	量化特征曲线
1	指数分布	λ 特征参数：λ	
2	正态分布	$\dfrac{\dfrac{1}{\sigma\sqrt{2\pi}}\exp\left[-\dfrac{(t-\mu)^2}{2\sigma^2}\right]}{1-\int_0^t \dfrac{1}{\sigma\sqrt{2\pi}}\exp\left[-\dfrac{(x-\mu)^2}{2\sigma^2}\right]\mathrm{d}x}$ 特征参数：μ, σ	

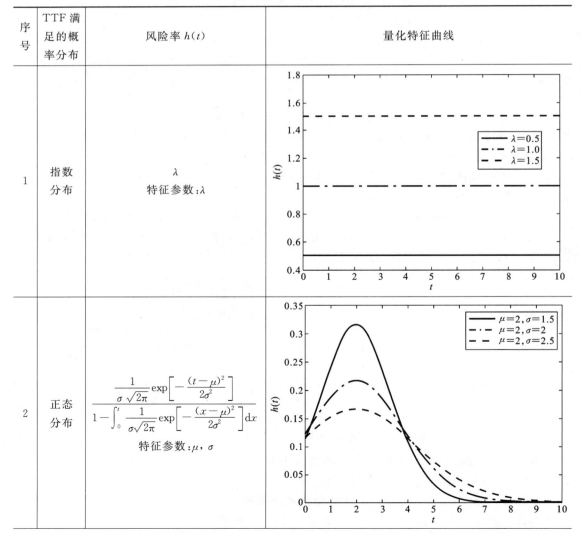

序号	TTF满足的概率分布	风险率 $h(t)$	量化特征曲线
3	威布尔分布	$\dfrac{\beta}{\eta}\left(\dfrac{t}{\eta}\right)^{\beta-1}$ 特征参数:η, β, γ	

观察表 2-6 中所绘风险率 $h(t)$ 曲线的量值变化可知:① 风险率 $h(t)$ 显然不是故障概率,其取值可以大于 1;② 风险率 $h(t)$ 既可以是变量,也可以是常量,当风险率 $h(t)$ 取常量时,例如 TTF 满足指数分布特征时,工程上也习惯称其为"故障(失效)率";③ 与故障累计概率 $F(t)$ 和固有可靠度 $R(t)$ 相比,风险率 $h(t)$ 的变化趋势较为复杂,既可以随累计寿命的增加递增,也可以递减,还可以保持不变,因此装备风险率 $h(t)$ 的取值不具备封闭特性。

[算例 2-6] 假设某型柴油机的故障前累计运行时间 t(寿命单位:h)满足威布尔分布特征,尺度参数 $\eta=1000$,形状参数 $\beta=1.5$,位置参数 $\gamma=0$,试分别测算该型柴油机累计运行 400 h、800 h 和 1200 h 后的风险率 $h(t)$。

解:因为柴油机故障前累计运行时间 t 满足威布尔分布特征,且相关特征参数已知,则有

$$h(t)=\frac{\beta}{\eta}\left(\frac{t}{\eta}\right)^{\beta-1} \tag{2.1.20}$$

将 $t=400$ h、800 h、1200 h 分别代入式(2.1.20)中,则有

$$h(400)=\frac{1.5}{1000}\times\left(\frac{400}{1000}\right)^{0.5}=0.00095$$

$$h(800)=\frac{1.5}{1000}\times\left(\frac{800}{1000}\right)^{0.5}=0.0013$$

$$h(1200)=\frac{1.5}{1000}\times\left(\frac{1200}{1000}\right)^{0.5}=0.0016$$

图 2-11 为该型柴油机的风险率 $h(t)$ 变化曲线。

下面,我们假设装备出现故障后对其实施"非换件"性质的修复性维修,且修复后装备的风险率 $h(t)$ 继续沿用修复前的变化关系,则有

$$E[N(t)]=M(t)=\int_0^t h(x)\mathrm{d}x \tag{2.1.21}$$

式中:$E(\cdot)$ 代表期望函数;$N(t)$ 代表累计至当前寿命时刻 t 装备可能出现故障的总次数,是一个随机变量;$M(t)$ 代表累计至当前寿命时刻 t 装备可能出现故障总次数的数学期望。

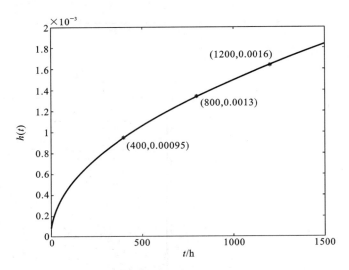

图 2-11 柴油机的风险率 $h(t)$ 变化曲线

对于故障前累计寿命 TTF 满足"指数分布"特征的情况，式(2.1.21)可写为

$$M(t) = \int_0^t h(x)\mathrm{d}x = \int_0^t \lambda \mathrm{d}x = \lambda t \tag{2.1.22}$$

对于故障前累计寿命 TTF 满足"威布尔分布"特征的情况，式(2.1.21)可写为

$$M(t) = \int_0^t h(x)\mathrm{d}x = \int_0^t \frac{\beta}{\eta}\left(\frac{x}{\eta}\right)^{\beta-1}\mathrm{d}x = \left(\frac{t}{\eta}\right)^{\beta} \tag{2.1.23}$$

注意式(2.1.22)和式(2.1.23)给出的关于装备故障总次数期望值的计算结论，在书中后续有关装备可靠性系统工程的算例中会经常用到，请读者务必给予充分重视。

[算例 2-7] 假设某电站变电组件的故障前累计寿命 TTF(寿命单位:h)满足威布尔分布特征，尺度参数 $\eta=800$，形状参数 $\beta=3$，位置参数 $\gamma=0$；故障后拟采用"非换件"性质的修复性维修策略，每次实施修复性维修的平均成本为 120 元，且修复后变电组件的风险率 $h(t)$ 沿袭修复前的变化关系。试测算该变电组件累计运行 2000 h 的平均维修成本 C_M。

解：鉴于该变电组件故障前累计运行时间 t 满足威布尔分布，则可依据式(2.1.23)测算变电组件累计运行 2000 h 可能出现的故障总次数期望 $M(t)$ 为

$$M(2000) = \left(\frac{t}{\eta}\right)^{\beta} = \left(\frac{2000}{800}\right)^3 = 15.625 \approx 16$$

继而，累计运行 2000 h 的平均维修成本 C_M 约为

$$C_M \approx 16 \times 120 \text{ 元} = 1920 \text{ 元}$$

2.1.6 平均故障前时间

平均故障(失效)前时间 MTTF(mean time to failure)，指装备首次出现故障时平均累计寿命的期望值，通常用于度量"不可修"装备的可靠性水平，是一类重要的合同可靠性测度参数。工程上，测算平均故障前时间 MTTF 的数学表达式如下：

$$\mathrm{MTTF} = \int_0^{+\infty} tf(t)\mathrm{d}t \tag{2.1.24}$$

将式(2.1.24)进行积分等价变化后,有

$$\mathrm{MTTF} = \int_0^{+\infty} t\mathrm{d}F(t) = tF(t)\Big|_0^{+\infty} - \int_0^{+\infty} F(t)\mathrm{d}t$$

$$= tF(t)\Big|_0^{+\infty} - \int_0^{+\infty} [1-R(t)]\mathrm{d}t$$

$$= tF(t)\Big|_0^{+\infty} - t\Big|_0^{+\infty} + \int_0^{+\infty} R(t)\mathrm{d}t \qquad (2.1.25)$$

注意到 $F(+\infty)=1$,则有

$$\lim_{t\to +\infty} tF(t) = \lim_{t\to +\infty} t \qquad (2.1.26)$$

继而,将式(2.1.26)代入式(2.1.25),有

$$\mathrm{MTTF} = \left[\lim_{t\to +\infty} tF(t) - 0\right] - \left[\lim_{t\to +\infty} t - 0\right] + \int_0^{+\infty} R(t)\mathrm{d}t$$

$$= \left[\lim_{t\to +\infty} t - 0\right] - \left[\lim_{t\to +\infty} t - 0\right] + \int_0^{+\infty} R(t)\mathrm{d}t$$

$$= \int_0^{+\infty} R(t)\mathrm{d}t \qquad (2.1.27)$$

式(2.1.27)直接给出了固有可靠度 $R(t)$ 与平均故障前时间 MTTF 间的"显性"关联,在可靠性系统工程的现实应用案例中,更容易被工程技术人员理解与接受。观察式(2.1.27)的数学表达式结构可知,MTTF 的量化取值即图 2-12 所示阴影部分的面积值。

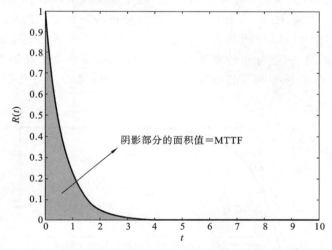

图 2-12 平均故障前时间 MTTF 与固有可靠度 $R(t)$ 间的图解关系

为便于后续开展各类基于故障概率分布特征的装备可靠性工程解算,这里集中给出几类常见概率分布约束下平均故障前时间 MTTF 的数学表达式,如表 2-7 所示。

表 2-7　几类常见概率分布约束下的平均故障前时间 MTTF

序号	TTF 满足的概率分布	固有可靠度 $R(t)$	平均故障前时间 MTTF	备注
1	指数分布	$\exp(-\lambda t)$	$\dfrac{1}{\lambda}$	特征参数:λ
2	正态分布	$1-\int_0^t \dfrac{1}{\sigma\sqrt{2\pi}}\exp\left[-\dfrac{(x-\mu)^2}{2\sigma^2}\right]\mathrm{d}x$	μ	特征参数:μ,σ

续表

序号	TTF满足的概率分布	固有可靠度 $R(t)$	平均故障前时间 MTTF	备注
3	威布尔分布	$\exp\left[-\left(\dfrac{t-\gamma}{\eta}\right)^{\beta}\right]$	$\eta\Gamma\left(1+\dfrac{1}{\beta}\right)$	特征参数：η,β,γ；$\Gamma(\cdot)$为伽马函数；$\Gamma(x)=\int_{0}^{+\infty}t^{x-1}\exp(-t)\mathrm{d}t$

注意以下两个方面。

(1) MTTF 的量化取值仅代表装备在统计意义上的可靠性中心趋向值，并不代表任意取样装备在故障前的累计寿命都一定能够达到此值。以故障前累计寿命 TTF 满足指数分布的装备为例，取 $t=\mathrm{MTTF}$，则该装备的故障累计概率 $F(t)$ 为

$$F(\mathrm{MTTF})=P(\mathrm{TTF}\leqslant\mathrm{MTTF})=1-\exp(-\lambda\times\mathrm{MTTF})=1-\mathrm{e}^{-1}=0.6321 \quad (2.1.28)$$

参考式(2.1.28)的计算结果可知，装备在 MTTF 前发生故障的累计概率高达 0.6321，即超过一半的取样装备将在 MTTF 前发生故障。由此可见，我们显然不能简单地认为装备的故障前寿命均能达到 MTTF，更不能草率地将 MTTF 直接视为开展装备预防性维修活动的最佳间隔期。

(2) 即便不同装备的 MTTF 量化取值相同，也并不代表两者具备完全同等的可靠性特征。以 MTTF=500 为例，图 2-13 分别给出了指数分布与正态分布约束下的故障累计概率 $F(t)$ 变化曲线。从图中可以很明显看出，虽然两类分布情形下的 MTTF 取值相同，均为 500，但在装备寿命初期，指数分布约束下的故障累计概率要远高于正态分布约束下的故障累计概率，即两类分布情形下的装备故障累计概率演变规律并不尽相同，且在局部寿命阶段可能相差甚远。

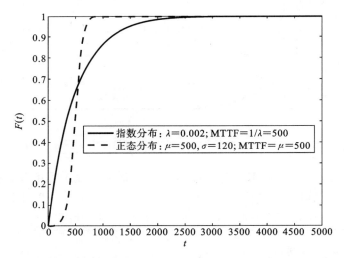

图 2-13　等值 MTTF 下的不同分布故障累计概率曲线比较

［算例 2-8］　假设 A 研究所和 B 研究所均具备生产某型装甲车轮胎的资质，且承诺的轮胎平均故障前寿命 MTTF 均为 5000 km，但经查验相关轮胎的技术规格书可知：A 研究所生产的轮胎故障前累计寿命服从指数分布，特征参数 $\lambda=0.0002$；B 研究所生产的轮胎故障前累

计寿命服从正态分布,特征参数 $\mu=5000$,$\sigma=500$。试问如果你作为一名装备采购合同的决策者,应优先选择采购哪家研究所的装甲车轮胎?

解:虽然两家研究所承诺的装甲车轮胎平均故障前寿命 MTTF 均为 5000 km,但两者在 MTTF 到达 5000 km 时的固有可靠度是不同的。

对于 A 研究所生产的装甲车轮胎,有
$$R_A(\text{MTTF}) = R_A(5000) = \exp(-0.0002 \times 5000) = 0.3679$$

对于 B 研究所生产的装甲车轮胎,有
$$R_B(\text{MTTF}) = R_B(5000) = \Phi\left(\frac{5000-5000}{500}\right) = \Phi(0) = 0.5$$

比较两家研究所轮胎在 5000 km 寿命时刻的可靠度水平易知,B 研究所生产的轮胎更为可靠。为此,在不考虑其他采购经费因素约束的情况下,应优先选择采购 B 研究所生产的装甲车轮胎。

进一步,对于功能或性能随时间迁移具备明显劣变特征的装备而言,我们有时还需要关心装备已累计使用 t_0 寿命后,如果再继续使用,其平均故障前残余使用寿命 $\text{MTTF}(t_0)$,相关数学表达式如下:

$$\text{MTTF}(t_0) = \int_{t_0}^{+\infty} (t-t_0) f(t|t_0) dt = \int_{t_0}^{+\infty} (t-t_0) h(t) R(t|t_0) dt \quad (2.1.29)$$

式中:t 代表任意寿命时刻,满足 $t > t_0$;$f(t|t_0)$ 代表装备已累计使用 t_0 寿命后再继续使用的条件概率密度;$R(t|t_0)$ 代表装备已累计使用 t_0 寿命后再继续使用的条件可靠度。这里,有

$$R(t|t_0) = P(\text{TTF} > t | \text{TTF} > t_0) = \frac{P(\text{TTF} > t)}{P(\text{TTF} > t_0)} = \frac{R(t)}{R(t_0)} \quad (2.1.30)$$

将式(2.1.30)代入式(2.1.29),整理有

$$\begin{aligned}
\text{MTTF}(t_0) &= \int_{t_0}^{+\infty} (t-t_0) h(t) \frac{R(t)}{R(t_0)} dt \\
&= \frac{1}{R(t_0)} \int_{t_0}^{+\infty} (t-t_0) f(t) dt \quad (2.1.31)
\end{aligned}$$

利用分步积分法,式(2.1.31)又可写为

$$\begin{aligned}
\text{MTTF}(t_0) &= \frac{1}{R(t_0)} \int_{t_0}^{+\infty} (t-t_0) f(t) dt = \frac{1}{R(t_0)} \left\{ \int_{t_0}^{+\infty} t f(t) dt - t_0 \int_{t_0}^{+\infty} f(t) dt \right\} \\
&= \frac{1}{R(t_0)} \left\{ \int_{t_0}^{+\infty} t dF(t) - t_0 F(t) \Big|_{t_0}^{+\infty} \right\} \\
&= \frac{1}{R(t_0)} \left\{ tF(t) \Big|_{t_0}^{+\infty} - \int_{t_0}^{+\infty} [1-R(t)] dt - t_0 F(t) \Big|_{t_0}^{+\infty} \right\} \\
&= \frac{1}{R(t_0)} \left\{ \lim_{t \to +\infty} tF(t) - \lim_{t \to +\infty} t - t_0 F(t_0) + t_0 \right. \\
&\quad \left. + \int_{t_0}^{+\infty} R(t) dt - [t_0 - t_0 F(t_0)] \right\} \\
&= \frac{\int_{t_0}^{+\infty} R(t) dt}{R(t_0)} \quad (2.1.32)
\end{aligned}$$

式(2.1.32)直接给出了固有可靠度 $R(t)$ 与平均故障前残余使用寿命 $\text{MTTF}(t_0)$ 间的"显性"关联,在可靠性系统工程的现实应用案例中,更容易被工程技术人员理解与接受。注意,平均故障前残余使用寿命 $\text{MTTF}(t_0)$ 对于科学规划装备各类维修活动具有重要的参考价值,在

部分工程实践场合，甚至比平均故障前时间 MTTF 更受保障技术人员关注。

[**算例 2-9**]　假设某型船用导航雷达的故障前累计寿命 TTF（寿命单位：h）满足威布尔分布特征，尺度参数 $\eta=1000$，形状参数 $\beta=1.2$，位置参数 $\gamma=0$，试测算该型船用导航雷达累计运行 400 h 后的平均故障前残余使用寿命 $\mathrm{MTTF}(t_0)$。

解：鉴于该型船用导航雷达的故障前累计寿命 TTF 满足威布尔分布特征，则由式(2.1.32)可知

$$\mathrm{MTTF}(t_0)=\frac{\int_{t_0}^{+\infty}R(t)\mathrm{d}t}{R(t_0)}$$

取 $t_0=400\ \mathrm{h}$，则有

$$\mathrm{MTTF}(400)=\frac{\int_{400}^{+\infty}R(t)\mathrm{d}t}{R(400)}=\frac{\int_{0}^{+\infty}R(t)\mathrm{d}t-\int_{0}^{400}R(t)\mathrm{d}t}{R(400)}=\frac{\mathrm{MTTF}-\int_{0}^{400}R(t)\mathrm{d}t}{R(400)} \tag{2.1.33}$$

进一步，查表 2-7 可知：

$$\mathrm{MTTF}=\eta\Gamma\left(1+\frac{1}{\beta}\right)=1000\Gamma\left(1+\frac{1}{1.2}\right)=1000\Gamma(1.83)=939.7\ \mathrm{h}$$

这里伽马函数 $\Gamma(1.83)$ 的数值，可通过查询"伽马分布量值表"（详见附表2）获得，其部分内容如表 2-8 所示。其中，$\Gamma(1.83)$ 的量化数值在表 2-8 中以"灰色"背景标识。当然，$\Gamma(1.83)$ 的数值也可借助"MATLAB 软件"求解，相关核心编程代码为：gamma(1.83)。

表 2-8　伽马分布量值表（部分）

x	$\Gamma(x)$	x	$\Gamma(x)$	x	$\Gamma(x)$	x	$\Gamma(x)$
1.75	0.9191	1.80	0.9314	1.85	0.9456	1.90	0.9618
1.76	0.9214	1.81	0.9341	1.86	0.9487	1.91	0.9652
1.77	0.9238	1.82	0.9369	1.87	0.9518	1.92	0.9688
1.78	0.9262	1.83	0.9397	1.88	0.9551	1.93	0.9724
1.79	0.9288	1.84	0.9426	1.89	0.9584	1.94	0.9761

注意到

$$\int_{0}^{400}R(t)\mathrm{d}t=\int_{0}^{400}\exp\left[-\left(\frac{t}{1000}\right)^{1.2}\right]\mathrm{d}t \tag{2.1.34}$$

式(2.1.34)的解析求解较为困难，这里同样借助"MATLAB 软件"数值求解，相关核心编程代码如下。

```
t= 0:1:400;                          %生成数值仿真时域区间
WF= wblcdf(t,尺度参数,形状参数);     %生成威布尔分布故障累计概率数值序列
WR= 1-WF;                            %生成威布尔分布可靠度数值序列
WI= trapz(t,WR);                     %数值计算式(2.1.34)的积分值
WR(400)                              %显示可靠度数值序列中的 R(400)数值
```

经上述数值解算，有

$$\int_{0}^{400}R(t)\mathrm{d}t\approx 345.47\ \mathrm{h},\quad R(400)=0.7168$$

继而,将 MTTF=939.7 h、$R(400)=0.7168$、$\int_0^{400} R(t)dt \approx 345.47$ h 代入式(2.1.33),有

$$\text{MTTF}(400) = \frac{\text{MTTF} - \int_0^{400} R(t)dt}{R(400)} = \frac{939.7 - 345.47}{0.7168} \text{ h} = 829 \text{ h}$$

观察算例的计算结果可知,平均故障前残余使用寿命 $\text{MTTF}(t_0)$ 并不简单地等于平均故障前时间 MTTF 与累计运行寿命 t_0 之差。本例中 $\text{MTTF} - t_0 = (939.7 - 400)$ h $= 539.7$ h,而 $\text{MTTF}(400) = 829$ h。

2.1.7 平均故障间隔时间

平均故障(失效)间隔时间 MTBF(mean operating time between failure),指装备历次故障间隔间平均使用寿命的期望值,通常用于度量"可修"装备的可靠性水平,也是一类重要的合同可靠性测度参数。工程上,用于近似统计测算平均故障间隔时间 MTBF 的数学表达式如下:

$$\text{MTBF} = \frac{\sum_{i=1}^{N} X_i}{N} \tag{2.1.35}$$

式中:N 代表观测的总次数,一般应取足够大的正整数($\geqslant 30$);X_i 代表第 i 次观测获得的装备有效使用寿命,$i=1,2,\cdots,N$。平均故障间隔时间 MTBF 统计测算示意图如图 2-14 所示。

图 2-14 平均故障间隔时间 MTBF 统计测算示意图

式(2.1.35)看似非常简单,但鉴于装备历次故障后采取的不同维修策略,将直接影响装备下次故障前的有效使用寿命长度测算,为此,在实际应用过程中工程技术人员很难获取极其精确的平均故障间隔时间 MTBF 测算结果。例如,如果装备故障后采用"换件"修理的维修策略,相关故障组件换修后仍能保持最优技术状态,显然这与采用"原件"修复维修策略的装备(修复组件的技术状态往往会有所下降)相比,在测算下次故障前的有效使用寿命长度时会产生量值差异;再如,即便都采用"换件"修理的维修策略,是换装"全新件"还是换装"库存修复件",也会影响装备下次故障前的有效使用寿命长度测算,显然换装"全新件"在装备使用寿命的延续上更具优势。综上,装备平均故障间隔时间 MTBF 的统计测量看似简单,实则非常复杂,即便将"装备"逐层弱化为"元件"层级,相关平均故障间隔时间 MTBF 的历次统计观测值也可能发生较大差异。

为简化前述统计难度,工程上有时假设装备在历次故障修复后可以完全处于"全新"装备状态,此时"可修"装备的平均故障间隔时间 MTBF 测算等价于"不可修"装备的平均故障前时间 MTTF 测算,即有

$$\text{MTBF} = \text{MTTF} = \int_0^{+\infty} R(t)\mathrm{d}t \tag{2.1.36}$$

对于故障前累计寿命 TTF 满足"指数分布"特征的装备,鉴于其"无记忆"的故障率演化特征,工程上也可采用式(2.1.37)近似测算装备平均故障间隔时间 MTBF:

$$\text{MTBF} = \frac{T}{K} \tag{2.1.37}$$

式中:T 代表装备统计试验期间运行的总寿命;K 代表装备统计试验期间出现故障的总次数。需要说明的是,为保证式(2.1.37)的工程适用性和测算准确性,装备统计试验期间运行的总寿命 T 应取足够长度,以确保观测到足够数量的故障事件($K \geqslant 30$)。

在前述平均故障间隔时间 MTBF 的基础上,还可进一步引入平均致命故障间隔时间 MTBCF(mean time between critical failure)。平均致命故障间隔时间 MTBCF 指装备历次"致命"故障间隔间平均使用寿命的期望值,通常用于度量特定任务条件约束下"可修"装备的可靠性水平,也是一类重要的合同可靠性测度参数。

与平均故障间隔时间 MTBF 的统计测算方法类似,式(2.1.35)也可用于测算平均致命故障间隔时间 MTBCF,只是此时仅将那些直接导致装备任务功能丧失的"致命"故障事件纳为图 2-14 所示"故障停用"事件,而将其他并不直接导致装备任务功能丧失的"普通"或"轻度"故障事件,均视为装备的"有效使用"事件,相关寿命持续历程均计入装备有效使用寿命范畴。

需要说明的是,平均致命故障间隔时间 MTBCF 的测算是针对特定任务条件约束而言的,如果无法明确定位装备的特定任务功能要求,也就无法有效筛选出那些具备"致命"属性的故障事件,此时平均致命故障间隔时间 MTBCF 的测算将退化为平均故障间隔时间 MTBF 的测算。此外,平均致命故障间隔时间 MTBCF 与平均故障间隔时间 MTBF 始终满足式(2.1.38)所示测算量值关系:

$$\text{MTBF} \leqslant \text{MTBCF} \tag{2.1.38}$$

2.1.8 可靠寿命

可靠寿命 $T_{(r)}$,指装备固有可靠度 $R(t)$ 下降至给定风险阈值 r 时所对应的累计寿命,其数学表达式为

$$r = 1 - \int_0^{T_{(r)}} f(x)\mathrm{d}x \tag{2.1.39}$$

式中:$f(\cdot)$ 代表装备故障前累计寿命 TTF 的绝对概率密度函数;x 代表任意积分变量。工程上,一般将风险域值 r 取 0.5 时对应的可靠寿命 $T_{(0.5)}$ 称为中位寿命,将风险阈值 r 取 e^{-1} 时的可靠寿命 $T_{(0.3679)}$ 称为特征寿命。可靠寿命 $T_{(r)}$ 也是反映装备基本可靠性的一类重要测度参数。

与可靠寿命 $T_{(r)}$ 的表述类似,航空航天领域更习惯使用百分比寿命 $B_{p\%}$ 这一测度参数。百分比寿命 $B_{p\%}$,指装备累计故障概率 $F(t)$ 上升至给定百分比值 p 时所对应的累计寿命。在 $B_{p\%}$ 寿命时刻,装备潜在出现故障的概率比例为 $p\%$。装备百分比寿命 $B_{p\%}$ 的数学表达式为

$$p\% = \int_0^{B_{p\%}} f(x)\mathrm{d}x \tag{2.1.40}$$

对比式(2.1.39)和式(2.1.40)可知,$T_{(r)} = B_{[100(1-r)]\%}$,即两类测度参数实际互为等价关系。

[算例 2-10] 假设某型装备的故障前累计寿命 TTF 满足指数分布特征(寿命单位:h),特征参数 $\lambda=0.002$,试测算该型装备的可靠性中位寿命和可靠性特征寿命。

解:取风险阈值 $r=0.5$,可测算装备的可靠性中位寿命 $T_{(0.5)}$,为

$$0.5 = 1 - \int_0^{T_{(0.5)}} \lambda \exp(-\lambda x)\mathrm{d}x$$

整理后,有

$$0.5 = \exp[-\lambda T_{(0.5)}]$$

继而,有

$$T_{(0.5)} = \frac{\ln 0.5}{-\lambda} = \frac{\ln 0.5}{-0.002}\ \mathrm{h} = 346.57\ \mathrm{h}$$

类似地,取风险阈值 $r=0.3679$,则可测算装备的可靠性特征寿命 $T_{(0.3679)}$,为

$$T_{(\mathrm{e}^{-1})} = \frac{\ln(\mathrm{e}^{-1})}{-\lambda} = \frac{\ln 0.3679}{-0.002}\ \mathrm{h} = 500\ \mathrm{h}$$

该算例中所述装备的可靠性中位寿命 $T_{(0.5)}$ 和特征寿命 $T_{(0.3679)}$ 的图示说明,如图 2-15 所示。

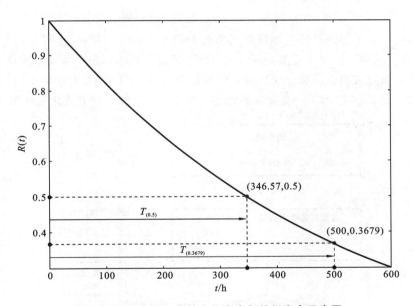

图 2-15 装备的可靠性中位寿命与特征寿命示意图

2.1.9 免维修使用周期

免维修使用周期 MFOP(maintenance free operational period),指装备使用过程中能够保证不被任意非计划性维修活动中断的特定使用寿命周期。显然,我们不能 100% 地保证装备在免维修使用周期 MFOP 内不发生任何故障事件。为此,引入免维修使用周期生存度 MFOPS(maintenance free operational period survivability)的概念,用以度量装备在免维修使用周期内能够持续保持技术状态完好的概率。对于由 N 个内置组件构成的串联构型任务功能装备,其免维修使用周期生存度 MFOPS 的数学表达式可写为

$$\text{MFOPS} = \prod_{k=1}^{N} \frac{R_k(t_0 + \text{MFOP})}{R_k(t_0)} \quad (2.1.41)$$

式中：$R_k(t_0)$ 代表装备第 k 个组件在 t_0 时刻的固有可靠度，$k=1,2,\cdots,N$；$\prod(\cdot)$ 代表连乘函数。进一步，以 t_0 时刻为使用寿命起点，则装备在经历第 i 个免维修使用周期 MFOP（假设历次免维修使用周期连续，且不考虑恢复性修理活动）时，相关免维修使用周期生存度 MFOPS(i) 的测算表达式变更为

$$\text{MFOPS}(i) = \prod_{k=1}^{N} \frac{R_k(t_0 + i\text{MFOP})}{R_k[t_0 + (i-1)\text{MFOP}]} \quad (2.1.42)$$

对于装备的第 k 个内置组件，如果其故障前累计寿命 TTF 满足"威布尔分布"特征（位置参数 $\gamma=0$），则在免维修使用周期 MFOP 内该组件的生存度 MFOPS_k 为

$$\text{MFOPS}_k = \exp\left[-\frac{t_0^{\beta} - (t_0 + \text{MFOP})^{\beta}}{\eta^{\beta}}\right] \quad (2.1.43)$$

如果已知免维修使用周期 MFOP 内第 k 个内置组件可接受的生存度门限值为 $\text{MFOPS}_{k\text{-min}}$，则可基于式（2.1.43），通过"逆"运算求解工程上对于该组件而言可接受的最长免维修使用周期 $\text{MFOP}_{k\text{-max}}$，相关数学表达式如下：

$$\text{MFOP}_{k\text{-max}} = \left[t_0^{\beta} - \eta^{\beta}\ln(\text{MFOPS}_{k\text{-min}})\right]^{\frac{1}{\beta}} - t_0 \quad (2.1.44)$$

式（2.1.44）中关于组件最长免维修使用周期 $\text{MFOP}_{\max}$ 的计算结论，也可推广至装备层级应用，此处不再赘述说明。需要注意的是，工程实践中，装备一旦执行免维修使用周期的保障策略，相关维修技术人员通常会在经历多轮次的免维修使用周期 MFOP 后，选择恰当时机统一安排恢复性修理活动。图 2-16 给出了一类合理确定装备恢复性修理时机的程式化推演算法。

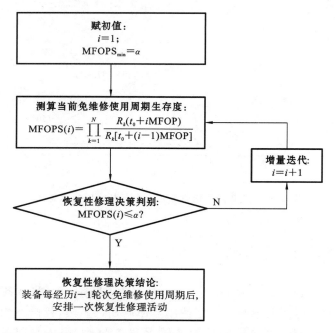

图 2-16　免维修使用周期策略下装备恢复性修理时机的程式化推演算法

图 2-16 中：$\text{MFOPS}_{\min}$ 代表装备可接受的免维修使用周期生存度门限值，取值为 α；i 代表装备经历的免维修使用周期轮次计数变量，取值为自然数；MFOPS(i) 代表装备在第 i 轮

次免维修使用周期内的生存度;t_0 代表装备恢复性修理时机推演的计时起点时刻;Y 代表 MFOPS(i)$\leqslant \alpha$ 不等式关系成立;N 代表 MFOPS(i)$\leqslant \alpha$ 不等式关系不成立。

[算例 2-11] 假设某型全新船用汽轮机组采用免维修使用周期策略实施在航期间的保障工程活动,其由 A 锅炉(1 台)、B 涡轮增压机(1 台)、C 汽轮机(1 台)三部分组件构成。其中,任意组件发生故障均将导致汽轮机组的任务功能丧失,且相关组件的故障演变随机特征如表 2-9 所示。如果该型船用汽轮机组的免维修使用周期 MFOP 定为 1000 h,最低可接受生存度门限值 MFOPS$_{\min}$ 定为 0.85,试测算并规划该型船用汽轮机组的恢复性修理活动实施时机。

表 2-9 某型船用汽轮机组相关组件的故障演变随机特征

序号	组件	故障演变满足的分布特征	特征参数
1	锅炉	正态分布	$\mu_1=4000, \sigma_1=200$
2	涡轮增压机	正态分布	$\mu_2=5000, \sigma_2=500$
3	汽轮机	威布尔分布	$\eta=5000, \beta=2, \gamma=0$

解:因为船用汽轮机组是全新交付使用的,为此使用寿命起点 t_0 可计为 0。同时,锅炉、涡轮增压机、汽轮机三者中任意组件发生故障,均会导致汽轮机组出现故障,为此,三者在实现汽轮机组的任务功能层面是典型的"串联模型"。综上,依据式(2.1.42),可测算第 1 轮次免维修使用周期 MFOP 内汽轮机组的生存度:

$$\text{MFOPS}(1) = \prod_{k=1}^{3} \frac{R_k(\text{MFOP})}{R_k(0)} = R_1(\text{MFOP})R_2(\text{MFOP})R_3(\text{MFOP}) \quad (2.1.45)$$

式中:

$$R_1(\text{MFOP}) = 1 - \int_0^{\text{MFOP}} \frac{1}{\sigma_1 \sqrt{2\pi}} \exp\left[-\frac{(x-\mu_1)^2}{2\sigma_1^2}\right] dx$$

$$R_2(\text{MFOP}) = 1 - \int_0^{\text{MFOP}} \frac{1}{\sigma_2 \sqrt{2\pi}} \exp\left[-\frac{(x-\mu_2)^2}{2\sigma_2^2}\right] dx$$

$$R_3(\text{MFOP}) = \exp\left[-\left(\frac{\text{MFOP}-\gamma}{\eta}\right)^\beta\right]$$

将表 2-9 中所列相关特征参数代入式(2.1.45)中,可得

$$\text{MFOPS}(1) = 0.9608 > 0.85$$

采用类似方法,可测算第 2 轮次免维修使用周期 MFOP 内汽轮机组的生存度:

$$\text{MFOPS}(2) = \prod_{k=1}^{3} \frac{R_k(2\text{MFOP})}{R_k(\text{MFOP})} = \frac{R_1(2\text{MFOP})}{R_1(\text{MFOP})} \frac{R_2(2\text{MFOP})}{R_2(\text{MFOP})} \frac{R_3(2\text{MFOP})}{R_3(\text{MFOP})}$$
$$= 0.8869 > 0.85$$

进一步,可测算第 3 轮次免维修使用周期 MFOP 内汽轮机组的生存度:

$$\text{MFOPS}(3) = \prod_{k=1}^{3} \frac{R_k(3\text{MFOP})}{R_k(2\text{MFOP})} = \frac{R_1(3\text{MFOP})}{R_1(2\text{MFOP})} \frac{R_2(3\text{MFOP})}{R_2(2\text{MFOP})} \frac{R_3(3\text{MFOP})}{R_3(2\text{MFOP})}$$
$$= 0.8187 < 0.85$$

分析第 3 轮次的生存度测算结果可知,该型船用汽轮机组在经历两个轮次的免维修使用周期后,已无法再维持第 3 个轮次的免维修使用周期(MFOPS(3) = 0.8187 < MFOPS$_{\min}$ = 0.85)。此时,应针对该型船用汽轮机组集中安排一次恢复性修理活动,以保证能够及时恢复汽轮机组的优良技术状态,进而最大限度规避后续使用的工程风险。

2.2 维修性工程引论

2.2.1 维修与维修性

我们总是希望装备尽量不出现故障,长期保持随时可用状态,这就需要装备具有很高的可靠性。但是装备研制与生产的现实经验表明,装备的可靠性不可能无限度地提高。大幅提升装备的可靠性,通常需要付出极高的获取成本(包括研制成本、生产成本等),而当这些成本突破型号装备研制工作的费用约束极限要求时,工程上将是不可实现的。此时,工程技术人员往往另辟蹊径,尝试在"寻求装备故障后的快速恢复"方面投入技术努力,力争最大限度缩短装备处于故障状态的时间,确保装备尽可能保持随时可用状态。

工程上,将如何提升装备故障后的状态恢复速度、如何有效缩短装备故障状态时长、如何改善装备可用状态与费用经济效益等相关技术问题,统一归结为装备的维修问题。维修问题一般分为维护和修理两个方面。其中:为避免或延迟装备的故障发生,我们需要预先开展有效且适用的装备"维护"工作;为尽快消除装备故障、恢复完好技术状态,我们需要及时开展有效且适用的装备"修理"工作。而从长期的装备保障工程实践经验看,装备的维修工作成效与装备的固有"维修性"密切相关。综上,维修性已成为除去"可靠性"以外,另外一类严重影响装备全寿期内可用状态保持与任务功能发挥的关键技术要素。因此,研究装备的维修问题,归根结底是研究装备的"维修性"问题。

国军标《装备通用质量特性术语》中维修性的定义为"产品在规定的条件下和规定的时间内,按规定的程序和方法进行维修时,保持或恢复到规定状态的能力"。与装备可靠性类似,基于不同的技术关注点,工程上用于考量装备维修性的测度参数也各不相同。常见的技术关注点一般包括:

(1) 什么时候需要开展维修工作;
(2) 开展维修工作的具体类型;
(3) 实施维修工作的技能要求;
(4) 实施维修工作的配套物质资源要求(含设施、设备、工具、人员、技术资料、备品备件、耗材等);
(5) 实施维修工作的费用要求;
(6) 完成维修工作的持续时间。

与上述技术关注点对应的维修性测度参数一般包括维修持续时间、维修人力时间、维修资源种类与数量、维修费用等,下面分别详述说明。

2.2.2 维修持续时间

维修持续时间 T_m 指装备用于保持或恢复预期任务功能要求所需耗费的维护或修理工作时间。装备维修持续时间一般会受到维修性设计因素、维修人力因素、维修资源因素、维修物理因素、维修环境因素等影响。其中,维修性设计因素主要包括维修原则设计(可修、不可修、部分可修)、可达性设计、测试性设计、安全性设计、模块化设计、防差错设计等；维修人力因素主要包括维修技能、维修经验、人员体格、人员数量、训练情况、责任心、协作沟通、精神状态等；维修资源因素主要包括备品备件、耗材、能源类供应品、设施、设备、工具、仪器仪表、技术资料等；维修物理因素主要包括维修装备组成结构的复杂性、故障组部件或单元的几何尺寸与形状、维修作业步骤实施的牵连性等；维修环境因素主要包括维修对象所处的物理位置，维修预留空间的布置，维修环境温度、湿度、噪声、振动、照明，维修平台稳定性等。综上可知，维修持续时间 T_m 既与装备自身的维修性设计密切相关，又受到装备外在可提供的维修保障条件直接影响。为此，工程上通常将装备维修持续时间 T_m 视为随机变量，并采用随机变量统计分析方法，处理装备维修持续时间 T_m 的定量测算问题。

一类最为常见的用于刻画装备维修持续时间 T_m 的测度参数为平均修复时间 MTTR (mean time to repair)。它是实施装备故障修理工作持续时间的期望值。鉴于影响装备故障修理工作持续时间的因素过多，这里仅给出一类用于近似测算装备平均修复时间 MTTR 的工程方法，相关数学表达式如下：

$$\text{MTTR} = \frac{\sum_{i=1}^{N} t_i}{N} \tag{2.2.1}$$

式中：N 代表观测的故障修理样本总数，一般应取足够大的正整数($\geqslant 30$)；t_i 代表第 i 个故障修理样本的修理持续时间，$i=1,2,\cdots,N$。对于由 K 个内置组件构成的串联构型任务功能装备，如果已知第 i 个内置组件的平均修复时间 MTTR_i 和平均故障前时间 MTTF_i，则任务期 T 内装备完成故障修理工作的平均总持续时间 MTTR_E 可写为

$$\text{MTTR}_E = \sum_{i=1}^{K} \text{MTTR}_i \times \frac{T}{\text{MTTF}_i} \tag{2.2.2}$$

考虑到任务期 T 内装备出现故障的总次数 N_E 为

$$N_E = \sum_{i=1}^{K} \frac{T}{\text{MTTF}_i} \tag{2.2.3}$$

则装备总体层面的平均修复时间 MTTR_S 为

$$\text{MTTR}_S = \frac{\text{MTTR}_E}{N_E} = \frac{\sum_{i=1}^{K} \frac{\text{MTTR}_i}{\text{MTTF}_i}}{\sum_{i=1}^{K} \frac{1}{\text{MTTF}_i}} \tag{2.2.4}$$

进一步，假设装备各组件的故障演变规律符合"指数分布"特征，则有

$$\lambda_i = \frac{1}{\text{MTTF}_i}, \quad \lambda_S = \sum_{i=1}^{K} \lambda_i \tag{2.2.5}$$

式中：λ_i 代表第 i 个内置组件的故障率；λ_S 代表装备串联构型的总体故障率。此时，式(2.2.4)又可写为

$$\text{MTTR}_S = \sum_{i=1}^{K} \frac{\lambda_i}{\lambda_S} \text{MTTR}_i \tag{2.2.6}$$

[**算例 2-12**] 假设某串联构型任务功能系统如图 2-17 所示。已知该系统各组件 i 的故障演变规律符合指数分布特征，$i=1,2,3$，且相关故障率 λ_i 与平均修复时间 MTTR_i 的取值如表 2-10 所示，试测算该任务功能系统总体层面的平均修复时间 MTTR_S。

图 2-17 串联构型任务功能系统

表 2-10 任务功能系统各组件的可靠性与维修性参数指标

序号	组件名称	故障率 λ_i	平均修复时间 MTTR_i
1	组件 1	0.005	0.5 h
2	组件 2	0.003	1.0 h
3	组件 3	0.002	1.2 h

解：对于算例所述串联构型任务功能系统，可依据式（2.2.6）测算该系统总体层面的平均修复时间 MTTR_S。首先，计算该串联构型任务功能系统的总体故障率 λ_S，有

$$\lambda_S = \lambda_1 + \lambda_2 + \lambda_3 = 0.01$$

进而，有

$$\mathrm{MTTR}_S = \sum_{i=1}^{3} \frac{\lambda_i}{\lambda_S} \mathrm{MTTR}_i = \left(\frac{0.005}{0.01} \times 0.5 + \frac{0.003}{0.01} \times 1.0 + \frac{0.002}{0.01} \times 1.2 \right) \mathrm{h} = 0.79 \ \mathrm{h}$$

2.2.3 维修人力时间

尽管维修持续时间 T_m 能在一定程度上反映装备维修活动所需耗费的时间，但在实际的装备维修活动规划过程中，我们往往还会关注具体实施各类维修活动所需的人员数量与总工时。对于需要多人协同操作才能有效完成的特殊维修作业步骤，更加需要在人员数量层面给予明确说明；否则，2.2.2 节中有关维修持续时间 T_m 的测算将失去其工程应用价值。为此，在维修持续时间 T_m 的基础上，这里进一步引入维修人力时间 $T_{m\text{-}p}$ 的概念。维修人力时间 $T_{m\text{-}p}$ 指在综合考虑维修作业历程和维修人力需求的情况下，为保持或恢复装备预期任务功能要求所需耗费人力时间的综合度量值。

一类最为常见的刻画装备维修人力时间的测度参数为维修人工时 MMH（maintenance man-hour）。它是实施装备各类维修工作所需持续时间与所需人员数量乘积的期望值。对于给定的任务期 T，测算装备维修人工时 MMH 的数学表达式如下：

$$\mathrm{MMH} = N_1(T) \times \mathrm{MPMT} \times \mathrm{MNC}_{pm} + N_2(T) \times \mathrm{MCMT} \times \mathrm{MNC}_{cm} \quad (2.2.7)$$

式中：$N_1(T)$ 代表任务期 T 内实施装备预防性维修的总次数；MPMT 代表单次实施预防性维修的平均持续时间；MNC_{pm} 代表单次实施预防性维修所需的人员平均数量；$N_2(T)$ 代表任务期 T 内实施装备修复性维修的总次数；MCMT 代表单次实施修复性维修的平均持续时间；MNC_{cm} 代表单次实施修复性维修所需的人员平均数量。

工程上，有时为了便于对装备维修工作的经济性进行决算，也经常使用每单位寿命的维修人工时 MMH 作为刻画装备维修人力时间的测度参数，此时需将式（2.2.7）改写为

$$\frac{\mathrm{MMH}}{T} = \frac{N_1(T) \times \mathrm{MPMT} \times \mathrm{MNC}_{pm} + N_2(T) \times \mathrm{MCMT} \times \mathrm{MNC}_{cm}}{T} \quad (2.2.8)$$

需要说明的是：① 预防性维修平均持续时间 MPMT 和修复性维修平均持续时间 MCMT

的测算,会受到执行维修任务人员的技能水准、装备的功能失效程度、功能恢复作业的牵连工程范围等诸多因素的影响,精确获取其相关量值的技术难度很大,为此,工程上一般主要关注MPMT和MCMT在统计意义上的平均值;② 从工程实践的经验看,装备在长期的使用过程中,随着使用时间的增加,会逐渐呈现技术状态劣化趋势,这又会导致装备的维修频次逐渐上升,由此可见,处于不同寿命阶段的装备,即便在同等长度的任务期 T 内,其预防性维修和修复性维修的总次数也并不保持恒定值,为此,工程上在应用式(2.2.7)和式(2.2.8)时,应根据装备所处技术状态的具体情况,视情调整修正装备任务周期内预防性维修和修复性维修的总次数量值;③ 此外,对于新研装备有多种设计方案可供权衡选择时,每单位寿命的维修人工时MMH往往作为一类与装备可用寿命和维修费用支出密切相关的维修性测度参数,被新研装备设计方案评估与优选专家组重点考量。

2.2.4 维修资源

装备维修活动的具体实施过程,需要物质资源、信息资源以及人力资源层面大量的支撑。工程上,我们将这些直接或间接地用于辅助装备维修作业完成的资源统称为维修资源。显然,充足且恰当的维修资源,将在很大程度上促进相关维修作业的快速与高质量完成,反之则将延缓维修作业的完成进度或降低完成质量。然而,由于不同装备组成结构、生产工艺、装配形式等不同,维修人员实施相应维修作业所需的维修资源往往也不尽相同。如果实施某型装备维修作业所需的配套维修资源过于特殊或短缺,在现实中维修作业将很可能因维修资源的使用冲突而搁浅。为此,对于新研装备而言,在其寿命期间实施各类维修作业所需的配套维修资源的种类与数量,在很大程度上反映了装备是否便于维修、是否可快速恢复至完好技术状态的潜在可能。显然,这也充分反映出所需维修资源的种类与数量是一类反映装备维修性好坏的测度参数。下面分别就几类常见维修资源的具体测度要求说明如下。

1. 维修供应品

维修供应品主要包括维修中使用的备品备件、耗材、能源类供应品等。其中:备品备件、耗材的需求类型与数量,与装备维修性设计确定的最小可更换单元密切相关,例如,如果将"熔断器"作为装备组成中较易损耗的一类最小可更换单元,则应将其作为一类辅助装备维修的必要备品备件,保证足量供应;能源类供应品的需求类型与数量,与装备维修的基础环境要求密切相关,例如,涉核类装备的维修需要基础洗消环境,则应将"去离子水"作为实施此类装备维修作业的基础能源环境要求,保证足量供应。原则上,新研装备的维修性好,往往意味着实施装备维修作业所需的供应品类型少、标准化程度高且供货渠道稳定通畅。

2. 维修设备

维修设备主要包括维修中使用的原材料加工设备、监测(检测)设备、仪器仪表、拆卸与安装工具等。其中:原材料加工设备的需求类型与数量,与装备维修性设计确定的可维修部位密切相关;监测(检测)设备、仪器仪表的需求类型与数量,与装备可靠性设计确定的关键功能单元或组部件,维修性设计确定的需监测(检测)、计量、标校部位以及测试性设计确定的测点配置等密切相关;拆卸与安装工具的需求类型与数量,与装备各组成单元间的物理装配关系以及接触面耦合模式等密切相关。原则上,新研装备的维修性好,往往意味着实施装备维修作业所需的专用设备、仪器仪表、工具类型较少,寿命周期内大部分维修作业均可依托常见的通用维修设备、仪器仪表、工具形成闭环,且能保证工程质量。

3. 维修设施

维修设施主要包括维修中使用的厂房、车间、仓库、码头等永久或半永久形式的建筑物及其配套修理工装夹具等。维修设施大都配有较好的装备维修环境条件,一般仅在装备较高等级修理任务出现时才投入使用,且日常运维费用较高。原则上,新研装备的维修性好,往往意味着实施装备维修作业所需的特殊维修设施较少,依托现有已建成的传统维修设施即可完成装备寿命周期内的大部分较高等级修理任务。

4. 维修人力

维修人力主要包括维修中指挥维修、实施维修和辅助维修的各类技术人员和管理人员。其中:技术人员主要承担技术状态监控、维修作业实施、修后调试与试验等相关维修工作职责;管理人员主要承担维修活动规划、维修质量督导与检查、维修资源统筹调度等相关维修工作职责。原则上,新研装备的维修性好,往往意味着实施装备维修作业所需的人员较少,且技能等级要求较低。

2.2.5 维修费用

维修费用指为支撑装备各类维修活动完成所需投入的各类费用成本总和,如果从寿命周期的角度表述,也可称其为装备维修"全费用"。维修费用也是衡量装备维修性好坏的一类重要测度参数。原则上,新研装备的维修性好,往往意味着装备全寿期内实施维修作业所需的费用成本较低,且装备使用方长期可承受。对于在使用阶段没有充足维修费用长期支持的新研装备,大多数情况下均需强制更改其维修性设计方案。

工程上测算装备维修费用的方法很多,这里将维修费用大体分为直接维修费用和间接维修费用两类,分别进行测算说明。

1. 直接维修费用

直接维修费用主要指与实施装备维修任务直接相关的费用投入,通常以各类维修保障资源的供应、使用、借用费用为主,相关测算表达式如下:

$$CMR = C_s + C_m + C_p + C_{de} + C_f + C_{da} \quad (2.2.9)$$

式中:CMR 代表直接维修费用;C_s 代表维修供应品费用(含备品备件、耗材、能源类供应品);C_m 代表维修原材料费用;C_p 代表维修人力费用;C_{de} 代表维修设备费用(含设备、仪器仪表、工具);C_f 代表维修设施费用;C_{da} 代表维修技术资料费用。

2. 间接维修费用

间接维修费用主要指与实施装备维修任务间接相关的费用投入,通常以各类维修管理费用、停机成本损失费用为主,相关测算表达式如下:

$$CLR = C_o + C_1 = C_o + DT \times LHR \quad (2.2.10)$$

式中:CLR 代表间接维修费用;C_o 代表维修日常管理运维费用,一般包括与维修活动组织实施相关的管理费用、保险费用、税费、通信费、训练费、保健费等;C_1 代表维修导致的停机成本损失费用,一般由停机持续时间 DT 与每单位时间成本损失率 LHR 的乘积确定。

需要说明的是:① 维修日常管理运维费用 C_o 往往容易在维修费用的测算中被忽视,但实际其在装备寿命周期内的累计量值并不小;② 停机持续时间 DT 的测算,不仅要考虑实施维修任务导致的装备停机时间,还要考虑等待维修资源支持导致的装备停机时间;③ 停机持续时间 DT 主要指装备寿命周期内非计划的停机时间,而列入装备计划的正常停机时间(例如,船舶的等级修理、机器的例行保养等),并不在式(2.2.10)中停机持续时间 DT 的测算范畴。

综合式(2.2.9)和式(2.2.10)可知,装备维修总费用 CMT 的测算表达式为

$$\text{CMT} = \text{CMR} + \text{CLR} = C_s + C_m + C_p + C_{de} + C_f + C_{da} + C_o + C_l \tag{2.2.11}$$

注意:式(2.2.11)给出的装备维修总费用测算方法,在数学表达形式上看似简单,但在具体的工程实践中,往往会因受到诸多技术因素的影响而产生较大的量值波动。相关技术因素一般包括:

(1) 不同的维修策略;
(2) 不同的维修资源消耗;
(3) 不同的维修作业与维修等待时间;
(4) 不同的维修作业频次;
(5) 不同的故障演变规律;
(6) 不同的维修牵连工程作业要求。

对于不同的维修策略和给定的任务期 T,式(2.2.11)又可改写为

$$\text{CMT}(T) = \text{CMT}^c \times N^c(T) + \text{CMT}^p \times N^p(T) + \text{CMT}^I \times N^I(T) + \text{CMT}^E \times N^E(T) \tag{2.2.12}$$

式中:$\text{CMT}(T)$ 代表任务期 T 内的总维修费用;CMT^c 代表开展修复性维修的单次平均费用;$N^c(T)$ 代表任务期 T 内实施修复性维修的总次数;CMT^p 代表开展预防性维修的单次平均费用;$N^p(T)$ 代表任务期 T 内实施预防性维修的总次数;CMT^I 代表开展状态监测的单次平均费用;$N^I(T)$ 代表任务期 T 内实施状态监测的总次数;CMT^E 代表开展状态检查的单次平均费用;$N^E(T)$ 代表任务期 T 内实施状态检查的总次数。有关装备修复性维修、预防性维修、基于"状态监测"的预测性维修、基于"状态检查"的预测性维修等不同维修策略的选择标准与技术内涵,将在本书第 6 章中详细阐述。

2.3 保障性工程引论

2.3.1 保障性

几乎没有什么装备能够在全寿期内的任意时刻始终保持任务功能完好状态,总是需要在恰当的时机针对受损(或即将受损)的部件(或部位),安排保养、功能检测、状态监测、整件换修、原件修复等维护或修理工作。而为了高效保质地完成这些装备维护或修理工作,必须及时地从外界获取所需的设施、设备、备品备件、耗材、技术资料、人员等配套保障资源。工程上,我们把面向装备特定维护或修理任务功能要求、分析确定获取哪些保障资源、如何配置与合理使用这些保障资源、以确保最优经济投入和最小保障延误的一系列技术工作与管理工作统称为保障性工程。与维修性工程类似,装备的固有保障性直接影响装备保障性工程中各类技术工作与管理工作的最终成效,进而也直接影响装备寿命期间的可用状态保持与任务功能发挥。因此,本节将保障性的刻画与测算问题,作为装备保障性工程的首要关注技术问题进行说明。

国军标《装备通用质量特性术语》中保障性的定义为产品的设计特性和计划的保障资源满足平时状态完好和任务时使用强度要求的能力。其中,"设计特性"指可靠性、维修性、测试性等装备通用质量固有属性,"保障资源"指用于支持装备各类操作使用与维修作业技术活动的

使用资源和维修资源,"平时状态完好"和"任务时使用强度要求"指装备在全寿期内应尽可能持续保持技术完好状态,并确保其在遂行各类任务期间随时可用、顶用,且经济性好。

可用于度量装备保障性的测度参数种类众多,既包括约束装备保障特性设计的测度参数,又包括明确装备配套保障资源需求的测度参数,还包括反映装备任务保障总体效能的测度参数。鉴于篇幅所限,这里重点介绍与装备任务保障总体效能相关的保障性测度参数,一般包括保障概率、保障任务完成时间、期望保障时间、瞬态可用度、平均可用度、固有可用度、可达可用度、使用可用度等。其他类型的保障性测度参数,读者如感兴趣,可参阅文献[13,14]中有关保障性定量要求的技术内容说明。

2.3.2 保障概率

保障概率 $S(t)$,指截至任意寿命时刻 t 相关保障任务可能被完成的概率水平。它是反映装备基础保障能力的一类重要的测度参数,通常通过分析完成保障任务所需耗费时间的随机统计分布特征确定。鉴于在各类装备保障任务中,保障资源的供应任务最为关键,也最为耗时,为此,工程计算时也经常将完成保障任务所需耗费的时间近似等价为完成保障资源供应所需耗费的时间。此时,保障概率 $S(t)$ 的数学表达式可写为

$$S(t) = P(\text{DST} \leqslant t) = \int_0^t s(x)\mathrm{d}x \tag{2.3.1}$$

式中:$P(\cdot)$ 代表绝对概率函数;DST 代表完成装备保障资源供应任务所需耗费的时间,是一个随机变量;t 代表任意寿命时刻;$s(\cdot)$ 代表随机变量 DST 的绝对概率密度函数;x 代表任意积分变量。显然,当 t 趋近于无穷大时,保障概率 $S(t)$ 趋近于 1。但在实际的保障工程实践中,相关装备保障资源供应任务往往要求必须在有限的尽量短的时间内完成,否则将会影响装备保障任务的整体实施进度,进而影响装备技术状态恢复的预期时机。因此,在式(2.3.1)的基础上,我们往往更关注给定保障风险门限 α 下,能够完成相关保障资源供应任务的最短耗费时间 $t_{\min}$。此时,风险门限 α 与保障资源供应最短耗费时间 $t_{\min}$ 满足如下关系:

$$\int_0^{t_{\min}} s(x)\mathrm{d}x = 1 - \alpha \tag{2.3.2}$$

此外,在保障性工程中我们有时也会关注装备完成特定保障资源供应任务的统计期望值 $E(\text{DST})$,即平均保障任务持续时间 MTTS(mean time to support),相关统计期望值 $E(\text{DST})$ 的数学表达式如下:

$$E(\text{DST}) = \text{MTTS} = \int_0^\infty ts(t)\mathrm{d}t \tag{2.3.3}$$

[算例 2-13] 假设某型装备自动控制模块的保障资源供应耗费时间 DST 满足指数分布特征,特征参数 $\lambda = 0.5$,寿命单位取 h,试测算:

(1) 2 h 内,该型装备自动控制模块完成保障资源供应任务的概率 $S(t)$;

(2) 保障风险门限 α 取 0.1 时,该型装备自动控制模块的保障资源供应任务被期望完成的最短耗费时间 $t_{\min}$;

(3) 该型装备自动控制模块的平均保障任务持续时间 MTTS。

解:(1) 由于该型装备自动控制模块的保障资源供应耗费时间 DST 满足指数分布特征,则基于式(2.3.1)有

$$S(t) = P(\text{DST} \leqslant t) = \int_0^t \lambda \exp(-\lambda x)\mathrm{d}x = 1 - \exp(-\lambda t)$$

取 $t=2, \lambda=0.5$,可知

$$S(2) = 1 - \exp(-1) = 0.6321$$

即 2 h 内该型装备自动控制模块完成保障资源供应任务的概率为 0.6321。

(2) 已知保障风险门限 $\alpha=0.1$,则基于式(2.3.2)有

$$\int_0^{t_{\min}} s(x) \mathrm{d}x = 1 - \alpha = 1 - 0.1 = 0.9$$

继而,有

$$1 - \exp(-0.5 t_{\min}) = 0.9$$

整理,有

$$t_{\min} = -\frac{\ln(0.1)}{0.5} \mathrm{h} = 4.6052 \text{ h}$$

即保障风险门限 α 取 0.1 时,该型装备自动控制模块的保障资源供应任务可被完成的最短耗费时间为 4.6052 h。也可以理解为,在实施该型装备自动控制模块的维修工作前,为保证相关保障资源得到及时供应,且供应风险低于 10%,则应至少预留 4.6052 h 用于保障资源的筹措、调度与供应。

(3) 由式(2.3.3)有

$$\mathrm{MTTS} = \int_0^\infty t s(t) \mathrm{d}t = \int_0^\infty \lambda t \exp(-\lambda t) \mathrm{d}t = \frac{1}{\lambda} = 2 \text{ h}$$

即该型装备自动控制模块的平均保障任务持续时间 MTTS 为 2 h。

综上,该型装备自动控制模块保障资源供应任务的保障概率 $S(t)$ 曲线,如图 2-18 所示。

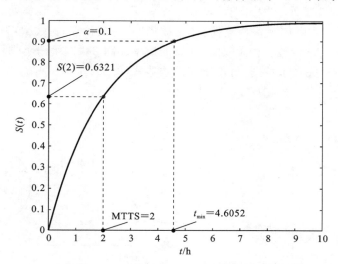

图 2-18 自动控制模块保障资源供应任务的保障概率 $S(t)$ 曲线

2.3.3 瞬态可用度

在保障性工程中,关于"装备设计特性和计划的保障资源满足平时状态完好和任务时利用率要求"的能力,主要体现为在任意寿命时刻 t 装备是否处于可用状态和是否具备完成任务功能要求的可能。这里,我们将装备任意时刻需要执行任务时和开始执行任务时,处于可工作或

可使用状态的程度称为可用性,与其相关的概率度量参数称为可用度A。

可用度A是反映装备保障总体效能最为直接且最为重要的一类保障性测度参数,在装备"立项论证报告""研制总要求""综合保障顶层要求""通用质量特性总体技术要求"等重要技术类和合同类文件中,经常作为必须强制满足的顶层指标出现。此外,与可靠度R的度量方法不同,可用度A的度量需要一并考虑可靠性和维修性的技术因素。因此,可用度还是间接反映装备可靠性和维修性的一类综合性测度参数,工程上在不便独立设置与可靠性、维修性相关的测度参数的情形下,往往可以通过设置可用度参数,并依据可用度参数与各类可靠性、维修性测度参数间的耦合关系,间接实现对装备相关可靠性和维修性目标的考量。

基于不同的技术关注点,可用度A又可进一步细分为瞬态可用度$A(t)$、平均可用度$\overline{A(t)}$、固有可用度A_i、可达可用度A_a和使用可用度A_o。鉴于可用度参数的重要性及其在保障性工程中的特殊地位,笔者将用多个小节分别详述各类可用度参数。

本小节首先介绍瞬态可用度$A(t)$。

瞬态可用度$A(t)$指装备在任意寿命时刻t处于任务功能状态的概率水平。注意,此处所述"任务功能状态"针对特定任务剖面而言,对于无特别说明的装备,一般认为装备"无故障"状态为任务功能状态。有关装备瞬态可用度$A(t)$的计算,主要基于随机过程理论完成。如图2-19所示,假设某型装备使用过程中存有"无故障(记为状态1)"与"故障(记为状态2)"两种状态,且两种状态间的跃迁历程满足"指数分布"特征,相关故障率和修复率分别为λ和μ,则在任意时刻$t+\Delta t$,装备处于"无故障"状态的概率$P_1(t+\Delta t)$为

$$P_1(t+\Delta t)=P_1(t)p_{11}(\Delta t)+P_2(t)p_{21}(\Delta t) \tag{2.3.4}$$

式中:$P_1(t)$为t时刻装备处于"无故障"状态的概率;$P_2(t)$为t时刻装备处于"故障"状态的概率;$p_{11}(\Delta t)$为Δt时间间隔内装备持续保持"无故障"状态的概率;$p_{21}(\Delta t)$为Δt时间间隔内装备经过修理由"故障"状态恢复至"无故障"状态的概率。图2-20为$t+\Delta t$时刻装备处于"无故障"状态的全概率逻辑关系示意图,可用于辅助构造式(2.3.4)。

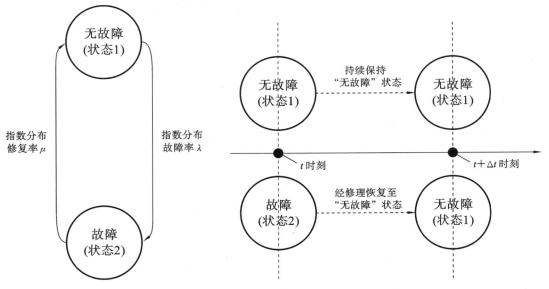

图2-19 装备"故障"状态与"无故障"状态跃迁历程示意图

图2-20 $t+\Delta t$时刻装备处于"无故障"状态的全概率逻辑关系示意图

采用类似地全概率逻辑推理,易得任意时刻 $t+\Delta t$ 装备处于"故障"状态的概率 $P_2(t+\Delta t)$ 为

$$P_2(t+\Delta t) = P_1(t) p_{12}(\Delta t) + P_2(t) p_{22}(\Delta t) \tag{2.3.5}$$

式中:$P_1(t)$ 为 t 时刻装备处于"无故障"状态的概率;$P_2(t)$ 为 t 时刻装备处于"故障"状态的概率;$p_{12}(\Delta t)$ 为 Δt 时间间隔内装备由"无故障"状态转变为"故障"状态的概率;$p_{22}(\Delta t)$ 为 Δt 时间间隔内装备持续处于"故障"状态的概率。

鉴于装备"故障"和"无故障"两种状态间的跃迁历程满足"指数分布"特征,则有

$$p_{11}(\Delta t) = \exp(-\lambda \Delta t) \approx 1 - \lambda \Delta t \tag{2.3.6}$$

$$p_{21}(\Delta t) = 1 - \exp(-\mu \Delta t) \approx \mu \Delta t \tag{2.3.7}$$

$$p_{12}(\Delta t) = 1 - \exp(-\lambda \Delta t) \approx \lambda \Delta t \tag{2.3.8}$$

$$p_{22}(\Delta t) = \exp(-\mu \Delta t) \approx 1 - \mu \Delta t \tag{2.3.9}$$

将式(2.3.6)~式(2.3.9)代入式(2.3.4)和式(2.3.5),可得

$$P_1(t+\Delta t) = P_1(t)(1 - \lambda \Delta t) + P_2(t)(\mu \Delta t) \tag{2.3.10}$$

$$P_2(t+\Delta t) = P_1(t)(\lambda \Delta t) + P_2(t)(1 - \mu \Delta t) \tag{2.3.11}$$

进一步,整理式(2.3.10)和式(2.3.11),有

$$\frac{P_1(t+\Delta t) - P_1(t)}{\Delta t} = -\lambda P_1(t) + \mu P_2(t) \tag{2.3.12}$$

$$\frac{P_2(t+\Delta t) - P_2(t)}{\Delta t} = \lambda P_1(t) - \mu P_2(t) \tag{2.3.13}$$

取 $\Delta t \to 0$,则式(2.3.12)和式(2.3.13)又可写为

$$\frac{dP_1(t)}{dt} = \lim_{\Delta t \to 0} \frac{P_1(t+\Delta t) - P_1(t)}{\Delta t} = -\lambda P_1(t) + \mu P_2(t) \tag{2.3.14}$$

$$\frac{dP_2(t)}{dt} = \lim_{\Delta t \to 0} \frac{P_2(t+\Delta t) - P_2(t)}{\Delta t} = \lambda P_1(t) - \mu P_2(t) \tag{2.3.15}$$

继而,基于瞬态可用度 $A(t)$ 的定义可知,装备在任意寿命时刻 t 处于任务功能状态的概率水平等价于任意时刻 t 处于"无故障"状态的概率水准 $P_1(t)$,即有

$$A(t) = P_1(t) \tag{2.3.16}$$

工程上,解算 $P_1(t)$ 量值的解析算法有很多,包括微分方程法、矩阵法、拉氏变换法等[15,16],此处不再赘述,直接给出相应解析解,如式(2.3.17)所示。

$$A(t) = P_1(t) = \frac{\mu}{\lambda + \mu} + \frac{\lambda}{\lambda + \mu} \exp[-(\lambda + \mu)t] \tag{2.3.17}$$

考虑到状态跃迁历程满足指数分布的特殊性,式(2.3.17)又可写为

$$A(t) = \frac{\text{MTTF}}{\text{MTTF} + \text{MTTR}} + \frac{\text{MTTR}}{\text{MTTF} + \text{MTTR}} \exp\left[-\left(\frac{1}{\text{MTTF}} + \frac{1}{\text{MTTR}}\right)t\right] \tag{2.3.18}$$

注意两点。① 前述诸项演绎推导结论均建立于"二元"状态假设基础之上,即装备使用期间仅存有"故障"和"无故障"两类状态。此类假设具备一定的工程合理性,但对于存有多类任务功能状态的复杂装备系统而言,显然并不完全适用。例如,电力供应系统在出现局部故障的情况下,并不一定会导致电力供应能力的完全丧失,大多数情况仅会引起电力供应能力的下降,而下降的电力供应能力如果仍能满足用户的阶段用电需求,则通常并不将其纳为"故障"状态,而是将其视为一类处于"故障"与"无故障"状态之间的"中间状态"。② 式(2.3.6)~式(2.3.9)成立的前提是"状态跃迁历程满足指数分布特征",但大量的工程实践表明,除去标准

化的电子类组部件外,电气类、液压类、机械类等组部件的状态跃迁历程,往往并不能很好地符合指数分布特征,此时微分方程(2.3.14)和微分方程(2.3.15)的构成形式将发生较大变化,与之相关的装备状态概率水平 $P_i(t)(i=1,2,\cdots)$ 的解算技术难度也将大大增加。笔者对于上述两类技术问题均有较为深入的研究,感兴趣的读者可参阅文献[17-22]。

2.3.4 平均可用度

平均可用度 $\overline{A(t)}$ 指装备在任意寿命时间间隔内处于任务功能状态的平均概率水平。对于时间间隔 $(0,t)$,平均可用度 $\overline{A(t)}$ 的数学表达式为

$$\overline{A(t)} = \frac{\int_0^t A(x)\mathrm{d}x}{t} \tag{2.3.19}$$

对于状态跃迁历程满足"指数分布"特征的"二元"状态装备,式(2.3.19)又可写为

$$\overline{A(t)} = \frac{\mu}{\lambda+\mu} + \frac{\lambda}{(\lambda+\mu)^2 t}\{1-\exp[-(\lambda+\mu)t]\} \tag{2.3.20}$$

2.3.5 固有可用度

固有可用度 A_I,也称为稳态可用度 $A(\infty)$,指当任务时长趋于无穷大时,不考虑预防性维修活动的前提下,装备处于任务功能状态的稳态概率水平。它直接反映了装备经过研制生产后处于理想保障条件下所具备的固有可用能力。对于状态跃迁历程满足"指数分布"特征的"二元"状态装备,相关固有可用度 A_I 的数学表达式为

$$A_\mathrm{I} = \lim_{t\to\infty} A(t) = \frac{\mu}{\lambda+\mu} = \frac{\mathrm{MTTF}}{\mathrm{MTTF}+\mathrm{MTTR}} \tag{2.3.21}$$

[**算例 2-14**] 假设某型装备在使用过程中仅存有"故障"和"无故障"两类状态,且两类状态间的跃迁历程满足"指数分布"特征,相关特征参数分别为:故障率 $\lambda=0.0005/\mathrm{h}$、修复率 $\mu=0.005/\mathrm{h}$。寿命单位取 h。试测算:

(1) 装备在使用过程中的瞬态可用度 $A(t)$;
(2) 装备在 10000 h 任务期内的平均可用度 $\overline{A(t)}$;
(3) 装备在使用过程中的固有可用度 A_I。

解:(1) 如算例所述,该装备属于"二元"状态装备,且状态跃迁历程满足"指数分布"特征,为此,基于式(2.3.17),可得装备的瞬态可用度 $A(t)$ 为

$$A(t) = \frac{\mu}{\lambda+\mu} + \frac{\lambda}{\lambda+\mu}\exp[-(\lambda+\mu)t]$$

$$= \frac{0.005}{0.0005+0.005} + \frac{0.0005}{0.0005+0.005}\exp[-(0.0005+0.005)t]$$

$$= 0.9091 + 0.0909\exp(-0.0055t)$$

(2) 对于 10000 h 任务期,基于式(2.3.20),可得装备的平均可用度 $\overline{A(t)}$ 为

$$\overline{A(10000)} = \frac{\mu}{\lambda+\mu} + \frac{\lambda}{(\lambda+\mu)^2 t}\{1-\exp[-(\lambda+\mu)t]\}$$

$$= 0.9091 + \frac{16.5289}{10000}[1-\exp(-55)] = 0.9107$$

(3) 基于式(2.3.21),可得装备的固有可用度 A_I 为

$$A_I = \frac{\mu}{\lambda+\mu} = \frac{0.005}{0.0005+0.005} = 0.9091$$

图 2-21 为该型装备瞬态可用度 $A(t)$ 与固有可用度 A_I 的对比示意图。读图 2-21 可知,装备投入使用后,瞬态可用度 $A(t)$ 在前 1000 h 任务期内迅速衰减,并在 1000 h 以后基本稳定收敛于 0.9091,此时装备处于任务功能状态的概率保持在固有可用度 A_I 水平。

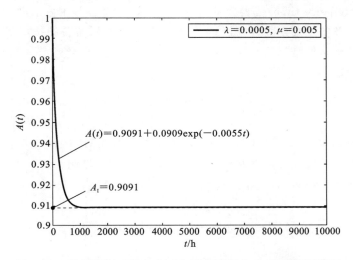

图 2-21　装备瞬态可用度 $A(t)$ 与固有可用度 A_I 的对比示意图

注意:前述各类关于装备瞬态可用度 $A(t)$、平均可用度 $\overline{A(t)}$、固有可用度 A_I 的解算公式,均可等价换算为装备平均故障前时间 MTTF 和装备故障平均修复时间 MTTR 的广义函数表达形式,即

$$A(t)/\overline{A(t)}/A_I = f(\text{MTTF}, \text{MTTR}) \tag{2.3.22}$$

虽然在装备状态跃迁历程不满足"指数分布"特征的情形下,式(2.3.22)中广义函数 $f(\cdot)$ 的"显性"数学表达形式很难获得,但是由于装备保障工程实践中大多数情况对可用度参数的应用定位为"工程管理与技术控制",而非"形而上"的纯理论研究,为此,在精度要求不高或不敏感的工程估算场合,我们通常可以基于"指数分布"特征的近似假设,开展装备相关可用度参数的量值测算。一方面,平均故障前时间 MTTF、平均修复时间 MTTR 此类工程统计参数,与抽象的概率分布 $F(t)$、概率分布密度 $f(t)$、风险率 $\lambda(t)$(取常值时称"故障率")和修复率 $\mu(t)$ 相比,更容易被工程技术人员接受与获得,工程应用的便利性和可操作性更高;另一方面,从装备可用性的定义来看,直接选用简化处理后的具有"指数分布"特征的可用度工程近似测算表达式,并没有偏离体现"装备任意时刻处于可工作或可使用状态程度"的可用性技术主脉络,因此对于装备全寿期内的各项可靠性系统工程技术活动与管理活动而言,相关技术约束与管理控制作用仍能得以充分发挥。

2.3.6　可达可用度

可达可用度 A_a,指在综合考虑各类潜在维修需求后,装备使用期间可处于任务功能状态的概率水平。与固有可用度 A_I 的测算不同,可达可用度 A_a 的测算不仅需要考虑面向修复性

维修工作的平均修复时间 MTTR,还需考虑面向预防性维修工作的平均预防性维修时间 MTTPM(mean time to preventive maintenance)。一类较为常见的装备可达可用度 A_a 数学表达式为

$$A_a = \frac{\text{MTBM}}{\text{MTBM} + \text{AMT}} \qquad (2.3.23)$$

式中:MTBM(mean time between maintenance)代表装备任务使用期间的平均维修间隔时间;AMT(active maintenance time)代表装备任务使用期间实施各类维修活动的有效等价时间。

假设装备的任务使用周期为 T,且历经每次修复性维修后装备的技术状态均可恢复至"全新"状态,历经每次预防性维修后装备均可维持原有的风险率变化趋势不变,则装备的平均维修间隔时间 MTBM 可由式(2.3.24)测算。

$$\text{MTBM} = \frac{T}{M(T) + \dfrac{T}{T_{sm}}} \qquad (2.3.24)$$

式中:$M(\cdot)$ 代表装备的更新函数(详见书中 3.8.2 节内容);$M(T)$ 代表在任务使用周期 T 内装备故障的期望次数;T_{sm} 代表针对装备规划的预防性维修间隔期。

沿用类似的推演思路易知,装备的有效等价维修时间 AMT 可由式(2.3.25)测算。

$$\text{AMT} = \frac{M(T) \times \text{MTTR} + \dfrac{T}{T_{sm}} \times \text{MTTPM}}{M(T) + \dfrac{T}{T_{sm}}} \qquad (2.3.25)$$

[算例 2-15] 假设某型汽轮机发电系统监控组件的状态劣变过程满足"指数分布"特征,特征参数取故障率 $\lambda = 0.0005$,寿命单位取 h。为确保该型汽轮机发电系统监控组件使用期间预期任务功能状态的长期稳定保持与快速恢复,制定了每间隔 $T_{sm} = 2500$ h 实施一次深度维护保养工作的预防性维修策略,以及故障后实施"换件"维修的修复性维修策略,且相关维修工作的平均耗时分别为:预防性维修 MTTPM=48 h,修复性维修 MTTR=72 h。试测算该型汽轮机发电系统监控组件在任务使用周期取 17000 h 时的可达可用度 A_a。

解:首先,计算该型汽轮机发电系统监控组件的平均维修间隔时间 MTBM:

$$\text{MTBM} = \frac{T}{M(T) + \dfrac{T}{T_{sm}}} = \frac{17000}{M(17000) + \dfrac{17000}{2500}} \qquad (2.3.26)$$

鉴于该型汽轮机发电系统监控组件的状态劣变过程满足"指数分布"特征,且故障率 $\lambda = 0.0005$,为此在 17000 h 任务使用周期内该监控组件的期望故障次数 $M(17000)$ 为[23]

$$M(17000) = \lambda \times T = 0.0005 \times 17000 = 8.5 \qquad (2.3.27)$$

将式(2.3.27)代入式(2.3.26)中,则有

$$\text{MTBM} = \frac{T}{M(T) + \dfrac{T}{T_{sm}}} = \frac{17000}{8.5 + 6.8} \text{ h} \approx 1111 \text{ h} \qquad (2.3.28)$$

进一步,计算该型汽轮机发电系统监控组件的有效等价维修时间 AMT:

$$\text{AMT} = \frac{M(T) \times \text{MTTR} + \dfrac{T}{T_{sm}} \times \text{MTTPM}}{M(T) + \dfrac{T}{T_{sm}}} = \frac{8.5 \times 72 + 6.8 \times 48}{8.5 + 6.8} \text{ h} \approx 61 \text{ h} \qquad (2.3.29)$$

继而,将式(2.3.28)和式(2.3.29)代入式(2.3.23)中,则该型汽轮机发电系统监控组件在

17000 h 任务使用周期内的可达可用度 A_a 为

$$A_a = \frac{\text{MTBM}}{\text{MTBM}+\text{AMT}} = \frac{1111}{1111+61} = 0.9480$$

注意:基于算例所述条件,可近似测算该型汽轮机发电系统监控组件任务使用周期内的固有可用度 A_I 为

$$A_I = \frac{\text{MTTF}}{\text{MTTF}+\text{MTTR}} \approx \frac{\dfrac{T}{M(T)}}{\dfrac{T}{M(T)}+\text{MTTR}} = \frac{\dfrac{17000}{8.5}}{\dfrac{17000}{8.5}+72} = 0.9653$$

比较固有可用度 A_I 与可达可用度 A_a 的数值可知:① 固有可用度 A_I 的数值明显高于可达可用度 A_a 的数值,工程上两者恒保持 $A_I \geqslant A_a$ 的数学关系;② 两类可用度对于装备维修策略的考虑不同,固有可用度 A_I 仅考虑了修复性维修的工作耗时对装备可用性的影响,而可达可用度 A_a 则在此基础上进一步考虑了修复性维修与预防性维修的综合工作耗时对装备可用性的影响,更贴近装备交付用户使用后的保障工作实际;但鉴于预防性维修工作的间隔期确定通常比较复杂,除去要切实符合装备自身的固有可靠性特征外,还往往要受到装备使用单位的现实维修管理体制约束,为此,在装备研制合同中仍主要选用固有可用度 A_I 作为合同约束参数。

此外,需要说明的是,无论是固有可用度 A_I,还是可达可用度 A_a,均假设相关装备保障工作不存在管理或资源调度层面的时间延误,但这往往在装备现实的保障工作中是不可避免的。为进一步逼近装备任务使用期间的真实可用性,工程上引入了装备使用可用度 A_o 的概念。

2.3.7 使用可用度

使用可用度 A_o 指在综合考虑各类潜在维修需求和保障延误因素后,装备使用期间可处于任务功能状态的概率水平。与本章前述几类可用度相比,使用可用度 A_o 对于影响装备任务功能发挥的工程因素考虑最为全面,也是最能真实体现用户实际使用要求的一类保障性测度参数。装备使用可用度 A_o 经常被合同甲方作为编定"立项论证报告"的重要技术参数。一类较为常见的装备使用可用度 A_o 数学表达式为

$$A_o = \frac{\text{MTBM}}{\text{MTBM}+\text{DT}} \tag{2.3.30}$$

式中:MTBM 代表装备任务使用期间内的平均维修间隔时间;DT(down time)代表装备任务使用期间的平均停机时间(不含正常任务功能状态下的计划待机时间)。

假设装备的任务使用周期为 T,且历经每次修复性维修后装备的技术状态均可恢复至"全新"状态,历经每次预防性维修后装备均可维持原有的风险率变化趋势不变,则平均维修间隔时间 MTBM 和平均停机时间 DT 分别为

$$\begin{cases} \text{MTBM} = \dfrac{T}{M(T)+\dfrac{T}{T_{sm}}} \\ \text{DT} = \dfrac{M(T)\times(\text{MTTR}+\text{MLDT})+\dfrac{T}{T_{sm}}\times\text{MTTPM}}{M(T)+\dfrac{T}{T_{sm}}} \end{cases} \tag{2.3.31}$$

式中：MLDT（mean logistic delay time）代表平均保障延误时间（以保障资源供应延误为主）。对于部分无须考虑装备预防性维修工作的情形，装备使用可用度 A_o 也可近似写为

$$A_o \approx \frac{\text{MTTF}}{\text{MTTF}+\text{MTTR}+\text{MLDT}} \tag{2.3.32}$$

[算例 2-16]　沿用算例 2-15 中的全部假设说明，并进一步假设监控组件实施历次"换件"修理的备件平均保障延误时间 MLDT 为 24 h，试测算该型汽轮机发电系统监控组件在 17000 h 任务使用周期内的使用可用度 A_o。

解：首先，计算该型汽轮机发电系统监控组件的平均停机时间 DT：

$$\text{DT} = \frac{M(T)\times(\text{MTTR}+\text{MLDT})+\dfrac{T}{T_{sm}}\times\text{MTTPM}}{M(T)+\dfrac{T}{T_{sm}}}$$

$$= \frac{8.5\times(72+24)+6.8\times48}{8.5+6.8}\text{ h} = 74.67\text{ h} \tag{2.3.33}$$

继而，将式（2.3.33）代入式（2.3.30）中，有

$$A_o = \frac{\text{MTBM}}{\text{MTBM}+\text{DT}} = \frac{1111}{1111+74.67} = 0.9370$$

算例 2-16 中 $M(T)$、MTBM、MTTR、MTTPM、T、T_{sm} 等参数的量化取值，均直接沿用算例 2-15 中的计算结果，此处不再赘述说明。

注意：① 固有可用度 A_I、可达可用度 A_a 和使用可用度 A_o 三者量值在工程上恒保持 $A_I \geqslant A_a \geqslant A_o$ 的数学关系；② 使用可用度 A_o 虽然是一类最能真实反映装备使用要求的可用度参数，但鉴于影响平均保障延误时间 MLDT 测算的工程因素颇多（包括管理工作失误、保障资源共享冲突、配套备件储备不足、供应运输环境突变等），且非常复杂，精确测算装备使用可用度 A_o 的技术难度往往非常大，有时甚至不可实现。

第二篇

工程设计篇

研制阶段的可靠性系统工程

"夫未战而庙算胜者,得算多也;未战而庙算不胜者,得算少也。"
——《孙子兵法·始计篇》

本书的第二篇,主要阐述装备研制阶段可靠性系统工程中的建模、设计与数据分析内容。接下来的章节,将涉及如下问题:

(1) 装备研制阶段可靠性系统工程关注的核心技术问题;
(2) 装备研制阶段可靠性系统工程建模的常见技术方法;
(3) 不同工程模型的适用范围与应用实践对象;
(4) 装备研制阶段可靠性系统工程设计的常见技术方法;
(5) 不同工程设计方法的技术内核与应用实践程序;
(6) 装备研制阶段可靠性系统工程数据分析的常见技术方法;
(7) 不同工程数据分析方法的关键技术细节与应用实践场合。

这些问题的回答,有助于在装备研制阶段,协助装备技术人员、管理人员和关键节点决策人员,熟悉把控装备研制技术状态、合理规划装备研制节点进度、科学评估决策装备研制工作成效。

第 3 章　可靠性系统工程建模

本书第1、2章详述了装备可靠性系统工程的技术内涵,以及开展装备可靠性系统工程研究必须掌握的系列工程基础知识与重要测度参数。本章在此基础上,进一步重点阐述装备在全寿期研制阶段科学实施可靠性系统工程建模所需关注的系列技术问题,内容涵盖装备可靠性任务功能框图的绘制,串联、并联、串并混联、表决、冗余、桥联等典型装备构型的系统可靠性建模运算,以及基于装备可靠特征的供应保障需求预测模型构建等;旨在通过成体系、多层面的建模方法论述,详细解构装备或装备系统全寿期内潜在的复杂可靠性演变特征,进而为装备在全寿期使用阶段的维修策略管理与供应保障优化,奠定工程建模技术基础。

3.1　可靠性框图

工程上,实施装备可靠性系统工程建模首先需要绘制可靠性框图。可靠性框图 RBD(reliability block diagram),也称为可靠性任务功能框图,是一类依托"逻辑框图"形式展现装备各内置构件(包括分系统、功能单元、模块、组件等)间如何配合完成预期任务功能的特殊图示信息对象。它是科学测算由多构件组成的复杂装备系统可靠性的重要基础信息依据。

以某型振荡电路模块为例,其由电感元件 L_1、L_2 和电容元件 C 组成,相关物理结构关系如图 3-1(a)所示。假设该型振荡电路模块任务功能正常发挥的前提是"全部内置构件均处于无故障状态",则该型振荡电路模块任务功能层面的可靠性框图如图 3-1(b)所示。

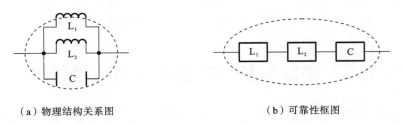

(a)物理结构关系图　　　　　　　　(b)可靠性框图

图 3-1　振荡电路模块

需要说明的是:① 可靠性框图与物理结构关系图不同,它并不反映装备内部各构件间的实际物理结构耦合关联,仅体现不同构件在装备任务功能层面的逻辑传递关联;② 装备内置构件之间不同的任务功能支撑关系,决定了可靠性框图中各单元方块间的不同逻辑排列结构特征,工程上常将这些"逻辑排列结构特征"称为"构型",几类常见"构型"的装备可靠性框图如图 3-2 所示;③ 无论多么复杂的装备或装备系统,经过恰当的局部处理和模型简化,相关可靠性框图大多会表现为串联、并联、并串(串并)混联、表决、冗余、桥联等构型特征;④ 一旦装备或装备系统的可靠性框图确定后,则可遵照既定"构型"特征的数学推演关系,解析测算相关装备或装备系统的各类可靠性测度参数。

（a）串联构型　（b）并联构型　（c）串并混联构型

（d）k/n表决构型　（e）冗余构型　（f）桥联构型

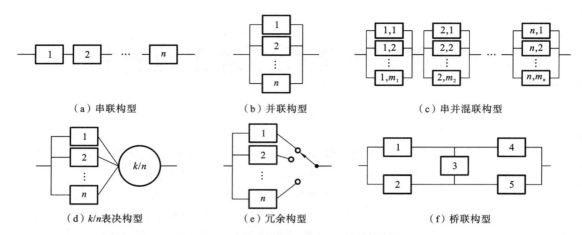

图 3-2　几类常见“构型”的装备可靠性框图

［**算例 3-1**］　假设某型流量截止模块的物理结构如图 3-3 所示，图中两个截止阀门在流量截止功能上互为备份关系，试绘制该型流量截止模块的可靠性框图。

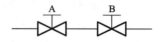

图 3-3　流量截止模块的物理结构

解：鉴于截止阀门 A 和截止阀门 B 在管路流量截止功能上互为备份关系，则易知该型流量截止模块的逻辑构型特征为“并联”，为此相关任务功能层面的可靠性框图如图 3-4 所示。

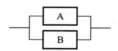

图 3-4　流量截止模块的可靠性框图

3.2　串联构型装备系统的可靠性建模

串联构型装备系统由 n 个内置构件组成，相关可靠性框图如图 3-5 所示。对于串联构型的装备系统而言，其内置全部构件必须同时处于功能正常状态，装备系统才能维持预期的任务功能状态。装备系统全寿期内任意内置构件有故障事件发生，均将导致装备系统预期任务功能状态的丧失。

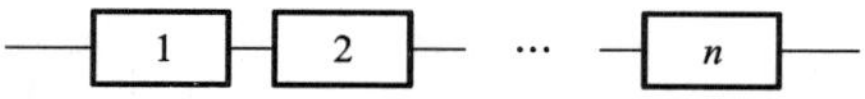

图 3-5　串联构型装备系统的可靠性框图

为此，串联构型装备系统的固有可靠度 $R_S(t)$ 可写为

$$
\begin{aligned}
R_S(t) &= P\{\min(\mathrm{TTF}_1, \mathrm{TTF}_2, \cdots, \mathrm{TTF}_n) > t\} \\
&= P\{\mathrm{TTF}_1 > t, \mathrm{TTF}_2 > t, \cdots, \mathrm{TTF}_n > t\}
\end{aligned}
$$

$$= P(\text{TTF}_1 > t)P(\text{TTF}_2 > t)\cdots P(\text{TTF}_n > t)$$
$$= \prod_{i=1}^{n} R_i(t) \tag{3.2.1}$$

式中：$\min(\cdot)$ 代表最小值函数；TTF_i 代表构件 i 的故障前累计寿命，$i=1,2,\cdots,n$，且为相互独立的随机变量；$R_i(t)$ 代表构件 i 的固有可靠度；t 代表当前寿命时刻。

对于串联构型装备系统，有以下数学关系成立。

(1) 装备系统的固有可靠度 $R_S(t)$ 不大于装备任意内置构件 i 的固有可靠度 $R_i(t)$，即
$$R_S(t) \leqslant \min\{R_1(t), R_2(t), \cdots, R_n(t)\} \tag{3.2.2}$$

(2) 装备系统的风险率 $h_S(t)$ 与装备各内置构件 i 的风险率 $h_i(t)$ 满足如下关系：
$$h_S(t) = -\frac{\mathrm{d}[R_S(t)]}{\mathrm{d}t}\frac{1}{R_S(t)} = -\frac{\sum_{i=1}^{n}\left\{\frac{\mathrm{d}[R_i(t)]}{\mathrm{d}t}\prod_{j=1,j\neq i}^{n}R_j(t)\right\}}{\prod_{i=1}^{n}R_i(t)}$$
$$= \sum_{i=1}^{n}\left\{-\frac{\mathrm{d}[R_i(t)]}{\mathrm{d}t}\frac{1}{R_i(t)}\right\} = \sum_{i=1}^{n}h_i(t) \tag{3.2.3}$$

(3) 装备系统的固有可靠度 $R_S(t)$ 与装备各内置构件 i 的风险率 $h_i(t)$ 满足如下关系：
$$R_S(t) = \prod_{i=1}^{n}R_i(t) = \prod_{i=1}^{n}\exp\left[-\int_0^t h_i(x)\mathrm{d}x\right]$$
$$= \exp\left\{-\int_0^t\left[\sum_{i=1}^{n}h_i(x)\right]\mathrm{d}x\right\} \tag{3.2.4}$$

(4) 装备系统的平均故障前时间 MTTF_S 与装备各内置构件 i 的固有可靠度 $R_i(t)$ 满足如下关系：
$$\text{MTTF}_S = \int_0^{+\infty}R_S(t)\mathrm{d}t = \int_0^{+\infty}\left[\prod_{i=1}^{n}R_i(t)\right]\mathrm{d}t \tag{3.2.5}$$

进一步，如果任意内置构件 i 的故障前累计寿命 TTF_i 满足"指数分布"特征，且特征参数为 λ_i，则式(3.2.5)又可写为
$$\text{MTTF}_S = \int_0^{+\infty}\left[\prod_{i=1}^{n}R_i(t)\right]\mathrm{d}t = \int_0^{+\infty}\left[\prod_{i=1}^{n}\exp(-\lambda_i t)\right]\mathrm{d}t$$
$$= \int_0^{+\infty}\left[\exp\left(-\sum_{i=1}^{n}\lambda_i t\right)\right]\mathrm{d}t = \frac{1}{\sum_{i=1}^{n}\lambda_i} \tag{3.2.6}$$

(5) 装备系统的平均故障前时间 MTTF_S 不大于装备任意内置构件 i 的平均故障前时间 MTTF_i，即
$$\text{MTTF}_S \leqslant \min\{\text{MTTF}_1, \text{MTTF}_2, \cdots, \text{MTTF}_n\} \tag{3.2.7}$$

[**算例 3-2**] 某型单炉汽轮发电系统由 1 台锅炉（单元 A）、1 台汽轮机（单元 B）和 1 台发电机（单元 C）组成，为保证发电系统正常输出预期功率的电能，每一组成单元均需同时处于无故障状态。发电系统各组成单元的故障前累计寿命的概率分布特征如表 3-1 所示。试测算：

(1) 单炉汽轮发电系统的固有可靠度 $R_S(t)$；

(2) 单炉汽轮发电系统的风险率 $h_S(t)$；

(3) 单炉汽轮发电系统的平均故障前时间 MTTF_S。

表 3-1 单炉汽轮发电系统各组成单元故障前累计寿命的概率分布特征

序号	单元名称	概率分布特征	特征参数	固有可靠度	备注
1	锅炉	指数分布	$\lambda=0.002$	$R_A(t)=\exp(-\lambda t)$	寿命单位:h
2	汽轮机	正态分布	$\mu=1000,\sigma=400$	$R_B(t)=1-\int_0^t \dfrac{1}{\sigma\sqrt{2\pi}}\exp\left[-\dfrac{(x-\mu)^2}{2\sigma^2}\right]dx$	
3	发电机	威布尔分布	$\eta=2000,\beta=2.2,\gamma=0$	$R_C(t)=\exp\left[-\left(\dfrac{t-\gamma}{\eta}\right)^\beta\right]$	

解:(1) 由于该型单炉汽轮发电系统正常工作要求每一组成单元均需同时处于无故障状态,为此相关任务功能层面的可靠性框图为"串联"构型,如图 3-6 所示。

图 3-6 单炉汽轮发电系统的可靠性框图

基于式(3.2.1),易知单炉汽轮发电系统的固有可靠度 $R_S(t)$ 为

$$R_S(t)=R_A(t)R_B(t)R_C(t)$$
$$=\exp(-0.002t)\times\left\{1-\int_0^t\frac{1}{400\sqrt{2\pi}}\exp\left[-\frac{(x-1000)^2}{2\times 400^2}\right]dx\right\}\times\exp\left[-\left(\frac{t}{2000}\right)^{2.2}\right]$$
(3.2.8)

图 3-7 为基于 MATLAB 软件数值解算绘制的 5000 h 任务期内单炉汽轮发电系统的固有可靠度 $R_S(t)$ 变化曲线。对比图 3-7 中的各曲线可知,5000 h 任务期内串联构型汽轮发电系统的固有可靠度 $R_S(t)$ 量值始终低于任意组成单元的固有可靠度 $R_i(t)$ 量值,$i=A,B,C$。

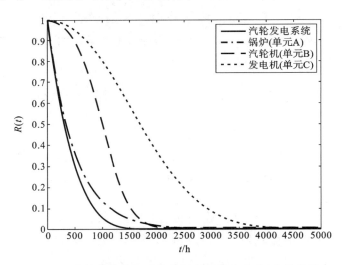

图 3-7 单炉汽轮发电系统的固有可靠度 $R_S(t)$ 变化曲线

其中,数值解算式(3.2.8)的核心编程代码如下。

```
t= 0:1:5000;                              %生成数值仿真时域区间
ER= 1-expcdf(t,特征参数);                 %计算锅炉固有可靠度
NF= normcdf(t,均值参数,标准差参数);        %生成满足正态分布的故障累计概率数值序列
```

```
NF= NF-NF(1);                              %将(-∞,t]的数值序列转换为[0,t]的数值序列
NR= 1-NF;                                  %计算汽轮机固有可靠度
WR= 1-wblcdf(t,尺度参数,形状参数);          %计算发电机固有可靠度
RS= ER.*NR.*WR;                            %计算单炉汽轮发电系统固有可靠度
```

（2）基于式（3.2.3），易知单炉汽轮发电系统的风险率 $h_S(t)$ 为

$$h_S(t) = h_A(t) + h_B(t) + h_C(t) \tag{3.2.9}$$

式中：$h_A(t)$ 代表锅炉的风险率；$h_B(t)$ 代表汽轮机的风险率；$h_C(t)$ 代表发电机的风险率。查阅表 2-6，则式（3.2.9）的解析形式为

$$h_S(t) = 0.002 + \frac{\dfrac{1}{400\sqrt{2\pi}}\exp\left[-\dfrac{(t-1000)^2}{2\times 400^2}\right]}{1-\int_0^t \dfrac{1}{400\sqrt{2\pi}}\exp\left[-\dfrac{(x-1000)^2}{2\times 400^2}\right]\mathrm{d}x} + \frac{2.2}{2000}\left(\frac{t}{2000}\right)^{1.2} \tag{3.2.10}$$

类似地，可基于 MATLAB 软件数值解算绘制 5000 h 任务期内单炉汽轮发电系统的风险率 $h_S(t)$ 变化曲线，如图 3-8 所示。

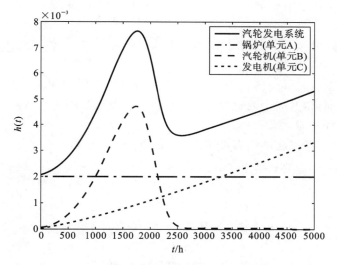

图 3-8 单炉汽轮发电系统的风险率 $h_S(t)$ 变化曲线

其中，数值解算式（3.2.10）的核心编程代码如下。

```
Eh= exppdf(t,特征参数)./ER;                 %计算锅炉风险率
Nh= normpdf(t,均值参数,标准差参数)./NR;      %计算汽轮机风险率
Wh= wblpdf(t,尺度参数,形状参数)./WR;         %计算发电机风险率
hS= Eh+Nh+Wh;                              %计算单炉汽轮发电系统风险率
```

（3）基于式（3.2.5），易知单炉汽轮发电系统的平均故障前时间 MTTF_S 为

$$\begin{aligned}
\mathrm{MTTF}_S &= \int_0^{+\infty} R_S(t)\mathrm{d}t \\
&= \int_0^{+\infty} \left\langle \exp(-0.002t) \times \left\{1-\int_0^t \frac{1}{400\sqrt{2\pi}}\exp\left[-\frac{(x-1000)^2}{2\times 400^2}\right]\mathrm{d}x\right\} \right. \\
&\quad \left. \times \exp\left[-\left(\frac{t}{2000}\right)^{2.2}\right] \right\rangle \mathrm{d}t
\end{aligned} \tag{3.2.11}$$

式(3.2.11)的解析解算技术难度很大,此处直接给出基于 MATLAB 软件的数值解算结果,如下:

$$\mathrm{MTTF_S} = \int_0^{+\infty} R_S(t)\mathrm{d}t \approx 395.3 \text{ h} \tag{3.2.12}$$

其中,数值解算式(3.2.11)的核心编程代码如下。

```
MTTFS=trapz(t,RS);    %数值计算式(3.2.11)的积分值
```

类似地,可以分别给出锅炉、汽轮机、发电机的平均故障前时间 $\mathrm{MTTF_A}$、$\mathrm{MTTF_B}$、$\mathrm{MTTF_C}$:

$$\begin{cases} \mathrm{MTTF_A} = \int_0^{+\infty} R_A(t)\mathrm{d}t = 500 \text{ h} \\ \mathrm{MTTF_B} = \int_0^{+\infty} R_B(t)\mathrm{d}t = 1031.85 \text{ h} \\ \mathrm{MTTF_C} = \int_0^{+\infty} R_C(t)\mathrm{d}t = 1771.10 \text{ h} \end{cases} \tag{3.2.13}$$

对比式(3.2.12)与式(3.2.13)的量值可知,该型串联构型汽轮发电系统的平均故障前时间 $\mathrm{MTTF_S}$ 量值低于任意组成单元的平均故障前时间 $\mathrm{MTTF_i}$ 量值,$i=\mathrm{A,B,C}$。

3.3 并联构型装备系统的可靠性建模

并联构型装备系统由 n 个内置构件组成,相关可靠性框图如图 3-9 所示。对于并联构型的装备或装备系统而言,其 n 个内置构件只要任意一个处于功能正常状态,装备或装备系统就可以维持预期的任务功能状态。

为此,并联构型装备系统的固有可靠度 $R_S(t)$ 为

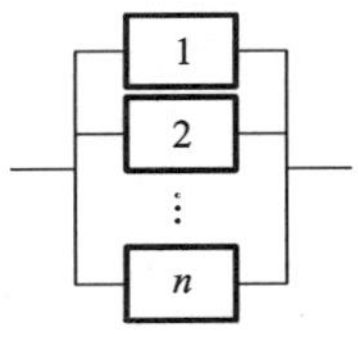

图 3-9 并联构型装备系统的可靠性框图

$$\begin{aligned} R_S(t) &= P\{\max(\mathrm{TTF}_1, \mathrm{TTF}_2, \cdots, \mathrm{TTF}_n) > t\} \\ &= 1 - P\{\max(\mathrm{TTF}_1, \mathrm{TTF}_2, \cdots, \mathrm{TTF}_n) \leqslant t\} \\ &= 1 - P\{\mathrm{TTF}_1 \leqslant t, \mathrm{TTF}_2 \leqslant t, \cdots, \mathrm{TTF}_n \leqslant t\} \\ &= 1 - P(\mathrm{TTF}_1 \leqslant t)P(\mathrm{TTF}_2 \leqslant t)\cdots P(\mathrm{TTF}_n \leqslant t) \\ &= 1 - [1 - P(\mathrm{TTF}_1 > t)][1 - P(\mathrm{TTF}_2 > t)]\cdots \\ &\quad [1 - P(\mathrm{TTF}_n > t)] \\ &= 1 - [1 - R_1(t)][1 - R_2(t)]\cdots[1 - R_n(t)] \\ &= 1 - \prod_{i=1}^n [1 - R_i(t)] \end{aligned} \tag{3.3.1}$$

式中:$\max(\cdot)$ 代表最大值函数;TTF_i 代表构件 i 的故障前累计寿命,$i=1,2,\cdots,n$,且为相互独立的随机变量;$R_i(t)$ 代表构件 i 的固有可靠度;t 代表当前寿命时刻。

对于并联构型的装备系统,有以下数学关系成立。

(1) 装备系统的固有可靠度 $R_S(t)$ 不小于装备任意内置构件 i 的固有可靠度 $R_i(t)$,即

$$R_S(t) \geqslant \max\{R_1(t), R_2(t), \cdots, R_n(t)\} \tag{3.3.2}$$

(2) 装备系统的风险率 $h_S(t)$ 与装备各内置构件 i 的固有可靠度 $R_i(t)$ 满足如下关系:

$$h_S(t) = -\frac{\mathrm{d}[R_S(t)]}{\mathrm{d}t}\frac{1}{R_S(t)} = -\frac{\mathrm{d}\{1 - \prod_{i=1}^n [1 - R_i(t)]\}}{\mathrm{d}t} \frac{1}{1 - \prod_{i=1}^n [1 - R_i(t)]}$$

$$= \frac{1}{1-\prod_{i=1}^{n}[1-R_i(t)]} \sum_{j=1}^{n} \left\{ -\frac{\mathrm{d}[R_j(t)]}{\mathrm{d}t} \prod_{i=1,i\neq j}^{n}[1-R_i(t)] \right\} \quad (3.3.3)$$

(3) 装备系统的固有可靠度 $R_S(t)$ 与装备各内置构件 i 的风险率 $h_i(t)$ 满足如下关系：

$$R_S(t) = 1 - \prod_{i=1}^{n}[1-R_i(t)] = 1 - \prod_{i=1}^{n}\left\{ 1 - \exp\left[-\int_0^t h_i(x)\mathrm{d}x\right] \right\} \quad (3.3.4)$$

(4) 装备系统的平均故障前时间 MTTF_S 与装备各内置构件 i 的固有可靠度 $R_i(t)$ 满足如下关系：

$$\mathrm{MTTF}_S = \int_0^{+\infty} R_S(t)\mathrm{d}t = \int_0^{+\infty} \left\{ 1 - \prod_{i=1}^{n}[1-R_i(t)] \right\}\mathrm{d}t \quad (3.3.5)$$

进一步，如果任意内置构件 i 的故障前累计寿命 TTF_i 均满足"指数分布"特征，且特征参数为 λ_i，则式(3.3.5)又可写为

$$\mathrm{MTTF}_S = \int_0^{+\infty} \left\{ 1 - \prod_{i=1}^{n}[1-\exp(-\lambda_i t)] \right\}\mathrm{d}t \quad (3.3.6)$$

当取 $n=2$ 时，有

$$\mathrm{MTTF}_S \big|_{n=2} = \frac{1}{\lambda_1} + \frac{1}{\lambda_2} - \frac{1}{\lambda_1+\lambda_2} \quad (3.3.7)$$

当取 $n=3$ 时，有

$$\mathrm{MTTF}_S \big|_{n=3} = \frac{1}{\lambda_1} + \frac{1}{\lambda_2} + \frac{1}{\lambda_3} - \frac{1}{\lambda_1+\lambda_2} - \frac{1}{\lambda_1+\lambda_3} - \frac{1}{\lambda_2+\lambda_3} + \frac{1}{\lambda_1+\lambda_2+\lambda_3} \quad (3.3.8)$$

[算例 3-3]　某型柴油发电系统由 3 个相同的供电分单元并联（物理结构层面）组成，且每一供电分单元均可独立支撑柴油发电系统的供电载荷要求。假设供电分单元 $i(i=1,2,3)$ 的故障前累计寿命 TTF_i 均满足"指数分布"特征，特征参数 $\lambda_i=0.002$，寿命单位取 h。试测算：

(1) 柴油发电系统的固有可靠度 $R_S(t)$；
(2) 柴油发电系统的风险率 $h_S(t)$；
(3) 柴油发电系统的平均故障前时间 MTTF_S。

解：(1) 由于该型柴油发电系统 3 个相同的并联供电分单元均可独立支撑供电载荷要求，为此相关任务功能层面的可靠性框图为"并联"构型，如图 3-10 所示。

图 3-10　柴油发电系统的可靠性框图

基于式(3.3.1)，易知柴油发电系统的固有可靠度 $R_S(t)$ 为

$$\begin{aligned} R_S(t) &= 1 - \prod_{i=1}^{3}[1-R_i(t)] = 1 - \prod_{i=1}^{3}[1-\exp(-\lambda_i t)] \\ &= 1 - [1-\exp(-0.002t)]^3 \end{aligned} \quad (3.3.9)$$

图 3-11 为基于 MATLAB 软件数值解算绘制的 5000 h 任务期内柴油发电系统的固有可靠度 $R_S(t)$ 变化曲线。对比图 3-11 中的各曲线可知，5000 h 任务期内并联构型柴油发电系统的固有可靠度 $R_S(t)$ 量值始终高于任意单个供电单元 i 的固有可靠度 $R_i(t)$ 量值。

其中，数值解算式(3.3.9)的核心编程代码如下。

```
t=0:1:5000;                  %生成数值仿真时域区间
n=3;                         %供电分单元总数目
```

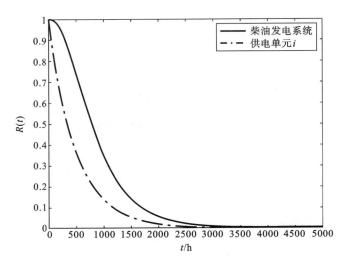

图 3-11　柴油发电系统的固有可靠度 $R_\mathrm{S}(t)$ 变化曲线

```
ER=1-expcdf(t,特征参数);     %计算供电单元 i 的固有可靠度
RS=1-(1-ER).^n;              %计算柴油发电系统固有可靠度
```

（2）基于式(3.3.3)，易知柴油发电系统的风险率 $h_\mathrm{S}(t)$ 为

$$h_\mathrm{S}(t) = \frac{1}{1-\prod_{i=1}^{3}[1-R_i(t)]} \sum_{j=1}^{3} \left\{ -\frac{\mathrm{d}[R_j(t)]}{\mathrm{d}t} \prod_{i=1,i\neq j}^{3}[1-R_i(t)] \right\}$$

$$= \frac{1}{1-\prod_{i=1}^{3}[1-\exp(-0.002t)]} \sum_{j=1}^{3} \left\{ 0.002\exp(-0.002t) \prod_{i=1,i\neq j}^{3}[1-\exp(-0.002t)] \right\}$$

(3.3.10)

类似地，可基于 MATLAB 软件数值解算绘制 5000 h 任务期内柴油发电系统的风险率 $h_\mathrm{S}(t)$ 变化曲线，如图 3-12 所示。观察图 3-12 中曲线量值变化可知，随着使用时间 t 的增加，

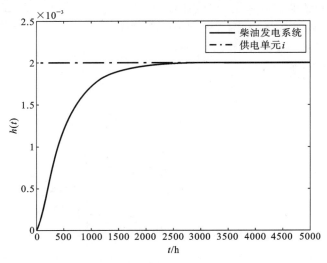

图 3-12　柴油发电系统的风险率 $h_\mathrm{S}(t)$ 变化曲线

在不考虑维修活动的前提下,并联构型柴油发电系统的风险率 $h_S(t)$ 趋近于独立供电单元 i 的风险率,即 $h_S(\infty) \approx h_i(\infty)$。

其中,数值解算式(3.3.10)的核心编程代码如下。

```
DRS=diff(RS);              %计算柴油发电系统可靠度微分
DRT=diff(t);               %计算时域区间微分
D1RS=diff(RS)./diff(t);    %计算柴油发电系统可靠度的1阶导数
HS=-D1RS./RS(1:5000);      %计算柴油发电系统风险率
```

(3) 基于式(3.3.8),易知该型柴油发电系统的平均故障前时间 MTTF_S 为

$$\mathrm{MTTF}_S\big|_{n=3} = \frac{1}{\lambda_1} + \frac{1}{\lambda_2} + \frac{1}{\lambda_3} - \frac{1}{\lambda_1+\lambda_2} - \frac{1}{\lambda_1+\lambda_3} - \frac{1}{\lambda_2+\lambda_3} + \frac{1}{\lambda_1+\lambda_2+\lambda_3} = \frac{11}{6\lambda_i} = 916.67 \text{ h} \tag{3.3.11}$$

进一步,给出供电单元 i 的平均故障前时间 MTTF_i 为

$$\mathrm{MTTF}_i = \int_0^{+\infty} R_i(t)\mathrm{d}t = \frac{1}{\lambda_i} = 500 \text{ h} \tag{3.3.12}$$

对比式(3.3.12)与式(3.2.11)的量值可知,该型并联构型柴油发电系统的平均故障前时间 MTTF_S 量值高于任意供电单元 i 的平均故障前时间 MTTF_i 量值。

3.4 串并混联装备系统的可靠性建模

"串并混联"构型装备系统指其可靠性框图结构通过局部割分能够完全分解为局部"串联"构型或局部"并联"构型的一类装备系统。对于"串并混联"构型的装备系统,工程上依据其可靠性框图的具体特征,又可进一步分为"串并"构型、"并串"构型和"混联"构型三类。

3.4.1 串并构型

"串并"构型装备系统由 n 个分系统(或功能单元、模块)串联组成,且第 i 个分系统又由 m_i 个子单元并联组成,$i=1,2,\cdots,n$,相关可靠性框图如图 3-13 所示。

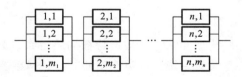

图 3-13 "串并"构型装备系统的可靠性框图

综合 3.2 节"串联"构型和 3.3 节"并联"构型的可靠性系统工程建模结论,易知图 3-13 所示"串并"构型装备系统的固有可靠度 $R_S(t)$ 为

$$\begin{cases} R_S(t) = \prod_{i=1}^{n} R_i(t) \\ R_i(t) = 1 - \prod_{j=1}^{m_i} [1 - R_{i,j}(t)] \end{cases} \tag{3.4.1}$$

整理后,有

$$R_S(t) = \prod_{i=1}^{n}\left\{1 - \prod_{j=1}^{m_i}[1-R_{i,j}(t)]\right\} \tag{3.4.2}$$

式中:$R_i(t)$代表"串并"构型装备系统第i个分系统的固有可靠度;$R_{i,j}(t)$代表"串并"构型装备系统第i个分系统的第j个子单元的固有可靠度。

3.4.2 并串构型

"并串"构型装备系统由n个分系统(或功能单元、模块)并联组成,且第i个分系统又由m_i个子单元串联组成,$i=1,2,\cdots,n$,相关可靠性框图如图3-14所示。

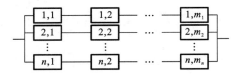

图3-14 "并串"构型装备系统的可靠性框图

类似地,综合前述3.2节"串联"构型和3.3节"并联"构型的可靠性系统工程建模结论,易知图3-14所示"并串"构型装备系统的固有可靠度$R_S(t)$为

$$\begin{cases} R_S(t) = 1 - \prod_{i=1}^{n}[1-R_i(t)] \\ R_i(t) = \prod_{j=1}^{m_i} R_{i,j}(t) \end{cases} \tag{3.4.3}$$

整理后,有

$$R_S(t) = 1 - \prod_{i=1}^{n}\left[1 - \prod_{j=1}^{m_i} R_{i,j}(t)\right] \tag{3.4.4}$$

式中:$R_i(t)$代表"并串"构型装备系统第i个分系统的固有可靠度;$R_{i,j}(t)$代表"并串"构型装备系统第i个分系统的第j个子单元的固有可靠度。

3.4.3 混联构型

除去前述符合典型"串并"构型和"并串"构型特征的装备系统外,其余"串并混联"构型的装备系统均统称为"混联"构型装备系统。一类典型的"混联"构型装备系统的可靠性框图如图3-15所示。"混联"构型装备系统的固有可靠度$R_S(t)$求解,遵循"局部割分、分块求解、多步迭代、综合解算"的基本原则,相关解算流程如图3-16所示。

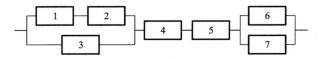

图3-15 "混联"构型装备系统的可靠性框图

第3章 可靠性系统工程建模

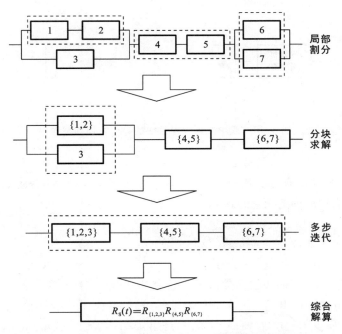

图 3-16 "混联"构型装备系统的固有可靠度通用解算流程

[**算例 3-4**] 某型双炉汽轮发电系统的可靠性框图如图 3-17 所示,若已知汽轮发电系统各组成单元故障前累计寿命的概率分布特征如表 3-2 所示,试测算该型双炉汽轮发电系统的固有可靠度 $R_S(t)$、风险率 $h_S(t)$ 和平均故障前时间 $MTTF_S$。

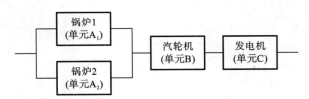

图 3-17 双炉汽轮发电系统的可靠性框图

表 3-2 双炉汽轮发电系统各组成单元故障前累计寿命的概率分布特征

序号	单元名称	概率分布特征	特征参数	固有可靠度	备注
1	锅炉 1	指数分布	$\lambda=0.002$	$R_{A_1}(t)=\exp(-\lambda t)$	寿命单位:h
2	锅炉 2	指数分布	$\lambda=0.002$	$R_{A_2}(t)=\exp(-\lambda t)$	
3	汽轮机	正态分布	$\mu=1000, \sigma=400$	$R_B(t)=1-\int_0^t \frac{1}{\sigma\sqrt{2\pi}}\exp\left[-\frac{(x-\mu)^2}{2\sigma^2}\right]dx$	
4	发电机	威布尔分布	$\eta=2000, \beta=2.2, \gamma=0$	$R_C(t)=\exp\left[-\left(\frac{t-\gamma}{\eta}\right)^\beta\right]$	

解:(1) 为便于算例求解,首先针对图 3-17 所示双炉汽轮发电系统的"混联"构型可靠性框图,进行可靠性框图的等价变化,如图 3-18 所示。

经等价变换后,双炉汽轮发电系统的固有可靠度 $R_S(t)$ 可写为

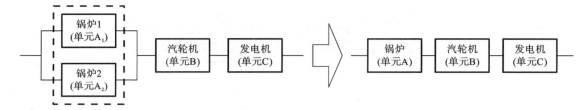

图 3-18 双炉汽轮发电系统的等价可靠性框图

$$R_S(t) = R_A(t)R_B(t)R_C(t) \quad (3.4.5)$$

式中:$R_A(t)$代表锅炉的固有可靠度;$R_B(t)$代表汽轮机的固有可靠度;$R_C(t)$代表发电机的固有可靠度。其中,锅炉的固有可靠度$R_A(t)$又可进一步写为

$$R_A(t) = 1 - [1 - R_{A_1}(t)][1 - R_{A_2}(t)] \quad (3.4.6)$$

将式(3.4.6)代入式(3.4.5)中,有

$$R_S(t) = \{1 - [1 - R_{A_1}(t)][1 - R_{A_2}(t)]\}R_B(t)R_C(t) \quad (3.4.7)$$

图 3-19 为基于 MATLAB 软件数值解算绘制的 5000 h 任务期内该型汽轮发电系统的固有可靠度 $R_S(t)$ 变化曲线。图中,实线是双炉结构设计(单元 A_1 和单元 A_2 同时使用)下汽轮发电系统的固有可靠度 $R_{S\text{-}双炉}(t)$ 曲线,点画线是单炉结构设计(单元 A_1 或单元 A_2 仅使用一个)下汽轮发电系统的固有可靠度 $R_{S\text{-}单炉}(t)$ 曲线。比较两条曲线,可以明显看出,双炉结构设计下的汽轮发电系统固有可靠度远高于单炉结构设计下的汽轮发电系统固有可靠度。以 500 h 和 1000 h 为例,$R_{S\text{-}双炉}(500) = 0.5169 > R_{S\text{-}单炉}(500) = 0.3168$,$R_{S\text{-}双炉}(1000) = 0.1032 > R_{S\text{-}单炉}(1000) = 0.0554$。

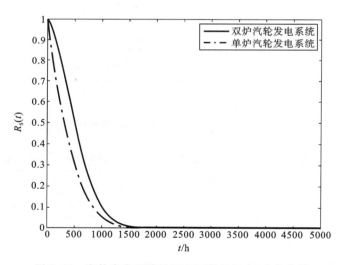

图 3-19 汽轮发电系统的固有可靠度 $R_S(t)$ 变化曲线

(2) 汽轮发电系统的风险率 $h_S(t)$ 为

$$\begin{aligned} h_S(t) &= -\frac{\mathrm{d}[R_S(t)]}{\mathrm{d}t} \frac{1}{R_S(t)} \\ &= -\frac{\mathrm{d}\langle\{1 - [1 - R_{A_1}(t)][1 - R_{A_2}(t)]\}R_B(t)R_C(t)\rangle}{\mathrm{d}t} \frac{1}{\{1 - [1 - R_{A_1}(t)][1 - R_{A_2}(t)]\}R_B(t)R_C(t)} \end{aligned}$$
$$(3.4.8)$$

图 3-20 为基于 MATLAB 软件数值解算绘制的 5000 h 任务期内该型汽轮发电系统的风险率 $h_S(t)$ 变化曲线。图中,实线是双炉结构设计下汽轮发电系统的风险率 $h_{S\text{-}双炉}(t)$ 曲线,点画线是单炉结构设计下汽轮发电系统的风险率 $h_{S\text{-}单炉}(t)$ 曲线。比较两条曲线,可以明显看出,双炉结构设计下的汽轮发电系统风险率低于单炉结构设计下的汽轮发电系统风险率。仍以 500 h 和 1000 h 为例,$h_{S\text{-}双炉}(500)=0.0023 < h_{S\text{-}单炉}(500)=0.0027$,$h_{S\text{-}双炉}(1000)=0.0043 < h_{S\text{-}单炉}(1000)=0.0044$。

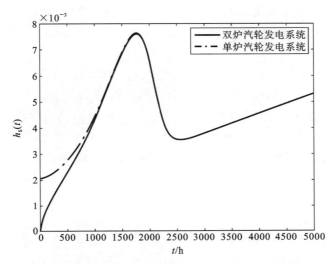

图 3-20　汽轮发电系统的风险率 $h_S(t)$ 变化曲线

(3) 汽轮发电系统的平均故障前时间 MTTF_S 为

$$\text{MTTF}_S = \int_0^{+\infty} R_S(t)\mathrm{d}t = \int_0^{+\infty} \{1-[1-R_{A_1}(t)][1-R_{A_2}(t)]\}R_B(t)R_C(t)\mathrm{d}t \tag{3.4.9}$$

类似地,基于 MATLAB 软件数值解算式(3.4.9)有:$\text{MTTF}_{S\text{-}双炉}=558\ \text{h}$,$\text{MTTF}_{S\text{-}单炉}=395\ \text{h}$。比较双炉结构设计与单炉结构设计的平均故障前时间 MTTF_S 量值易知,双炉结构设计下汽轮发电系统的平均故障前时间远高于单炉结构设计下汽轮发电系统的平均故障前时间,高出 41.27%。因此,双炉结构设计下汽轮发电系统的技术状态完好保持能力和遂行任务成功能力更强。

3.5　表决构型装备系统的可靠性建模

"表决"构型装备系统,也称为"k/n"构型装备系统,由 n 个并联的内置构件组成。对于"表决"构型的装备系统而言,其内置 n 个构件中至少需要 k 个构件同时处于功能正常状态,装备系统才能维持预期的任务功能状态。注意:当 $k=1$ 时,"表决"构型装备系统退化为"并联"构型装备系统;当 $k=n$ 时,"表决"构型装备系统退化为"串联"构型装备系统。"表决"构型装备系统的可靠性框图如图 3-21 所示。

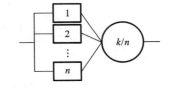

图 3-21　"表决"构型装备系统的可靠性框图

参照前述"表决"构型装备系统的定义说明,并假设系统 n 个内置构件物理结构相同且可靠性特征一致,则"表决"构型装备系统的固有可靠度 $R_S(t)$ 可写为

$$R_S(t) = \sum_{i=k}^{n} C(n,i)[R(t)]^i [1-R(t)]^{n-i} \quad (3.5.1)$$

式中：$C(\cdot)$代表排列函数；$R(t)$代表任意内置构件的固有可靠度；k代表为确保装备系统任务功能保持所必须要求的正常内置构件最小数目。需要说明的是，当装备系统的内置构件并不满足"物理结构相同且可靠性特征一致"这一假设时，"表决"构型装备系统的固有可靠度$R_S(t)$数学表达式将变得十分复杂。此时，需要从"表决"构型装备系统的基本定义出发，遵循全概率理念解算装备系统的固有可靠度$R_S(t)$。这里，以"2/3"构型装备系统为例，假设装备内置A、B、C三个构件，相关固有可靠度分别为$R_A(t)$、$R_B(t)$、$R_C(t)$，则装备系统的固有可靠度$R_S(t)$可写为

$$R_S(t) = R_A(t)R_B(t)[1-R_C(t)] + R_A(t)R_C(t)[1-R_B(t)] \\ + R_B(t)R_C(t)[1-R_A(t)] + R_A(t)R_B(t)R_C(t) \quad (3.5.2)$$

[算例3-5] 假设某类"2/3"构型装备系统由3个完全相同的内置构件组成，且内置构件的故障前累计寿命满足"指数分布"特征，特征参数$\lambda=0.002$，寿命单位取h。试测算该类"2/3"构型装备系统的固有可靠度$R_S(t)$和平均故障前时间MTTF_S。

解： (1) 基于式(3.5.1)，易知"2/3"构型装备系统的固有可靠度$R_S(t)$为

$$\begin{aligned} R_S(t) &= \sum_{i=2}^{3} C(3,i)[R(t)]^i [1-R(t)]^{3-i} \\ &= C(3,2)[R(t)]^2[1-R(t)] + C(3,3)[R(t)]^3 \\ &= 3[\exp(-\lambda t)]^2[1-\exp(-\lambda t)] + [\exp(-\lambda t)]^3 \\ &= 3\exp(-2\lambda t)[1-\exp(-\lambda t)] + \exp(-3\lambda t) \\ &= 3\exp(-0.004t)[1-\exp(-0.002t)] + \exp(-0.006t) \end{aligned} \quad (3.5.3)$$

图3-22为基于MATLAB软件数值解算绘制的5000 h任务期内该类"2/3"构型装备系统的固有可靠度$R_S(t)$变化曲线。图中，实线是"2/3"构型假设下装备系统的固有可靠度$R_{S\text{-}2/3}(t)$曲线，点画线是"1/3"构型（此时退化为并联构型）假设下装备系统的固有可靠度$R_{S\text{-}并}(t)$曲线，虚线是"3/3"构型（此时退化为串联构型）假设下装备系统的固有可靠度$R_{S\text{-}串}(t)$曲线。

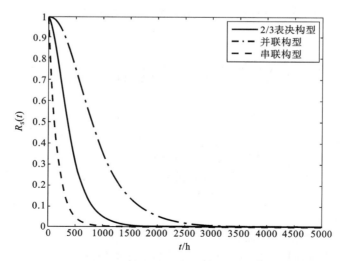

图3-22 "2/3"构型装备系统的固有可靠度$R_S(t)$变化曲线

数值解算式(3.5.3)的核心编程代码如下。

```
t=0:1:5000;                    %生成数值仿真时域区间
k=2; n=3;                      %定义表决系统构型
ER=1-expcdf(t,特征参数);       %计算指数分布内置单元的固有可靠度
RS=zeros(1,5001);              %为k/n表决系统固有可靠度赋初始0值,为循环累加做准备
for i=k:n
    RS=RS+nchoosek(n,i).*(ER.^i).*((1-ER).^(n-i));
end                            %计算k/n表决系统最终固有可靠度
```

(2) 基于式(3.5.3),计算"2/3"构型装备系统的平均故障前时间 $\mathrm{MTTF_S}$ 为

$$\mathrm{MTTF_S} = \int_0^{+\infty} R_\mathrm{S}(t)\mathrm{d}t = \int_0^{+\infty} \{3\exp(-2\lambda t)[1-\exp(-\lambda t)] + \exp(-3\lambda t)\}\mathrm{d}t$$
$$= \frac{5}{6\lambda} = 416.67 \text{ h} \tag{3.5.4}$$

3.6 冗余构型装备系统的可靠性建模

工程上,为了尽可能维持装备系统某些关键任务功能单元的技术完好状态,往往会在局部硬件设计层面预留足够的冗余备份空间。例如,备份一套(或多套)完全相同的关键任务功能单元,预置一套(或多套)短期内可临时替代的应急任务功能单元,等等。本书将此类在硬件设计层面存有独立"备份或替代"功能单元的装备系统,统称为"冗余"构型装备系统。对于"冗余"构型装备系统,依据"备份或替代"功能单元的工作原理不同,又可将其分为"冷储备"构型、"温储备"构型和"热储备"构型三类。

3.6.1 冷储备构型

"冷储备"构型装备系统指相关"备份或替代"功能单元平时处于"冷待机"状态,仅在"主任务"功能单元出现故障后才通过专用切换装置投入使用的一类"冗余"构型装备系统。最为常见的"冷储备"构型装备系统的可靠性框图如图 3-23 所示。

将图 3-23 进一步简化处理,仅保留一套"备份或替代"功能单元(取 $n=2$),此时"冷储备"构型装备系统的固有可靠度 $R_\mathrm{S}(t)$ 可写为

$$R_\mathrm{S}(t) = P(\mathrm{TTF}_1 > t) + P(\mathrm{TTF}_1 < u \cap \mathrm{TTF}_2 > t-u) \tag{3.6.1}$$

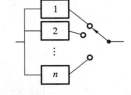

图 3-23 "冷储备"构型装备系统的可靠性框图

式中:TTF_1 代表装备系统"主任务"功能单元的故障前累计寿命,是一个随机变量;TTF_2 代表装备系统"备份或替代"功能单元的故障前累计寿命,也是一个随机变量;t 代表当前寿命时刻;u 代表"主任务"功能单元的故障时刻,且有 $u<t$;"$\mathrm{TTF}_1>t$"代表 t 时刻装备系统"主任务"功能单元无故障;"$\mathrm{TTF}_1<u$"代表 u 时刻装备系统"主任务"功能单元出现故障;"$\mathrm{TTF}_2>t-u$"代表装备系统"备份或替代"功能单元在"主任务"功能单元 u 时刻出现故障后投入使用,且在后续 $t-u$ 寿命间隔内保持无故障。引入相关功能单元的固有可靠度数学定义,式(3.6.1)可改写为

$$R_S(t) = R_1(t) + \int_0^t f_1(u) R_2(t-u) \mathrm{d}u \qquad (3.6.2)$$

式中：$R_1(t)$ 代表"主任务"功能单元的固有可靠度；$f_1(t)$ 代表"主任务"功能单元故障前累计寿命 TTF_1 的概率分布密度；$R_2(t)$ 代表"备份或替代"功能单元的固有可靠度。进一步，假设故障前累计寿命 TTF_1、TTF_2 均满足"指数分布"特征，且特征参数分别为 λ_1 和 λ_2，则式(3.6.2)又可写为

$$\begin{aligned} R_S(t) &= \exp(-\lambda_1 t) + \int_0^t \lambda_1 \exp(-\lambda_1 u) \exp[-\lambda_2(t-u)] \mathrm{d}u \\ &= \exp(-\lambda_1 t) + \frac{\lambda_1}{\lambda_1 - \lambda_2} [\exp(-\lambda_2 t) - \exp(-\lambda_1 t)] \end{aligned} \qquad (3.6.3)$$

对式(3.6.3)两端进行积分运算，积分变量取 t，积分区间取 $[0, +\infty)$，则可得"冷储备"构型装备系统的平均故障前时间 MTTF_S：

$$\mathrm{MTTF}_S = \frac{1}{\lambda_1} + \frac{1}{\lambda_2} \qquad (3.6.4)$$

类似地，式(3.6.4)所示结论也可推广应用于存有 $n-1$ 套"备份或替代"单元的"冷储备"构型装备系统。仍假设"主任务"功能单元和"备份或替代"功能单元的故障前累计寿命 TTF_i 均满足"指数分布"特征，$i=1,2,\cdots,n$，则此时装备系统的平均故障前时间 MTTF_S 为

$$\mathrm{MTTF}_S = \sum_{i=1}^n \frac{1}{\lambda_i} \qquad (3.6.5)$$

3.6.2 温储备构型

工程上，有些情形对"备份或替代"功能单元投入使用的"快捷性"要求很高。此时，如果"备份或替代"功能单元投入使用前需要较长的"热机"等待时间，显然不宜再沿用"冷待机-故障后切入使用"的"冷储备"构型设计，否则将会直接影响相关装备系统的技术状态完好保持能力。为克服前述"冷储备"构型设计的技术瓶颈，引入了"温储备"构型的装备系统设计理念。

与"冷储备"构型装备系统不同，"温储备"构型装备系统的相关"备份或替代"功能单元平时处于低载荷运行的"温待机"状态，当"主任务"功能单元出现故障后，可迅速投入全载荷运行的"备份工作"状态，以替代"主任务"功能单元完成相关任务功能。这里以"一主一备"的温储备构型装备系统为例，相关可靠性框图如图 3-24 所示。

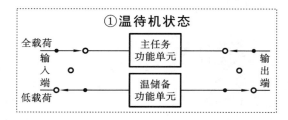
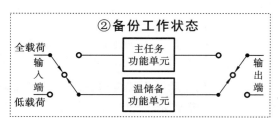

图 3-24　"温储备"构型装备系统的可靠性框图

"温储备"构型装备系统的固有可靠度 $R_S(t)$ 可表示为

$$R_S(t) = P(\mathrm{TTF}_1 > t) + P(\mathrm{TTF}_1 < u \cap \mathrm{TTF}_{2\text{-}L} > u \cap \mathrm{TTF}_{2\text{-}H} > t-u) \qquad (3.6.6)$$

式中：TTF_1 代表装备系统"主任务"功能单元的故障前累计寿命，是一个随机变量；$\mathrm{TTF}_{2\text{-}L}$ 代表装

备系统"备份或替代"功能单元处于"低载荷-温待机"状态的故障前累计寿命,也是一个随机变量;TTF$_{2-H}$代表装备系统"备份或替代"功能单元处于"全载荷-备份工作"状态的故障前累计寿命,也是一个随机变量;t 代表当前寿命时刻;u 代表"主任务"功能单元的故障时刻,且 $u<t$;"TTF$_1>t$"代表 t 时刻装备系统"主任务"功能单元无故障;"TTF$_1<u$"代表 u 时刻装备系统"主任务"功能单元出现故障;"TTF$_{2-L}>u$"代表 u 时刻处于"低载荷-温待机"状态的装备系统"备份或替代"功能单元未出现故障;"TTF$_{2-H}>t-u$"代表装备系统"备份或替代"任务功能单元在"主任务"功能单元 u 时刻出现故障后转入"全载荷-备份工作"状态使用,且在后续 $t-u$ 寿命间隔内保持无故障。引入相关功能单元的固有可靠度数学定义,式(3.6.6)可改写为

$$R_S(t) = R_1(t) + \int_0^t f_1(u) R_{2-L}(u) R_{2-H}(t-u) \mathrm{d}u \tag{3.6.7}$$

式中:$R_1(t)$ 代表"主任务"功能单元的固有可靠度;$f_1(t)$ 代表"主任务"功能单元故障前累计寿命 TTF$_1$ 的概率分布密度;$R_{2-L}(t)$ 代表"低载荷-温待机"状态"备份或替代"功能单元的固有可靠度;$R_{2-H}(t)$ 代表"全载荷-备份工作"状态"备份或替代"功能单元的固有可靠度。进一步,假设故障前累计寿命 TTF$_1$、TTF$_{2-L}$、TTF$_{2-H}$ 均满足指数分布特征,且特征参数分别为 λ_1、λ_{2-L} 和 λ_{2-H},则式(3.6.7)又可写为

$$\begin{aligned} R_S(t) &= \exp(-\lambda_1 t) + \int_0^t \lambda_1 \exp(-\lambda_1 u) \exp(-\lambda_{2-L} u) \exp[-\lambda_{2-H}(t-u)] \mathrm{d}u \\ &= \exp(-\lambda_1 t) + \frac{\lambda_1}{\lambda_{2-H} - \lambda_1 - \lambda_{2-L}} \exp(-\lambda_{2-H} t) \{\exp[(\lambda_{2-H} - \lambda_1 - \lambda_{2-L}) t] - 1\} \end{aligned} \tag{3.6.8}$$

3.6.3 热储备构型

当"温储备"构型装备系统的"低载荷"状态提升至与"全载荷"状态完全一致时,"温储备"构型装备系统将转变为"热储备"构型装备系统。"热储备"构型装备系统将同时拥有多个承受同等任务载荷且同步工作、互为备份的任务功能单元,此时"热储备"构型装备系统已完全等价为"并联"构型装备系统。因此,与"热储备"构型装备系统相关的可靠性框图绘制、固有可靠度 $R_S(t)$、风险率 $h_S(t)$、平均故障前时间 MTTF$_S$ 测算等,均可直接引用 3.3 节给出的"并联"构型装备系统的相关技术结论,此处不再赘述说明。

[算例 3-6] 假设某"冗余"构型装备系统由"主任务功能单元"与"备份任务功能单元"两部分组成,两类任务功能单元的可靠性演变特征如表 3-3 所示,寿命单位取 h。试分别测算"备份任务功能单元"处于冷储备、温储备和热储备三类构型下该型"冗余"装备系统的固有可靠度 $R_S(t)$ 和平均故障前时间 MTTF$_S$。

表 3-3 装备系统不同任务功能单元故障前累计寿命的概率分布特征

序号	单元名称	概率分布特征	特征参数	固有可靠度	备注
1	主任务功能单元	指数分布	$\lambda_1 = 0.002$	$R_1(t) = \exp(-\lambda_1 t)$	—
2	备份任务功能单元	指数分布	$\lambda_{2-H} = 0.003$	$R_{2-H}(t) = \exp(-\lambda_{2-H} t)$	"全载荷-备份工作"状态
3	备份任务功能单元	指数分布	$\lambda_{2-L} = 0.0003$	$R_{2-L}(t) = \exp(-\lambda_{2-L} t)$	"低载荷-温待机"状态

解:(1) 对于"冷储备"构型,基于式(3.6.3)可知该型"冗余"装备系统的固有可靠度 $R_{S-C}(t)$ 为

$$R_{\text{S-C}}(t) = \exp(-\lambda_1 t) + \int_0^t \lambda_1 \exp(-\lambda_1 u) \exp[-\lambda_{2\text{-H}}(t-u)] \mathrm{d}u$$

$$= \exp(-0.002t) + \frac{0.002}{0.002 - 0.003}[\exp(-0.003t) - \exp(-0.002t)] \tag{3.6.9}$$

对于"温储备"构型,基于式(3.6.8)可知该型"冗余"装备系统的固有可靠度 $R_{\text{S-W}}(t)$ 为

$$R_{\text{S-W}}(t) = \exp(-\lambda_1 t) + \int_0^t \lambda_1 \exp(-\lambda_1 u) \exp(-\lambda_{2\text{-L}} u) \exp[-\lambda_{2\text{-H}}(t-u)] \mathrm{d}u$$

$$= \exp(-0.002t) + \frac{0.002}{0.003 - 0.002 - 0.0003} \exp(-0.003t) \{\exp[(0.003 - 0.002 - 0.0003)t] - 1\} \tag{3.6.10}$$

对于"热储备"构型,基于式(3.3.1)可知该型"冗余"装备系统的固有可靠度 $R_{\text{S-H}}(t)$ 为

$$R_{\text{S-H}}(t) = 1 - [1 - \exp(-\lambda_1 t)][1 - \exp(-\lambda_{2\text{-H}} t)] \tag{3.6.11}$$

基于 MATLAB 软件分别数值解算三类构型下的 $R_{\text{S-C}}(t)$、$R_{\text{S-W}}(t)$、$R_{\text{S-H}}(t)$,5000 h 任务期内该型"冗余"装备系统的固有可靠度 $R_{\text{S}}(t)$ 变化曲线如图 3-25 所示。图中,点画线是"主任务功能单元"独立运行下装备系统的固有可靠度 $R_{\text{S-0}}(t)$ 曲线,实线是"备份任务功能单元"处于"冷储备"构型下装备系统的固有可靠度 $R_{\text{S-C}}(t)$ 曲线,虚线是"备份任务功能单元"处于"温储备"构型下装备系统的固有可靠度 $R_{\text{S-W}}(t)$ 曲线,双点画线是"备份任务功能单元"处于"热储备"构型下装备系统的固有可靠度 $R_{\text{S-H}}(t)$ 曲线。

对比图 3-25 中的四条固有可靠度 $R_{\text{S}}(t)$ 变化曲线可知:① 不同储备构型下装备系统的固有可靠度满足如下量值关系,即冷储备 $R_{\text{S-C}}(t)$ > 温储备 $R_{\text{S-W}}(t)$ > 热储备 $R_{\text{S-H}}(t)$ > 无储备 $R_{\text{S-0}}(t)$;② 在不考虑备份任务单元切换过程所需耗费时间的情况下,"冷储备"构型可为冗余装备系统提供最高的固有可靠度水平;③ 在对装备系统技术状态完好保持能力要求较高的工程应用场合,"温储备"构型是算例 3-6 所述几类构型中最优的冗余备份模式,其既可以较大限度地缩短装备系统技术状态完好的中断时间,又可以确保装备系统保持较高的固有可靠度水平;④ "热储备"构型虽然能够最大限度地缩短装备系统技术状态完好的中断时间,但在为冗余装备系统提供的固有可靠度水平方面,其要远低于"冷储备"构型和"温储备"构型。

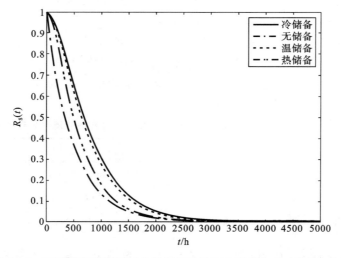

图 3-25　不同储备构型下冗余装备系统的固有可靠度 $R_{\text{S}}(t)$ 变化曲线

数值解算前述三类构型下 $R_{\text{S-C}}(t)$、$R_{\text{S-W}}(t)$、$R_{\text{S-H}}(t)$ 的核心编程代码如下。

```
t=0:1:5000;                              %生成数值仿真时域区间
R1=1-expcdf(t,1/特征参数 1);             %主任务功能单元可靠度
% 计算三类构型储备系统的可靠度
for i=1:length(t)
u=0:t(i)/100:t(i);
f1=exppdf(u,1/特征参数 1);               %主任务功能单元概率密度:u 时刻
R2H=1-expcdf(t(i)-u,1/特征参数 2);       %冷储备任务功能单元全载荷可靠性:t-u 时刻
RSc(i)=R1(i)+ trapz(u,f1.*R2H);          %冷储备装备系统可靠度
R2L=1-expcdf(u,1/特征参数 3);            %温储备单元-低载荷可靠度:u 时刻
RSw(i)=R1(i)+ trapz(u,f1.*R2L.*R2H);     %温储备装备系统可靠度
End
R2=1-expcdf(t,1/特征参数 2);             %重置储备单元可靠度,为并联计算准备
RSh=1-(1-R1).*(1-R2);                    %热储备装备系统可靠度
```

（2）基于前述 $R_{\text{S-C}}(t)$、$R_{\text{S-W}}(t)$、$R_{\text{S-H}}(t)$ 的计算结果，易知冷储备、温储备、热储备三类构型下该型"冗余"装备系统的平均故障前时间 $\text{MTTF}_{\text{S-C}}$、$\text{MTTF}_{\text{S-W}}$、$\text{MTTF}_{\text{S-H}}$ 分别为

$$\text{MTTF}_{\text{S-C}} = \int_0^{+\infty} R_{\text{S-C}}(t)\,\mathrm{d}t = \frac{1}{\lambda_1} + \frac{1}{\lambda_{2\text{-H}}} = 833.33\ \text{h} \tag{3.6.12}$$

$$\text{MTTF}_{\text{S-W}} = \int_0^{+\infty} R_{\text{S-W}}(t)\,\mathrm{d}t = \frac{1}{\lambda_1} + \frac{\lambda_1}{\lambda_{2\text{-H}} - \lambda_1 - \lambda_{2\text{-L}}}\left(\frac{1}{\lambda_1 + \lambda_{2\text{-L}}} - \frac{1}{\lambda_{2\text{-H}}}\right) = 789.82\ \text{h} \tag{3.6.13}$$

$$\text{MTTF}_{\text{S-H}} = \int_0^{+\infty} R_{\text{S-H}}(t)\,\mathrm{d}t = \frac{1}{\lambda_1} + \frac{1}{\lambda_{2\text{-H}}} - \frac{1}{\lambda_1 + \lambda_{2\text{-H}}} = 633.31\ \text{h} \tag{3.6.14}$$

3.7 桥联构型装备系统的可靠性建模

除去前面各小节介绍的串联、并联、串并混联、表决、冗余等几类常见的装备可靠性建模构型外，对于工程上的大型复杂装备系统而言，还存有另外一种较为常见的可靠性建模构型——桥联构型。"桥联"构型也称"网联"构型，多见于大型通信网络系统或大型集成电路系统的可靠性建模中。一类典型的"桥联"构型装备系统的可靠性框图如图 3-26 所示。从完成任务功能的角度解析"桥联"构型装备系统，一般约定能够保证输入端与输出端间存有正常的信号通路，即视为装备系统任务功能正常且技术状态完好。观察图 3-26 所示"桥联"构型装备系统的可靠性框图结构可以发现，前面各小节给出的装备系统固有可靠度程式化解算逻辑均已不再适用，为此这里引入一类更具普适性的装备系统固有可靠度解算方法——最小割集法。

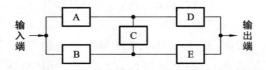

图 3-26 "桥联"构型装备系统的可靠性框图

所谓最小割集，指能够直接导致装备系统故障（即任务功能不正常）发生的最小内置构件

集合，其满足如下基本属性：

（1）最小割集内的全部内置构件单元同时发生故障，必将导致装备系统发生故障；

（2）最小割集的子集（除去自身外）不应再是最小割集；

（3）最小割集的数量可能并不唯一，可以存有多个；

（4）装备系统的故障，至少由一个最小割集诱发。

基于前述最小割集的基本属性说明，易知解算装备系统固有可靠度的问题可等价为寻找装备系统全部最小割集的问题。既然最小割集内的全部内置构件单元同时发生故障必将导致装备系统发生故障，为此只要找出装备系统可靠性框图内潜在的全部最小割集，并解算集合内相关内置构件单元同时发生故障的概率，即可通过恰当的逻辑推演得出装备系统的固有可靠度 $R_S(t)$。

仍以图 3-26 所示桥联构型装备系统为例，其相应最小割集 $I_i(i=1,2,3,4)$ 如下：

$$I_1=\{A,B\}, \quad I_2=\{D,E\}, \quad I_3=\{A,C,E\}, \quad I_4=\{B,C,D\} \tag{3.7.1}$$

对应的最小割集事件分别为

$$I_A \cap I_B, \quad I_D \cap I_E, \quad I_A \cap I_C \cap I_E, \quad I_B \cap I_C \cap I_D \tag{3.7.2}$$

式中：$I_A \cap I_B$ 代表内置构件单元 A 与 B 同时发生故障；$I_D \cap I_E$、$I_A \cap I_C \cap I_E$、$I_B \cap I_C \cap I_D$ 均代表类似含义，不再赘述说明。

逻辑推演思路 1：因为任意最小割集事件发生，均会导致装备系统故障发生；同时，装备系统的故障至少由一个最小割集诱发；为此，要求装备无故障发生，必须确保无任意最小割集事件发生，此时在任务功能层次装备系统可以看成由各最小割集串联组成。进而，由串联构型装备系统的固有可靠度解算结论易知，桥联构型装备系统的固有可靠度 $R_S(t)$ 可表示为

$$R_S(t)=R_{I_1}(t)R_{I_2}(t)R_{I_3}(t)R_{I_4}(t) \tag{3.7.3}$$

式中：$R_{I_i}(t)$ 代表装备系统各最小割集的固有可靠度，$i=1,2,3,4$。

逻辑推演思路 2：因为任意最小割集事件发生，是建立在集合内相关内置构件单元同时发生故障的基础上，为此，在任务功能层次最小割集又可以看成由集合内相关内置构件单元并联组成。进而，由并联构型装备系统的固有可靠度解算结论易知，装备系统最小割集的固有可靠度 $R_{I_i}(t)$ 可表示为

$$\begin{cases} R_{I_1}(t)=1-P(I_A \cap I_B) \\ R_{I_2}(t)=1-P(I_D \cap I_E) \\ R_{I_3}(t)=1-P(I_A \cap I_C \cap I_E) \\ R_{I_4}(t)=1-P(I_B \cap I_C \cap I_D) \end{cases} \tag{3.7.4}$$

综合式（3.7.3）和式（3.7.4）可知，图 3-26 所示桥联构型装备系统的固有可靠度 $R_S(t)$ 可表示为

$$R_S(t)=[1-P(I_A \cap I_B)][1-P(I_D \cap I_E)][1-P(I_A \cap I_C \cap I_E)][1-P(I_B \cap I_C \cap I_D)] \tag{3.7.5}$$

进一步，观察式（3.7.5）的构成，并对比 3.4.1 节中给出的"串并"构型装备系统的可靠性建模结论可知，在固有可靠度 $R_S(t)$ 的测算层面，图 3-26 所示"桥联"构型装备系统的可靠性框图可等价为图 3-27 所示"串并"混联构型装备系统的可靠性框图。

思考：前述最小割集方法既然是一类具备普适性的装备系统固有可靠度解算方法，显然对于串联、并联等常规构型的装备系统也同样适用。对于"串联"构型装备系统，其最小割集为可

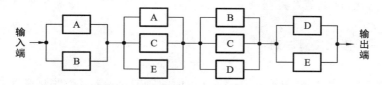

图 3-27 "桥联"构型等价处理后的"串并"混联构型装备系统的可靠性框图

靠性框图中的每一独立组成单元,且最小割集数目等于独立组成单元数目;对于"并联"构型装备系统,其最小割集为可靠性框图中全部独立组成单元的全集,且最小割集数目等于1。

3.8 基于可靠特性的供应保障需求预测建模

本章前面各小节重点针对不同构型的装备系统介绍了相关可靠性建模的程式化方法与技术结论,下面在此基础上,进一步阐述装备可靠性系统工程中与装备可靠特性密切相关的供应保障需求预测模型构建方法。鉴于本书篇幅所限,本节仅就装备供应保障活动中最为常见的"非换件"维修和"换件"维修两类保障策略,分别给出有关供应保障需求的预测模型。

3.8.1 非齐次泊松过程

工程上,对于"非换件"维修保障策略,如果历次维修后的装备风险率 $h(t)$ 依然能够达到修复前的水平,则通常选用"非齐次泊松过程"模型预测相关装备使用期间的供应保障需求。

非齐次泊松过程 NHPP(non-homogeneous Poisson process),是一类特殊的计数过程 $\{N(t), t \geq 0\}$。其中,$N(t)$ 代表累计至当前寿命时刻 t 装备可能出现故障(即出现保障需求)的总次数,是一个随机变量。非齐次泊松过程需满足如下技术约束条件。

(1) $N(0)=0$。

(2) $N(t)$ 具备独立增量特征。

(3) 任意时间间隔 $[t, t+\Delta t]$ 内,$N(t+\Delta t)-N(t)$ 满足期望为 $S(t+\Delta t)-S(t)$ 的泊松分布特征,即

$$P[N(t+\Delta t)-N(t)=n]=\frac{[S(t+\Delta t)-S(t)]^n \exp\{-[S(t+\Delta t)-S(t)]\}}{n!} \quad (3.8.1)$$

式中:n 为任意自然数;$S(t)$ 为

$$S(t) = \int_0^t h(u) \mathrm{d}u \quad (3.8.2)$$

式中:$h(\cdot)$ 代表装备可能出现故障的风险率函数;u 代表任意积分变量。

3.8.2 更新过程

工程上,对于"换件"维修保障策略,则一般选用"更新过程"模型预测相关装备使用期间的供应保障需求。

更新过程 RP(renewal process),也是一类特殊的计数过程 $\{N(t), t \geq 0\}$。鉴于"换件"维修保障策略在装备维修保障策略中占据主导地位,且"换件"需求是影响装备供应保障工作成

效的核心需求,为此,这里笔者将花较大篇幅详细论述装备供应保障需求预测中的"更新过程"模型。

首先,构造一类随机变量序列:

$$\{X_n; n=1,2,\cdots\} \quad (3.8.3)$$

式中:X_n代表装备第n次故障与第$n-1$次故障的间隔时间,是一个非负随机变量;不同随机变量$X_1,X_2,\cdots,X_n$之间相互独立,且满足同一故障概率分布特征。

进一步,基于序列$\{X_n\}$构造另外一类随机变量序列:

$$\left\{S_0=0, S_n=\sum_{i=1}^{n}X_i; n=1,2,\cdots\right\} \quad (3.8.4)$$

式中:S_n代表装备出现第n次故障(即出现第n次更新需求/换件需求)时的累计工作时间,显然也是一个非负随机变量。其中,序列$\{X_n\}$与序列$\{S_n\}$间的逻辑关联,如图3-28所示。

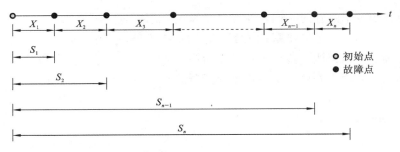

图 3-28 序列$\{X_n\}$与序列$\{S_n\}$间的逻辑关联图

这里,假设计数过程$\{N(t), t\geqslant 0\}$代表截至t时刻装备的更新保障需求总数,则有

$$N(t)=\max\{n; S_n\leqslant t\} \quad (3.8.5)$$

又因为$X_1,X_2,\cdots,X_n$为独立同分布的随机变量,即有

$$P(X_i\leqslant t)=F(t), \quad i=1,2,\cdots,n \quad (3.8.6)$$

式中:$P(\cdot)$代表绝对概率函数;$F(t)$代表随机变量X_i满足的故障累计概率。继而,综合随机变量S_n与随机变量X_i的量值耦合关系,有

$$P(S_n\leqslant t)=P\left(\sum_{i=1}^{n}X_i\leqslant t\right)=F(t)\otimes F(t)\otimes\cdots\otimes F(t)=F^{(n)}(t) \quad (3.8.7)$$

式中:$\otimes$代表卷积算子;$F^{(n)}(t)$代表将$F(t)$卷积$n-1$次,相应量值表示截至t时刻装备出现n次更新保障需求的概率,相关数学表达式如下:

$$\begin{cases} F^{(n)}(t)=\int_0^t F^{(n-1)}(t-u)\mathrm{d}[F(u)] \\ F^{(1)}(t)=F(t), F^{(0)}(t)=1 \end{cases} \quad (3.8.8)$$

式(3.8.8)的证明比较复杂,这里仅给出$n=2$时的相关证明,而对于$n>2$时的其余情形亦可采用类似方法递推证明。

证明:由式(3.8.7)可知

$$F^{(2)}(t)=P(S_2\leqslant t)=P(X_1+X_2\leqslant t)=\iint_{D\langle x_1,x_2\rangle}f(x_1,x_2)\mathrm{d}x_1\mathrm{d}x_2 \quad (3.8.9)$$

式中:x_i代表随机变量X_i的任意样本值,$i=1,2$;$D\langle x_1,x_2\rangle$代表图3-29中阴影部分所示二重积分区域;$f(x_1,x_2)$代表随机变量X_1和X_2的联合概率分布密度。

因为随机变量 X_1 与 X_2 为独立同分布的随机变量，则有
$$f(x_1,x_2)=f(x_1)f(x_2) \quad (3.8.10)$$
式中：$f(x_i)$ 代表随机变量 X_i 的概率分布密度，$i=1,2$。将式(3.8.10)代入式(3.8.9)中，有

$$\begin{aligned}F^{(2)}(t) &= \iint_{D\langle x_1,x_2\rangle} f(x_1,x_2)\mathrm{d}x_1\mathrm{d}x_2 \\ &= \iint_{D\langle x_1,x_2\rangle} f(x_1)f(x_2)\mathrm{d}x_1\mathrm{d}x_2 \\ &= \int_0^t f(x_2)\left[\int_0^{t-x_2} f(x_1)\mathrm{d}x_1\right]\mathrm{d}x_2 \\ &= \int_0^t [F(t-x_2)]\mathrm{d}[F(x_2)] \quad (3.8.11)\end{aligned}$$

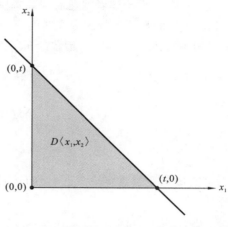

图 3-29　随机变量 S_2 的二重积分区域示意图

式中：$F(x_i)$ 代表随机变量 X_i 的累计概率分布，$i=1,2$。考虑到 x_2 在式(3.8.11)中仅作为一类任意积分变量的标识存在，完全可使用其他符号标识将其替代，为此取 $x_2=u$，则有

$$F^{(2)}(t) = \int_0^t [F(t-u)]\mathrm{d}[F(u)] \quad (3.8.12)$$

综上，$n=2$ 时，式(3.8.8)得证。对于 $n=3$ 时的情形，通过构造随机变量 $Z=X_1+X_2$，之后将随机变量 Z 与随机变量 X_3 亦采用前述证明方法处理，即可得证。对于 $n=4,5,\cdots$ 其他情形，亦可采用类似方法递推处理后得证式(3.8.8)，此处不再赘述。

下面，基于前述结论，推导保障需求更新计数过程 $\{N(t),t\geqslant 0\}$ 的概率分布规律 $P[N(t)=n]$。

由式(3.8.5)易知
$$\{N(t)=n\}\Leftrightarrow\{S_n\leqslant t, S_{n+1}>t\} \quad (3.8.13)$$

进而，有
$$\begin{aligned}P[N(t)=n] &= P[N(t)<n+1]-P[N(t)<n] = P(S_{n+1}>t)-P(S_n>t) \\ &= [1-P(S_{n+1}\leqslant t)]-[1-P(S_n\leqslant t)] = [1-F^{(n+1)}(t)]-[1-F^{(n)}(t)] \\ &= F^{(n)}(t)-F^{(n+1)}(t)\end{aligned} \quad (3.8.14)$$

获取更新计数过程 $\{N(t),t\geqslant 0\}$ 的概率分布后，即可计算 t 时刻装备的期望更新保障需求总数 $M(t)$：

$$\begin{aligned}M(t) &= E[N(t)] = \sum_{n=1}^{+\infty} nP[N(t)=n] \\ &= \sum_{n=1}^{+\infty} n[F^{(n)}(t)-F^{(n+1)}(t)] = \sum_{n=1}^{+\infty} F^{(n)}(t)\end{aligned} \quad (3.8.15)$$

在更新过程建模中，为方便表述，我们通常又将 t 时刻装备的期望更新保障需求总数 $M(t)$ 称为"更新函数"，与其相关的"更新密度函数" $m(t)$ 为

$$m(t) = \frac{\mathrm{d}[M(t)]}{\mathrm{d}t} = \frac{\mathrm{d}\left[\sum_{n=1}^{+\infty}F^{(n)}(t)\right]}{\mathrm{d}t} = \sum_{n=1}^{+\infty} f^{(n)}(t) \quad (3.8.16)$$

式中：$f^{(n)}(t)$ 代表将 $F(t)$ 卷积 $n-1$ 次后的一阶导数。

进一步,为便于读者快速实现装备供应保障需求预测中的"更新过程"建模,这里直接给出随机变量 X_i 满足两类特殊分布时的"更新过程"建模结论。

(1) 随机变量 X_i 满足"指数分布"特征,特征参数取 λ,则有

$$F^{(n)}(t) = 1 - \sum_{i=0}^{n-1} \left[\frac{(\lambda t)^i \exp(-\lambda t)}{i!} \right] \tag{3.8.17}$$

$$P[N(t)=n] = \frac{(\lambda t)^n \exp(-\lambda t)}{n!} \tag{3.8.18}$$

$$M(t) = \lambda t \tag{3.8.19}$$

$$m(t) = \lambda \tag{3.8.20}$$

(2) 随机变量 X_i 满足"正态分布"特征,均值参数取 μ,标准差参数取 σ,且 σ 远小于 μ,则有

$$F^{(n)}(t) = \Phi\left(\frac{t-n\mu}{\sigma\sqrt{n}}\right) \tag{3.8.21}$$

$$P[N(t)=n] = \Phi\left(\frac{t-n\mu}{\sigma\sqrt{n}}\right) - \Phi\left[\frac{t-(n+1)\mu}{\sigma\sqrt{n+1}}\right] \tag{3.8.22}$$

$$M(t) = \sum_{n=1}^{+\infty} \Phi\left(\frac{t-n\mu}{\sigma\sqrt{n}}\right) \tag{3.8.23}$$

$$m(t) = \frac{1}{\sigma\sqrt{n}} \sum_{n=1}^{+\infty} \Phi'\left(\frac{t-n\mu}{\sigma\sqrt{n}}\right) \tag{3.8.24}$$

式中:$\Phi(\cdot)$ 代表标准正态分布函数;$\Phi'(\cdot)$ 代表标准正态分布函数的一阶导数。

第 4 章 可靠性系统工程设计

本书第 3 章,针对串联、并联、串并混联、表决、冗余、桥联等典型装备构型系统,详述了面向任务功能的系统可靠性建模与供应保障需求预测模型构建方法,有效地解决了装备研制阶段可靠性系统工程中"量化建模"层面的核心技术问题。本章在此基础上,进一步探讨装备研制阶段可靠性系统工程中"设计分析"层面的核心技术问题,内容涵盖装备可靠性、维修性、保障性分配,故障模式、影响及危害性分析,故障树分析以及寿命周期费用分析等;旨在通过多角度多类型的设计分析,深度挖掘影响装备系统优良固有通用质量特性生成的系列技术要素,进而为装备全寿期内的研制、定型、生产、使用、保障等工作,提供坚实的技术支持。需要说明的是,与装备可靠性系统工程设计相关的可靠性预计内容,鉴于其与可靠性工程数据分析的技术关联度较大,相关数据处理方法也较为类似,笔者将其放于本书第 5 章一并论述。

4.1 可靠性分配

在装备系统的立项与研制过程中,合同甲方往往仅就所需装备的总体性能指标提出合同性要求,即提出一系列装备总体层面的可靠性、维修性、保障性性能指标要求。而合同乙方接收这些指标要求后,作为履行合同的总体技术责任单位,通常还需依据装备系统下属不同组成单元的物理结构特征和合同甲方验收的具体要求,对总体性能指标要求逐层向下分配,直至每一需要独立签订分合同的研制单元层级。分配后的性能指标要求,将被纳入总体技术责任单位与各单元研制责任单位签订的分合同,并作为单元定型与验收的重要考核依据。

工程上,实施装备系统可靠性分配的技术方法较多,这里重点介绍等分配法、AGREE 分配法、ARINC 分配法和评分分配法。

4.1.1 等分配法

等分配法适用于由 n 个任务功能单元组成的串联构型装备系统,该方法对每个任务功能单元分配同等量值的可靠性指标要求。以固有可靠度为例,等分配法作用下,装备系统的固有可靠度 $R_S(t)$ 与装备系统内置任务功能单元的固有可靠度 $R_i(t)$ 间,满足式(4.1.1)所示数学关系。

$$R_i(t) = [R_S(t)]^{\frac{1}{n}}, \quad i = 1, 2, \cdots, n \qquad (4.1.1)$$

等分配法是一类最为简单的可靠性分配方法,但其存在明显的技术短板。不同结构、不同材质、不同工艺、不同载荷环境、不同工作原理、不同使用要求的任务功能单元,对装备系统固有可用度 $R_S(t)$ 的贡献程度很可能是各不相同的,简单地将其固有可靠度进行等量值分配,显然并不尽合理。

[算例 4-1] 已知某型装备系统内置 3 个任务功能单元,其各任务功能单元间呈串联构型结构。假设研制总要求中装备系统固有可靠度 $R_S(t)$ 的指标要求为任务期内不低于 0.98,试采用等分配法分配确定该型装备系统研制过程中各任务功能单元 i 的固有可靠度 $R_i(t)$ 指标要求,$i=1,2,3$。

解:基于式(4.1.1),对该型装备系统的固有可靠度 $R_S(t)$ 进行等量值分配,有

$$R_i(t) = [R_S(t)]^{\frac{1}{3}} = 0.98^{\frac{1}{3}} = 0.9933$$

即在装备系统的研制过程中,相关任务功能单元 i 的研制责任单位应以任务期内固有可靠度 $R_i(t)$ 不低于 0.9933 作为其研制工作目标要求。

4.1.2 AGREE 分配法

AGREE(advisory group of reliability electronic equipment)分配法是一类权重因子分配法,适用于可靠性框图符合串联构型特征的复杂装备系统。AGREE 分配法假设装备系统不同任务功能单元故障后可能诱发装备系统故障的概率权重并不相同(任务功能单元自身存有多种故障模式,仅部分故障模式会直接导致装备系统层面的故障),通过建立特定任务功能单元不同技术途径层面的固有可靠度等价数学关系,进而实现装备系统可靠性指标要求的合理分配。

以由 n 个独立任务功能单元组成的复杂装备系统为例,各任务功能单元间结构满足串联构型特征,且任务功能单元 i 又由 n_i 个组部件构成,$i=1,2,\cdots,n$。假设任意任务功能单元内的每一组部件对装备系统的固有可靠度 $R_S(t)$ 贡献程度一致,且任务功能单元 i 故障后对装备系统故障的诱发概率权重为 ω_i,则有

$$1 - \omega_i[1 - R_i(t_i)] = [R_S(t)]^{\frac{n_i}{N}} \tag{4.1.2}$$

式中:N 代表装备系统的组部件总数目;t 代表装备系统的总运行时间;$R_i(t_i)$ 代表装备系统第 i 个任务功能单元的固有可靠度;t_i 代表第 i 个任务功能单元的有效运行时间。

注意:式(4.1.2)左边是基于任务功能单元对装备系统故障的诱发概率权重,解算得出的任务功能单元 i 对装备系统层级固有可靠度的量值贡献,式(4.1.2)右边是基于组部件与装备系统的故障关联逻辑,解算得出的任务功能单元 i 对装备系统层级固有可靠度的量值贡献,两者在工程可靠性分配意义上应保持等值关系。进一步,假设任务功能单元 i 的固有可靠度 $R_i(t_i)$ 满足"指数分布"特征,则有

$$R_i(t_i) = \exp\left(-\frac{t_i}{\mathrm{MTTF}_i}\right) \tag{4.1.3}$$

式中:MTTF_i 代表任务功能单元 i 拟分配的平均故障前时间。将式(4.1.3)代入式(4.1.2),有

$$1 - \omega_i\left[1 - \exp\left(-\frac{t_i}{\mathrm{MTTF}_i}\right)\right] = [R_S(t)]^{\frac{n_i}{N}} \tag{4.1.4}$$

整理后,可得

$$\mathrm{MTTF}_i = -t_i \left\langle \ln\left\{1 - \frac{1 - [R_S(t)]^{\frac{n_i}{N}}}{\omega_i}\right\}\right\rangle^{-1} \tag{4.1.5}$$

式中:$\ln(\cdot)$ 代表以 e 为底的自然对数函数。

注意:与等分配法不同,AGREE 分配法直接分配的可靠性指标是装备系统下属任务功能单元 i 的平均故障前时间 MTTF_i,而不再是固有可靠度 $R_i(t_i)$。

[算例 4-2] 已知某型装备系统内置 3 个任务功能单元,各任务功能单元间结构呈串联构型,且相关组部件构成数量 n_i、有效运行时间 t_i 以及对装备系统故障的诱发概率权重 ω_i 如表 4-1 所示。假设研制总要求中装备系统可靠性的指标要求为 600 h 任务期内固有可靠度 $R_s(t)$ 不低于 0.98,试采用 AGREE 分配法分配确定该型装备系统研制过程中各任务功能单元 i 的平均故障前时间 MTTF_i 指标要求,$i=1,2,3$。

表 4-1 某型装备系统实施可靠性分配的工程基础数据

序号	任务功能单元 i	有效运行时间 t_i/h	组部件构成数量 n_i	对装备系统故障的诱发概率权重 ω_i	装备系统组部件总数 N
1	$i=1$	600	100	1.0	230
2	$i=2$	500	80	0.8	
3	$i=3$	600	50	0.9	

解:基于式(4.1.5),利用 AGREE 分配法对该型装备系统的固有可靠度 $R_s(t)$ 进行分配,有

$$\mathrm{MTTF}_1 = -t_1 \left\langle \ln\left\{1-\frac{1-[R_s(t)]^{\frac{n_1}{N}}}{\omega_1}\right\}\right\rangle^{-1} = 68307.68 \text{ h}$$

$$\mathrm{MTTF}_2 = -t_2 \left\langle \ln\left\{1-\frac{1-[R_s(t)]^{\frac{n_2}{N}}}{\omega_2}\right\}\right\rangle^{-1} = 56872.93 \text{ h}$$

$$\mathrm{MTTF}_3 = -t_3 \left\langle \ln\left\{1-\frac{1-[R_s(t)]^{\frac{n_3}{N}}}{\omega_3}\right\}\right\rangle^{-1} = 12292.38 \text{ h}$$

4.1.3 ARINC 分配法

ARINC(aeronautical radio incorporation)分配法是在航空无线电通信领域广泛应用的一类可靠性分配法,适用于可靠性框图满足串联构型特征,且任意内置组件故障演化规律均满足"指数分布"特征的复杂装备系统。ARINC 分配法假设新研装备系统不同任务功能单元的故障率特征与以往类似任务功能单元的故障率特征基本保持一致,为此可通过参考以往类似任务功能单元的故障率历史数据,推演新研装备系统相关任务功能可能满足的可靠性指标期望,进而实现新研装备系统可靠性指标要求的合理分配。

仍以由 n 个独立任务功能单元组成的复杂装备系统为例,各任务功能单元间结构满足串联构型特征。假设任务功能单元内置组件的故障演化规律均满足"指数分布"特征,且以往类似任务功能单元的故障率历史数据可获得,则有

$$\begin{cases} \omega_i = \dfrac{\lambda_{i\text{-past}}}{\sum\limits_{i=1}^{n}\lambda_{i\text{-past}}} \\ \lambda_{i\text{-new}} = \omega_i \lambda_s \end{cases} \quad (4.1.6)$$

式中:$\lambda_{i\text{-past}}$ 代表以往类似第 i 个任务功能单元的故障率;ω_i 代表第 i 个任务功能单元在新研装备系统可靠性分配中所占的权重比例;λ_s 代表新研装备系统的故障率;$\lambda_{i\text{-new}}$ 代表新研装备系统第 i 个任务功能单元拟分配的故障率,$i=1,2,\cdots,n$。

[算例 4-3] 已知某型装备系统内置 3 个任务功能单元,各任务功能单元间结构满足串

联构型特征,且以往类似任务功能单元的故障率分别为 $\lambda_{1\text{-past}}=0.003$,$\lambda_{2\text{-past}}=0.006$,$\lambda_{3\text{-past}}=0.005$。假设研制总要求中该型装备系统可靠性的指标要求为 120 h 任务期内固有可靠度 $R_S(t)$ 不低于 0.92,试采用 ARINC 分配法分配确定该型装备系统研制过程中各任务功能单元 i 的固有可靠度 $R_i(t)$ 指标要求,$i=1,2,3$。

解: 首先,将该型装备系统 120 h 任务期内的固有可靠度 $R_S(t)$ 指标转换为装备系统的故障率 λ_S 指标,则有

$$\lambda_S = -\frac{\ln[R_S(120)]}{120} = -\frac{\ln(0.92)}{120} = 0.0006949$$

其次,基于式(4.1.6),利用 ARINC 分配法对该型装备系统的故障率 λ_S 进行分配,可得相关任务功能单元 i 的故障率 $\lambda_{i\text{-new}}$ 分配值分别为

$$\lambda_{1\text{-new}} = \omega_1 \lambda_S = \frac{\lambda_{1\text{-past}}}{\sum_{i=1}^{3}\lambda_{i\text{-past}}}\lambda_S = \frac{0.003}{0.003+0.006+0.005} \times 0.0006949 = 0.0001489$$

$$\lambda_{2\text{-new}} = \omega_2 \lambda_S = \frac{\lambda_{2\text{-past}}}{\sum_{i=1}^{3}\lambda_{i\text{-past}}}\lambda_S = \frac{0.006}{0.003+0.006+0.005} \times 0.0006949 = 0.0002978$$

$$\lambda_{3\text{-new}} = \omega_3 \lambda_S = \frac{\lambda_{3\text{-past}}}{\sum_{i=1}^{3}\lambda_{i\text{-past}}}\lambda_S = \frac{0.005}{0.003+0.006+0.005} \times 0.0006949 = 0.0002482$$

最后,依据指数分布函数特征可得相关任务功能单元 i 的固有可靠度 $R_i(t)$ 分配值,分别为

$$R_1(120) = \exp(-0.0001489 \times 120) = 0.9823$$
$$R_2(120) = \exp(-0.0002978 \times 120) = 0.9649$$
$$R_3(120) = \exp(-0.0002482 \times 120) = 0.9707$$

4.1.4 评分分配法

评分分配法也称"综合分配因子"分配法,其通过罗列影响装备系统可靠特性生成的诸项关键因素,并针对不同任务单元逐一实施"因素符合性层面"的综合评分,进而依据不同评分间的"量值势差",实现装备系统可靠性指标要求的合理分配。

仍以由 n 个独立任务功能单元组成的复杂装备系统为例,各任务功能单元间结构满足串联构型特征。假设影响装备系统可靠特性生成的关键因素主要包括结构复杂程度 I_1、技术成熟程度 I_2、任务工作时间长度 I_3 和环境载荷条件 I_4 等,且不同因素的符合性评分准则如表 4-2、表 4-3、表 4-4、表 4-5 所示。表 4-2~表 4-5 中,符合性评分越高,预示相关任务功能单元的可靠特性越差,即应予分配较高的故障率或较低的固有可靠度。

表 4-2 结构复杂程度 I_1 符合性评分准则

序号	评分区间	评分说明
1	9~10	被评单元内置组件或元器件数量/同级被评单元内置组件或元器件最大数量 $\in (0.9,1]$
2	7~8	被评单元内置组件或元器件数量/同级被评单元内置组件或元器件最大数量 $\in (0.7,0.9]$

序号	评分区间	评分说明
3	5～6	被评单元内置组件或元器件数量/同级被评单元内置组件或元器件最大数量 $\in (0.4, 0.7]$
4	3～4	被评单元内置组件或元器件数量/同级被评单元内置组件或元器件最大数量 $\in (0.2, 0.4]$
5	1～2	被评单元内置组件或元器件数量/同级被评单元内置组件或元器件最大数量 $\in (0, 0.2]$

表 4-3 技术成熟程度 I_2 符合性评分准则

序号	评分区间	评分说明
1	9～10	被评单元涉及的工程技术，已在基本原理与技术概念层次得以充分掌握
2	7～8	被评单元涉及的关键技术，已在装备系统运行的类似理想环境中得以成功通过概念性验证
3	5～6	被评单元涉及的关键技术，已在装备系统运行的类似理想环境中得以成功通过试验验证
4	3～4	被评单元涉及的关键技术，已在装备系统运行的实际工作环境中得以成功通过试验验证
5	1～2	被评单元涉及的关键技术，已在现役装备系统工程案例中得以大量成功应用

表 4-4 任务工作时间长度 I_3 符合性评分准则

序号	评分区间	评分说明
1	9～10	被评单元任务工作时间/同级被评单元任务工作时间最大值 $\in (0.9, 1]$
2	7～8	被评单元任务工作时间/同级被评单元任务工作时间最大值 $\in (0.7, 0.9]$
3	5～6	被评单元任务工作时间/同级被评单元任务工作时间最大值 $\in (0.4, 0.7]$
4	3～4	被评单元任务工作时间/同级被评单元任务工作时间最大值 $\in (0.2, 0.4]$
5	1～2	被评单元任务工作时间/同级被评单元任务工作时间最大值 $\in (0, 0.2]$

表 4-5 环境载荷条件 I_4 符合性评分准则

序号	评分区间	评分说明	备注
1	9～10	被评单元任务工作环境恶劣	涉及的环境载荷一般包括温度、湿度、盐度、辐射、振动、周期冲击、环境应力等
2	7～8	被评单元任务工作环境较恶劣	
3	5～6	被评单元任务工作环境适中	
4	3～4	被评单元任务工作环境较好	
5	1～2	被评单元任务工作环境很好	

完成装备系统任务功能单元不同因素层面的符合性评分后，即可计算获得装备系统的可靠性综合分配因子 η_i，其具体取值由式(4.1.7)确定。

$$\eta_i = \frac{\prod_{j=1}^{m} \beta_{ij}}{\sum_{i=1}^{n} \prod_{j=1}^{m} \beta_{ij}} \qquad (4.1.7)$$

式中:β_{ij}代表装备系统第i个任务功能单元的第j项关键因素的符合性评分量值,$i=1,2,\cdots,n$,$j=1,2,\cdots,m$;n代表装备系统内含任务功能单元的总数目;m代表影响装备系统可靠特性生成的关键因素的总数目。

继而,可得基于评分分配法的装备系统可靠性分配表达式,如下:

$$h_i(t)=\eta_i h_S(t) \tag{4.1.8}$$

式中:$h_S(t)$代表装备系统的风险率;$h_i(t)$代表装备系统第i个任务功能单元拟分配的风险率。

[**算例 4-4**] 已知某型单炉汽轮机组由锅炉(单元1)、涡轮增压机组(单元2)和汽轮机(单元3)组成,相关可靠性框图如图 4-1 所示。假设研制总要求中该型汽轮机组可靠性的指标要求为 120 h 任务期内风险率 $h_S(t)$ 不高于 0.009,寿命单位取 h,且影响汽轮机组可靠特性生成的关键因素分别为结构复杂程度、技术成熟程度、任务工作时间长度和环境载荷条件,相应因素的符合性评分准则仍遵循表 4-2、表 4-3、表 4-4、表 4-5 所列,具体评分结果如表 4-6 所示。试采用评分分配法分配确定该型汽轮机组研制过程中锅炉、涡轮增压机组、汽轮机 3 个任务功能单元的风险率 $h_i(t)$ 指标要求,$i=1,2,3$。

图 4-1 单炉汽轮机组的可靠性框图

表 4-6 汽轮机组不同任务功能单元的关键因素条目符合性评分结果

序号	任务功能单元	结构复杂程度	技术成熟程度	任务工作时间长度	环境载荷条件	$\prod_{j=1}^{4}\beta_{ij}$
1	锅炉	$\beta_{11}=4$	$\beta_{12}=2$	$\beta_{13}=10$	$\beta_{14}=6$	480
2	涡轮增压机组	$\beta_{21}=7$	$\beta_{22}=2$	$\beta_{23}=10$	$\beta_{24}=8$	1120
3	汽轮机	$\beta_{31}=10$	$\beta_{32}=2$	$\beta_{33}=8$	$\beta_{34}=10$	1600
4			$\sum_{i=1}^{3}\prod_{j=1}^{4}\beta_{ij}$			3200

解:基于表 4-6 所列的诸项关键因素符合性评分结果,依据式(4.1.7),可知该型汽轮机组不同任务功能单元 i 的综合分配因子 η_i 分别为

$$\eta_1=\frac{480}{3200}=0.15$$

$$\eta_2=\frac{1120}{3200}=0.35$$

$$\eta_3=\frac{1600}{3200}=0.5$$

继而,基于式(4.1.8),可知锅炉、涡轮增压机组、汽轮机 3 个任务功能单元 120 h 任务期内拟分配的风险率 $h_i(t)$ 分别为

$$h_1(t)=0.15\times 0.009=0.00135$$

$$h_2(t)=0.35\times 0.009=0.00315$$

$$h_3(t)=0.5\times 0.009=0.0045$$

4.2 维修性分配

与可靠性分配类似,合同乙方接收装备维修性指标后,作为履行合同的总体技术责任单位,也会将其逐层向下分配,并将分配后的维修性指标,纳入总体技术责任单位与各单元研制责任单位签订的分合同,并将其作为单元定型与验收的重要考核依据。但需要注意的是,维修性分配过程往往并不是完全独立开展的,对于已有明确可用性要求的装备系统,维修性分配过程大多是伴生于可靠性分配过程的一类"被动"分配过程,即可靠性分配的结果一定程度上直接决定了维修性分配的结果。

仍以由 n 个独立任务功能单元组成的复杂装备系统为例,假设任务功能单元 i 的可用性和可靠性均已按照合同要求先期完成分配,则相关可用性参数、可靠性参数与维修性参数分配指标间应满足如下数学关系:

$$A_i = \frac{\text{MTTF}_i}{\text{MTTF}_i + \text{MTTR}_i} \tag{4.2.1}$$

式中:A_i 代表装备系统第 i 个任务功能单元拟分配的固有可用度;MTTF_i 代表装备系统第 i 个任务功能单元拟分配的平均故障前时间;MTTR_i 代表装备系统第 i 个任务功能单元拟分配的平均修复时间。整理可得

$$\text{MTTR}_i = \frac{1-A_i}{A_i} \times \text{MTTF}_i \tag{4.2.2}$$

分析式(4.2.2)的数值关联易知,在完成装备系统任务功能单元 i 的可用性和可靠性相关参数指标分配的前提下,与该任务功能单元相关的维修性参数指标的分配工作实际上也已被动地同步完成。进一步,如果任务功能单元 i 的可靠特性满足"指数分布"演化特征,式(4.2.2)又可写为

$$\text{MTTR}_i = \frac{1-A_i}{A_i} \times \frac{1}{\lambda_i} \tag{4.2.3}$$

式中:λ_i 代表装备系统第 i 个任务功能单元拟分配的故障率。

[**算例 4-5**] 已知某型装备系统由 3 个任务功能单元组成,且研制过程中相关任务功能单元 i 的可用性和可靠性参数指标先期分配情况如表 4-7 所示。假设选择平均修复时间 MTTR 作为该型装备系统各任务功能单元的维修性参数,试基于已有的可用性与可靠性分配信息,完成任务功能单元 i 的平均修复时间 MTTR_i 指标分配,$i=1,2,3$。

表 4-7 装备系统不同任务功能单元的可用性和可靠性先期分配情况

序号	任务功能单元	固有可用度 A_i	平均故障前时间 MTTF_i
1	单元 1	0.998	16000 h
2	单元 2	0.997	24000 h
3	单元 3	0.999	36000 h

解:鉴于相关任务功能单元 i 的可用性和可靠性已先期完成分配,且分配参数选择固有可用度 A_i 和平均故障前时间 MTTF_i,为此基于式(4.2.2)有

$$\text{MTTR}_1 = \frac{1-A_1}{A_1} \times \text{MTTF}_1 = 32.06 \text{ h}$$

$$\mathrm{MTTR}_2 = \frac{1-A_2}{A_2} \times \mathrm{MTTF}_2 = 72.22 \text{ h}$$

$$\mathrm{MTTR}_3 = \frac{1-A_3}{A_3} \times \mathrm{MTTF}_3 = 36.04 \text{ h}$$

4.3 保障性分配

鉴于与装备保障性分配密切相关的供应保障时间、管理延误时间等参数指标,在现实工程中往往均是针对装备系统总体而言的,为此装备系统的保障性分配工作,通常仅在装备系统的总体层面开展,并不再将相关参数指标逐层分配到任务功能单元层面。与装备维修性的分配过程类似,装备保障性的分配过程也是一类"被动"分配过程,即保障性分配的结果一定程度上直接取决于装备系统总体层面的可靠性与维修性分配结果。

如果装备系统总体层面的可靠性与维修性均已按照合同要求先期完成分配,则相关可靠性参数、维修性参数与保障性参数分配指标间应满足如下数学关系:

$$A_\circ = \frac{\mathrm{MTTF}}{\mathrm{MTTF}+\mathrm{MTTR}+\mathrm{MLDT}} \tag{4.3.1}$$

式中:$A_\circ$ 代表研制总要求中装备系统的使用可用度;MTTF 代表装备系统拟分配的平均故障前时间;MTTR 代表装备系统拟分配的平均修复时间;MLDT 代表装备系统拟分配的平均保障延误时间。进一步,整理可得

$$\mathrm{MLDT} = \left(\frac{1-A_\circ}{A_\circ} \times \mathrm{MTTF}\right) - \mathrm{MTTR} \tag{4.3.2}$$

分析式(4.3.2)的数值关联易知,在已知装备系统的使用可用度 $A_\circ$ 要求,并完成装备系统可靠性和维修性相关参数指标分配的前提下,装备系统保障性参数指标的分配工作实际上也已被动地同步完成。

4.4 故障模式、影响及危害性分析

故障模式、影响及危害性分析 FMECA(failure mode effects and criticality analysis)是在装备(装备系统)研制设计过程中,通过对装备组成单元潜在的各种故障模式及其对装备功能的影响进行分析,并将每一个潜在故障模式按其故障影响的严酷程度和危害性分类,提出可以采取的改进与补偿措施,以实现装备可靠性增长的一种保障性分析技术[24,25]。与前述章节论述的可靠性系统工程的建模与分配技术内容不同,故障模式、影响及危害性分析以"定性"层面的工程技术分析为主,不过多依赖"定量"层面的数值解算,即故障模式、影响及危害性分析往往更关注装备局部足够颗粒度的故障模式、故障原因、故障后果以及能够有效抑制故障发生的可行性举措,而对于如何探寻符合特定工程统计特征的装备故障随机演化规律并不做过多讨论。

故障模式、影响及危害性分析主要包括故障模式分析、故障影响分析和危害性分析 3 个板块的技术分析内容。其中:故障模式分析主要分析罗列装备不同功能单元、组部件(或组成部位)、元器件(或零部件)可能潜在的各种故障模式及其故障诱发原因;故障影响分析主要针对故障模式分析中罗列出的每一种故障模式,分析明确相关故障模式发生后可能导致的系列不良影响与严重后果;危害性分析则在故障影响分析的基础上,进一步综合分析不同故障模式在装备任

务使用期内发生的潜在概率等级,以及发生后可能导致的装备安全与人员安全危害程度。

故障模式、影响及危害性分析的最终目的是在装备研制阶段充分挖掘装备设计层面的潜在缺陷与不可接受的风险事件,进而分析明确可用于消除或改进缺陷、抑制风险事件发生或降低风险后果的有效技术举措。故障模式、影响及危害性分析工作是一项工作量巨大且需在装备研制阶段的全过程中多次进行、反复迭代的烦琐性技术分析工作。开展装备的故障模式、影响及危害性分析,虽然需要耗费大量的时间、人力和财力,但从分析可获得的潜在设计优化成效看,无论是在改良装备完好技术状态方面,还是在提升装备遂行任务能力方面,乃至在优化装备全寿期费用管理方面,故障模式、影响及危害性分析都发挥着不可替代的重要技术促进作用。为此,故障模式、影响及危害性分析已被纳为现代大型复杂工业产品研制过程所必须强制开展的一项技术分析工作,并形成了系列的工业标准化分析要求[26-29]。

针对故障模式、影响及危害性分析的诸多技术细节内容,笔者已在《装备综合保障工程基础》[13]中详尽论述,本书仅就故障模式、影响及危害性分析的基本程序与典型分析样例,进行概略说明。

4.4.1 分析程序

开展装备故障模式、影响及危害性分析的基本程序如下:系统定义→功能分析→约定分析层级→故障模式分析→故障原因分析→故障影响分析→故障概率分析→故障可探测性分析→故障危害性分析→设计改进与使用补偿措施分析。

1. 系统定义

系统定义主要用于明确装备的逻辑结构组成、任务功能要求以及任务工作剖面等技术信息。其中,"逻辑结构组成"通常以"表格"形式体现。一类典型的装备逻辑结构组成表如表 4-8 所示。

表 4-8 装备逻辑结构组成表(示例)

组成编码	名称	标准号/型号/图号	单机数量	计量单位	特别标识	可靠性与维修性信息	备注
01	装备/装备系统						
0101	分系统						
010102	设备						
01010201	组件						
010102010304	部件						
01010201030402	元器件/零部件						

表 4-8 中:逻辑结构组成信息的颗粒度应细化至装备系统的每一监视与操控部件(部位)以及每一最小可更换单元(需检修部位);"组成编码"应按统一规范的编码体系结构编写,并由编码位数体现不同结构单元间的逻辑关联;"特别标识"应能直接反映装备组成中的关重件、限寿件、可更换单元、需监视与操控部件、需检修部位等重要属性信息;"可靠性与维修性信息"应足够翔实、准确,可为科学界定装备的维修工作项目类型和维修工作间隔期提供基础解算信息支撑。

"任务功能要求"主要说明装备总体层面所应完成的翔实任务功能内容。对于有多项任务功能要求的装备,应逐一分别给出说明;对于完成任务功能有特定量化指标要求的装备,应同步给出相关指标的量化区间范围。任务功能要求是故障模式、影响及危害性分析中判别装备故障最终影响的重要对标信息,也是影响装备故障严酷度类别界定的关键要素。

"任务工作剖面"主要说明装备完成规定任务功能要求所需经历的事件时序和环境时序,通常以"线段图"的形式体现。一类典型的装备系统任务剖面图如图4-2所示。任务工作剖面是科学实施装备故障模式、影响及危害性分析的基本前提,也是科学评判装备能否圆满完成任务功能要求的重要依据,即装备需要在特定的事件时序和环境时序约束下完成预期的任务功能要求才能视为"无故障"状态。

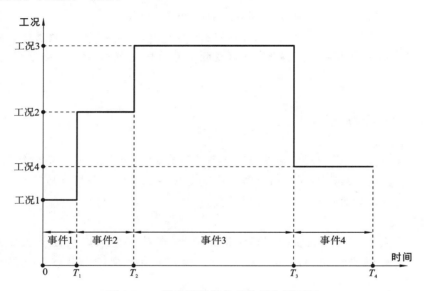

图4-2 一类典型的装备系统任务剖面图

2. 功能分析

功能分析主要用于在系统定义的基础上,进一步解构装备各内置组成单元的具体功能用途以及任务功能传递关系,进而为后续"故障模式分析"与"故障影响分析"中详细评判不同内置组成单元的故障模式和多层级故障影响提供判据信息输入。装备功能分析通常以"功能分析表"和"功能分析图"的形式体现。其中,一类典型的装备功能分析表如表4-9所示。

表4-9 装备功能分析表

组成编码	名称	功能	故障判据
……	……	……	……
010102	设备	[具体说明该层级分析单元的功能用途,以及其与紧邻上一层级分析单元的接口交互关联]	[具体说明该层级分析单元功能正常的性能指标量化评判标准,如果不易量化,应给出内容详尽的定性评判说明]
……	……	……	……

装备功能分析图以"逻辑框图"反映装备不同内置组成单元间的任务功能传递关系,在同等结构颗粒度刻画要求的情形下,装备的功能分析图近似等价于装备的任务功能可靠性框图。一类典型的装备功能分析图如图4-3所示。

图 4-3　装备功能分析图

3. 约定分析层级

工程上，将明确装备故障模式、影响及危害性分析具体对象的过程称为约定分析层级。对于大型装备复杂系统而言，故障模式、影响及危害性分析的约定层级，既可以是装备系统总体、分系统，也可以是设备、组部件、元器件（零部件）等。此外，在装备研制的不同阶段，由于可获取的设计分析信息源与信息详尽程度不同，开展故障模式、影响及危害性分析的约定分析层级也不尽相同。通常在装备研制的早期阶段（方案设计），可供设计人员搜集与利用的信息源极其有限，此时故障模式、影响及危害性分析的约定层级定位于"分系统"层级；随着研制工作的持续推进，在装备研制的中（后）期阶段（技术设计），可供设计人员搜集和利用的信息源逐步丰富，设计状态也逐步固化，此时故障模式、影响及危害性分析的约定层级可调整定位于"设备"层级或"组部件"层级。

需要说明的是，不同约定层级的故障模式、影响及危害性分析方法也各不相同。"分系统"层级的故障模式、影响及危害性分析一般采用"功能分析法"，而"设备"层级或"组部件"层级的故障模式、影响及危害性分析一般采用"硬件分析法"。其中，"功能分析法"主要围绕装备各分系统预期任务功能丧失后的故障影响开展分析，并不过多关注装备硬件结构层次的故障模式、故障影响及其改进完善问题；而"硬件分析法"直接面向装备所属各设备、组部件、元器件（零部件）的硬件故障模式、故障原因、故障影响及其改进完善措施开展分析，分析结果将直接影响装备的工程设计输出及其配套保障系统建设。

注意：此处所述约定分析层级严格意义上是指"既定约定层级"，并非"初始约定层级"和"最低约定层级"[25]。工程上，"初始约定层级"一般定位于装备总体，而"最低约定层级"通常视"既定约定层级"的分析详尽程度而定。对于"设备"层级或"组部件"层级的故障模式、影响及危害性分析，"最低约定层级"一般定位于元器件（零部件）。

4. 故障模式分析

在完成系统定义、功能分析、约定分析层级等技术准备工作后，即可依次开展装备的故障模式分析、原因分析、影响分析、概率分析、可探测性分析、危害性分析以及设计改进与使用补偿措施分析。

装备故障模式分析是装备故障模式、影响及危害性分析中最为核心的基础性工作，主要用于解构装备在使用过程中可能潜在的故障模式"全集"，并为后续开展装备故障影响分析、危害性分析等其他各类配套分析工作提供前序基础信息输入。

故障模式指"故障的具体表现形式"，也可视为对故障现象的规范化表述。对于采用"功能分析法"实施故障模式、影响及危害性分析的情形，故障模式大体可表述为"××功能丧失""××功能下降""××不能在规定限制时间内迅速完成预期功能""××不能在规定时间内持续保持预期功能"，等等。对于采用"硬件分析法"实施故障模式、影响及危害性分析的情形，故障模式表述内容通常视装备内置组件的具体硬件类别确定。常见的硬件类别包括机械、电气电子、液压等，与之相关的硬件故障模式如表 4-10 所示。

表 4-10　几类常见的硬件故障模式

序号	硬件类别	故障模式	序号	硬件类别	故障模式	序号	硬件类别	故障模式
1	机械	磨损	6	电气电子	短路	11	液压	密封件损坏
2		疲劳	7		断路	12		工质过热
3		异常形变	8		过流	13		载体裂纹
4		腐蚀	9		触点脱落	14		压力失调
5		断裂	10		绝缘失效	15		管路阀件损伤

5. 故障原因分析

装备故障原因分析指对"引起装备各类故障模式发生的直接或间接因素"进行分析。其中,直接因素一般指"诱发故障模式发生的物理或化学过程",间接因素一般指"诱发故障模式发生的误操作、错误装配、潜在设计缺陷"等。装备故障原因分析通常针对"每一条独立的装备故障模式分析记录"开展,两者之间既可以是"一对一"的关系,也可以是"一对多"的关系。

6. 故障影响分析

装备故障影响分析指对"特定装备故障模式导致的有关装备任务功能发挥或技术状态保持层面的直接或间接后果"进行分析。按照影响层级区分,故障影响又可分为局部影响、高一层次影响和最终影响。其中,局部影响指"故障模式对当前约定层级分析单元的故障影响",高一层次影响指"故障模式对当前约定层级的紧邻上一约定层级分析单元的故障影响",最终影响指"故障模式对初始约定层级分析单元的故障影响"。

工程上,将"故障模式产生故障影响的严重程度"称为严酷度,并以故障模式的"最终影响"作为评判装备故障模式严酷度类别的重要依据。一类常见的装备故障模式严酷度类别评判方法如表 4-11 所示。

表 4-11　故障模式严酷度类别评判方法

严酷度类别	故障模式影响程度	评判依据	量化评分
Ⅰ	灾难性	故障模式发生后,最终会导致人员死亡或系统(装备、设备)毁坏(已不具备修复可能)的灾难性故障影响	9,10
Ⅱ	致命性	故障模式发生后,最终会导致人员严重伤害或系统(装备、设备)重要任务功能丧失(短期不具备修复可能,影响任务执行)或重大经济损失的致命性故障影响	7,8
Ⅲ	中等	故障模式发生后,最终会导致人员轻度伤害或系统(装备、设备)部分任务功能丧失(短期具备修复可能,但会导致任务延误)或一定经济损失的中等故障影响	4,5,6
Ⅳ	轻度	故障模式发生后,不足以导致人员伤害或系统(装备、设备)任务功能丧失或一定经济损失的轻度故障影响,但会导致非计划性维护或修理	1,2,3

7. 故障概率分析

装备故障概率分析指对"装备故障事件发生在统计意义上的量化取值"进行分析。工程上,装备的故障概率主要体现为装备各项故障模式的发生概率。为便于实施工程评价与风险管控,在故障模式、影响及危害性分析中,通常使用"故障模式发生概率等级"近似替代"故障模式发生概率"。一类常见的装备故障模式发生概率等级评判方法如表 4-12 所示。

表 4-12 故障模式发生概率等级评判方法

概率等级	概率特征	评判依据	量化评分
A	经常发生	故障模式发生概率处于十分之一级别,或每工作几十小时、几十次便可能故障一次	9,10
B	有时发生	故障模式发生概率处于百分之一级别,或每工作几百小时、几百次便可能故障一次	7,8
C	偶然发生	故障模式发生概率处于千分之一级别,或每工作几千小时、几千次便可能故障一次	4,5,6
D	很少发生	故障模式发生概率处于万分之一级别,或每工作几万小时、几万次便可能故障一次	3
E	极少发生	故障模式发生概率处于十万分之一级别,或每工作几十万小时、几十万次便可能故障一次	2
F	几乎不发生	故障模式发生概率低于概率等级 E 的其他情况	1

8. 故障可探测性分析

装备故障可探测性分析指对"装备故障事件发生前可被采用某种有效工程技术手段预先发现的固有属性"进行分析。类似地,为便于实施工程评价与风险管控,通常使用"故障模式检测难易程度等级"分析评判装备不同故障模式的可探测性。一类常见的装备故障模式检测难易程度等级评判方法如表 4-13 所示。

表 4-13 故障模式检测难易程度等级评判方法

检测难易程度等级	评判依据(检测保障资源配备充足)	量化评分
完全不能	故障模式不能检测或不可能进行检测	7
很难	相关故障模式很难检测,例如打开机体槽盖板后,仍需执行进一步的拆解、定位等复杂操作并需经专业检测后才可发现	6
难	相关故障模式较难检测,例如打开机体槽盖板后,仍需执行进一步的拆解、定位等复杂操作后才可检测发现	5
中	相关故障模式难以检测,例如打开机体槽盖板后,仍需使用专用工具进行检测或测量后才能发现	4
容易	相关故障模式较易检测,例如打开机体槽盖板后即可立即发现	3
很容易	相关故障模式易于检测,只需使用常用工具检测或测量即可发现	2
极其容易	相关故障模式极易检测,故障发生后无须测量即可发现	1

需要说明的是,故障可探测性的评判往往与可利用的有效故障检测方法密切相关。工程上常见的故障检测方法包括目视检查、人工检测、健康管理系统在线监测等。

9. 故障危害性分析

故障危害性分析建立在故障影响分析、故障概率分析和故障可探测性分析的基础上,用于更为全面地评价各种故障影响对装备任务功能发挥或技术状态保持的综合后果。工程上,一般采用计算"风险优先数"或绘制"危害度矩阵"两种方法实现针对装备不同故障模式的危害性分析。经计算或逻辑排序,对于风险优先数量值较大或危害度类别排序较靠前的故障模式,通常应在装备研制过程中,通过更改设计或采取其他有效抑制举措等优先消除。

一类常见的装备故障模式"风险优先数"计算方法如式(4.4.1)所示。

$$RPN = ESR \times OPR \times DDR \qquad (4.4.1)$$

式中：RPN(risk priority number)代表故障模式的风险优先数；ESR(effect severity ranking)代表故障模式的严酷度类别评分，相关评分换算准则见表4-11；OPR(occurrence probability ranking)代表故障模式的发生概率等级评分，相关评分换算准则见表4-12；DDR(detection difficulty ranking)代表故障模式的检测难易程度等级评分，相关评分换算准则见表4-13。

一类常见的装备故障模式"危害度矩阵"绘制方法如图4-4所示。自危害度矩阵中的故障模式分布点(图4-4中的 M_1 点和 M_2 点)向危害度矩阵的对角线作垂线，该垂线与对角线交点距危害度矩阵圆点 O 的距离越远，相关故障模式的危害度类别排序越靠前，越需在装备研制过程中优先考虑消除。

10. 设计改进与使用补偿措施分析

在完成装备的故障影响分析、概率分析、可探测性分析和危害性分析，并明确了相关故障模式的严酷度类别和危害度类别排序后，为确保装备研制中的故障报告、分析与纠正措施系统FRACAS(failure reporting and corrective action system)形成闭环，进而实现新研装备的固有可靠性持续增长，还需针对分析中确定的各类潜在的高严酷度和高危害度故障模式，开展设计改进与使用补偿措施分析工作。

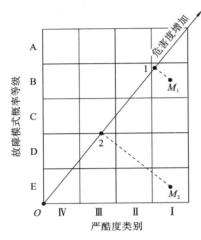

图4-4 故障模式危害度矩阵图

设计改进措施分析主要对"可用于有效规避故障模式发生或降低故障模式发生概率或降低故障模式发生后影响程度的相关工程设计层面的技术改进措施"进行分析。比较常见的设计改进措施包括采用冗余设计结构、采用降额设计结构、采用热设计结构、采用安全或替换旁路设计结构、执行高标准的零部件或元器件选择与控制、选择高品质的基础材料、引入高品质的生产制造工艺等。

使用补偿措施分析主要对"可用于有效规避故障模式发生或降低故障模式发生概率或降低故障模式发生后影响程度的相关装备操作使用层面的日常例行补偿措施"进行分析。比较常见的使用补偿措施包括限制高强度环境下装备持续使用的极限时间(达到或接近极限运行时间时,强制停机休整)、强制执行的应急操作处置流程(纳入装备操作使用日常训练范围)、强制执行的装备现场人员应急撤离要求等。

4.4.2 故障模式与影响分析案例

为便于读者消化、理解前述装备故障模式、影响及危害性分析的诸项技术内容，这里引入某型处于研制阶段的船用推进装置进行案例说明。该型船用推进装置由机械部分、液压部分和电气部分组成，且各部分在执行推进装置任务功能层面属于串联构型关系。假设开展该型推进装置故障模式、影响及危害性分析遵循的故障模式严酷度类别、故障模式发生概率等级、故障模式检测难易程度等级评判方法完全沿用表4-11、表4-12、表4-13所列的技术标准，则该型船用推进装置机械部分、液压部分和电气部分的故障模式与影响分析结果如表4-14、表4-15、表4-16所示。

初始约定层级：×××推进装置
约定层级：推进装置机械部分

表 4-14 ×××推进装置故障模式与影响分析表（机械部分，有裁剪）

组成编码	功能及编码			故障模式及编码		故障原因及编码		任务阶段	故障影响			严酷度类别
	名称	编号	功能	编号	模式	编号	原因	与工作方式	局部影响	高一层次影响	最终影响	
0101	螺旋桨	1	将原动机输出功率转化为推力并传递给桨轴	1A	异常耗损	1A1	恶劣环境长期使用	全任务阶段	螺旋桨水动力性能劣化	推进装置本体异常振动	推进装置任务功能可靠性降低	Ⅲ
				1B	局部损伤	1B1	异常外力冲击作用	全任务阶段	螺旋桨水动力性能丧失	推进装置本体异常振动	推进装置任务重要功能丧失	Ⅱ
0102	桨轴	1	为轴系传递推力和扭矩	1A	异常形变	1A1	恶劣环境长期使用	全任务阶段	推力和扭矩传递失稳	推进装置本体异常振动	推进装置任务功能可靠性降低	Ⅲ
0103	输入轴	1	为轴系传递扭矩	1A	异常形变	1A1	恶劣环境长期使用	全任务阶段	扭矩传递失稳	推进装置本体异常振动	推进装置任务功能可靠性降低	Ⅲ
0104	双十字万向节	1	在齿轮箱和推进装置间传递扭矩；确保特定转速与角度下，推进装置获得特定推力和扭矩	1A	异常形变	1A1	恶劣环境长期使用	全任务阶段	扭矩传递失稳	推进装置本体异常振动	推进装置任务功能可靠性降低	Ⅲ
				1B	局部损伤	1B1	异常外力冲击作用	全任务阶段	无法传递扭矩	推进装置得不到预期动力扭矩	推进装置任务重要功能丧失	Ⅱ
……	……	……	……	……	……	……	……	……	……	……	……	……

表 4-15 ×××推进装置故障模式与影响分析表（液压部分，有裁剪）

初始约定层级：×××推进装置
约定层级：推进装置液压部分

组成编码	名称	功能及编码		故障模式及编码		故障原因及编码		任务阶段	故障影响			严酷度类别
		编号	功能	编号	模式	编号	原因	与工作方式	局部影响	高一层次影响	最终影响	
0201	液压动力泵	1	为转舵油缸组件提供液压动力	1A	功率过低	1A1	恶劣环境长期使用	全任务阶段	输出泵不能持续满足转舵油缸压力要求	液压系统任务功能可靠性降低	推进装置任务功能可靠性降低	Ⅲ
				1B	无泵压输出	1B1	动力泵核心组件损坏	全任务阶段	液压动力供应功能丧失	液压系统任务功能丧失	推进装置重要任务功能丧失	Ⅱ
0202	方向舵	1	将方向盘的操作信号转换为转舵油缸的动作信号	1A	内置转向器损坏	1A1	异常外力冲击作用	全任务阶段	方向盘操作信号无法转换为转舵油缸动作信号	液压系统任务功能部分丧失	推进装置部分功能丧失	Ⅲ
				1B	内置方向柱异常形变	1B1	恶劣环境长期使用	全任务阶段	方向盘精准操作信号无法转换为转舵油缸动作信号	液压系统任务功能可靠性降低	推进装置任务功能可靠性降低	Ⅳ
0203	冷却器	1	为任务期同工作的液压油降温	1A	冷却交换通路阻塞	1A1	冷热交换工质流速过低	全任务阶段	冷却功效下降	液压系统任务功能可靠性降低	推进装置任务功能可靠性降低	Ⅳ
						1A2	冷却通路留滞异物过多	全任务阶段	冷却功效下降	液压系统任务功能可靠性降低	推进装置任务功能可靠性降低	Ⅳ
0204	液压胶管	1	连接各液压油路组件单元	1A	胶管损漏	1A1	恶劣环境长期使用	全任务阶段	任务用油欠缺	液压系统任务功能可靠性降低	推进装置任务功能可靠性降低	Ⅳ
……	……	……	……	……	……	……	……	……	……	……	……	……

初始约定层级：×××推进装置
约定层级：推进装置电气部分

表 4-16 ×××推进装置故障模式与影响分析表（电气部分，有裁剪）

组成编码	功能及编码			故障模式及编码		故障原因及编码		任务阶段	故障影响			严酷度类别
	名称	编号	功能	编号	模式	编号	原因	与工作方式	局部影响	高一层次影响	最终影响	
0301	集成PLC	1	用于实现半浸桨任务功能期间集成控制逻辑与信号的高效管理	1A	内嵌核心元器件损坏	1A1	电载荷环境应力长期过高	全任务阶段	集成控制逻辑与控制信号的管理功能丧失	电控系统控制功能丧失	推进装置任务期间电控功能丧失	Ⅱ
0302	开关电源	1	用于实现高频化的电能转化、输出满足任务功能需求的电压与电流	1A	核心组件损坏	1A1	载荷电流过流	全任务阶段	无法实现预期电能转化，进而无法输出满足任务功能需求的电压与电流	电控系统控制功能丧失	推进装置任务期间电控功能丧失	Ⅲ
0303	断路器	1	用于有效分配电能载荷，科学管理载荷电路接通或切断状态	1A	核心组件损坏	1A1	载荷电流过流	全任务阶段	电能载荷分配管理功能丧失	电控系统部分控制功能丧失	推进装置任务期间部分电控功能丧失	Ⅲ
0304	继电器	1	用于有效实现电控制信号的逻辑时序管理	1A	核心组件损坏	1A1	载荷电流过流	全任务阶段	电控信号逻辑时序管理功能丧失	电控系统部分控制功能丧失	推进装置任务期间部分电控功能丧失	Ⅲ

续表

组成编码	名称	功能及编码		故障模式及编码		故障原因及编码		任务阶段与工作方式	故障影响			严酷度类别
		编号	功能	编号	模式	编号	原因		局部影响	高一层次影响	最终影响	
0305	指示灯	1	用于释放灯光控制指示信号	1A	接触不良	1A1	接线松动	全任务阶段	灯光指示功能不能持续保持	电控系统控制功能下降	推进装置任务期间部分电控功能下降	Ⅳ
				1B	灯芯烧坏	1B1	电流过流	全任务阶段	灯光指示功能丧失	电控系统部分控制功能丧失	推进装置任务期间部分电控功能丧失	Ⅲ
0306	位移传感器	1	用于实时采集与反馈相关监测位置的位移信息	1A	采集信息失准	1A1	核心传感测量基准漂移	全任务阶段	位移信息采集与反馈功能失准	电控系统控制功能下降	推进装置任务期间部分电控功能下降	Ⅳ
				1B	无传感信息反馈	1B1	核心传感测量组组件损坏	全任务阶段	位移信息采集与反馈功能丧失	电控系统部分控制功能丧失	推进装置任务期间部分电控功能丧失	Ⅲ
……	……											……

4.4.3 危害性分析案例

在 4.4.2 节推进装置故障模式与影响分析的基础上,进一步考虑故障模式的发生概率等级和检测难易程度等级,则该型船用推进装置机械部分、液压部分和电气部分的故障模式危害性分析结果如表 4-17、表 4-18、表 4-19 所示。继而,可绘制该型船用推进装置的危害度矩阵,如图 4-5 所示。鉴于图内空间所限,图 4-5 中仅绘制了危害度较高的几类重要故障模式。其中,故障模式 1(点 M_1)代表螺旋桨局部损伤,故障模式 2(点 M_2)代表液压动力泵无泵压输出,故障模式 3(点 M_3)代表集成可编程逻辑控制器 PLC(programmable logic controller)内嵌核心元器件损坏,三类故障模式的风险优先数量值均为 16,远高于船用推进装置其他故障模式的风险优先数量值。为此,在船用推进装置的研制过程中,应优先考虑如何采用恰当的设计改进手段或必要且具备可操作性的使用补偿措施,最大限度地消除或抑制相关故障模式发生后导致的工程风险。

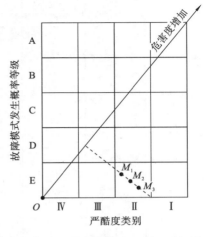

图 4-5 船用推进装置危害度矩阵图

4.4.4 设计改进与使用补偿措施分析案例

针对 4.4.3 节分析确定的三类危害度较高的故障模式,分别进行设计改进或使用补偿层面的案例分析。

1. 螺旋桨局部损伤

船用推进装置螺旋桨出现局部损伤后,将导致推进装置的动力推进功能丧失,进而影响推进装置的执行任务能力。为避免螺旋桨局部损伤后可能导致的重大工程风险,建议在螺旋桨的研制与生产过程中选用先进的抗冲击桨叶材质和强化桨叶韧性的生产加工工艺,并在后期的使用过程中安排定期拆检、清洁、更换等预防性维修活动,以确保螺旋桨使用期间出现局部损伤的故障模式发生概率等级长期保持在 F 级。

2. 液压动力泵无泵压输出

船用推进装置液压动力泵故障后无泵压输出,将导致推进装置的液压控制动力源丧失,进而影响推进装置的执行任务能力。为避免液压动力泵故障无泵压输出后可能导致的重大工程风险,建议在推进装置的液压动力泵研制过程中,针对液压动力源的供应需求,采用冗余热储备设计方案,即配备两台可互为备用的液压动力泵,以确保液压动力泵使用期间出现故障后无泵压输出的故障模式发生概率等级长期保持在 F 级。

3. 集成 PLC 内嵌核心元器件损坏

船用推进装置集成 PLC 内嵌核心元器件损坏后,将导致推进装置的电控功能与技术状态监测、报警功能丧失,进而影响推进装置的执行任务能力。为避免集成 PLC 内嵌核心元器件损坏后可能导致的重大工程风险,建议在推进装置交付后的日常使用中,强制执行集成 PLC 的操作使用人员在线监控管理要求,并储备充足的换修备件,力求能够在集成 PLC 内嵌核心

表 4-17　×××推进装置危害性分析表（机械部分，有裁剪）

初始约定层级：×××推进装置
约定层级：推进装置机械部分

组成编码	名称	功能及编码		故障模式及编码		故障影响			故障检测方法	严酷度类别	故障模式发生概率等级	检测难易程度等级	危害矩阵坐标	风险优先数 RPN
		编号	功能	编号	模式	局部影响	高一层次影响	最终影响						
0101	螺旋桨	1	将原动机输出功率转化为推力并传递给桨轴	1A	异常耗损	螺旋桨水动力性能劣化	推进装置本体异常振动	推进装置功能任务降低	人工检测	Ⅲ	E	1	(Ⅲ,E)	5×2×1=10
				1B	局部损伤	螺旋桨水动力性能丧失	推进装置本体异常振动	推进装置功能任务丧失	人工检测	Ⅱ	E	1	(Ⅱ,E)	8×2×1=16
0102	桨轴	1	为轴系传递推力和扭矩	1A	异常形变	推力和扭矩传递失稳	推进装置本体异常振动	推进装置可靠性丧失	人工检测	Ⅲ	F	1	(Ⅲ,F)	5×1×1=5
				1B	艉轴内置结构局部润滑油乳化	推力和扭矩传递效率降低	推进装置本体工作效率降低	推进装置可靠性降低	人工检测	Ⅲ	E	1	(Ⅲ,E)	5×2×1=10
0103	输入轴	1	为轴系传递扭矩	1A	异常形变	扭矩传递失稳	推进装置本体异常振动	推进装置可靠性降低	人工检测	Ⅲ	F	1	(Ⅲ,F)	5×1×1=5
0104	双十字万向节	1	在齿轮箱和推进装置间传递扭矩；确保特定转速与角度下，推进装置获得特定推力和扭矩	1A	异常形变	扭矩传递失稳	推进装置本体异常振动	推进装置功能任务降低	人工检测	Ⅲ	E	2	(Ⅲ,E)	5×1×2=10
				1B	局部损伤	无法传递扭矩	推进装置本体无法获得预期动力扭矩	推进装置任务重要功能表失	人工检测	Ⅱ	F	2	(Ⅱ,F)	8×1×2=16
……					……									……

初始约定层级：×××推进装置
约定层级：推进装置液压部分

表 4-18　×××推进装置危害性分析表（液压部分，有裁剪）

组成编码	功能及编码			故障模式及编码		故障影响			故障检测方法	严酷度类别	故障模式发生概率等级	检测难易程度等级	危害度矩阵坐标	风险优先数RPN
	编号	名称	功能	编号	模式	局部影响	高一层次影响	最终影响						
0201	1	液压动力泵	为转舵油缸组件提供液压动力	1A	功率过低	输出泵持续满足转舵油缸压力要求	液压系统功能降低	推进装置任务功能降低	健康管理系统在线监测	III	E	1	(III, E)	5×2×1=10
				1B	无泵压输出	动力泵液压动力供应功能丧失	液压系统功能丧失	推进装置任务功能丧失	健康管理系统在线监测	II	E	1	(II, E)	8×2×1=16
0202	1	方向舵	将方向盘的操作信号转换为转舵信号	1A	内置转向器损坏	方向盘操作信号无法转换为转舵油缸动作信号	液压系统部分功能丧失	推进装置部分功能丧失	健康管理系统在线监测	III	E	1	(III, E)	5×2×1=10
				1B	内置方向柱异常形变	方向盘方向推转换为转舵油缸动作信号无法精准	液压系统任务功能降低	推进装置任务功能降低	人工检测	IV	E	1	(IV, E)	2×2×1=4
0203	1	冷却器	为任务期间工作的液压油降温	1A	冷热交换通路阻塞	冷却功效下降	液压系统任务功能降低	推进装置任务功能降低	健康管理系统在线监测	IV	E	1	(IV, E)	2×2×1=4
						冷却功效下降	液压系统任务功能降低	推进装置任务功能降低	健康管理系统在线监测	IV	E	1	(IV, E)	2×2×1=4
0204	1	液压胶管	连接各液压油路组件单元	1A	胶管损漏	任务用油欠缺	液压系统任务功能降低	推进装置可靠性功能降低	人工检测	IV	E	1	(IV, E)	2×2×1=4
……	……	……	……	……	……	……	……	……	……	……	……	……	……	……

表 4-19 ×××推进装置危害性分析表（电气部分，有裁剪）

初始约定层级：×××推进装置
约定层级：推进装置电气部分

组成编码	功能及编码			故障模式及编码			故障影响			故障检测方法	严酷度类别	故障模式发生概率等级	检测难易程度等级	危害度矩阵坐标	风险优先数 RPN
	名称	编号	功能	编号	模式		局部影响	高一层次影响	最终影响						
0301	集成 PLC	1	实现半浆任务控制信号集成的高效管理	1A	内嵌核心元器件损坏		集成控制信号逻辑与控制管理功能丧失	电控系统控制功能丧失	推进装置任务期间电控功能丧失	健康管理系统在线监测	Ⅱ	E	1	(Ⅱ,E)	8×2×1=16
0302	开关电源	1	实现高频电能转化、输出满足需求的电压与电流	1A	核心组件损坏		无法实现电能转化、无法输出满足需求的电压与电流	电控系统控制功能丧失	推进装置任务期间电控功能丧失	健康管理系统在线监测	Ⅲ	E	1	(Ⅲ,E)	5×2×1=10
0303	断路器	1	用于有效分配电能管理、科学载荷电路接通或断开状态	1A	核心组件损坏		电能载荷分配管理功能丧失	电控系统部分控制功能丧失	推进装置任务期间电控功能丧失	健康管理系统在线监测	Ⅲ	E	1	(Ⅲ,E)	5×2×1=10
0304	继电器	1	用于有效实现电控信号的逻辑时序管理	1A	核心组件损坏		电控信号逻辑时序管理功能丧失	电控系统部分控制功能丧失	推进装置任务期间电控功能丧失	健康管理系统在线监测	Ⅲ	E	1	(Ⅲ,E)	5×2×1=10

第4章 可靠性系统工程设计

续表

组成编码	名称	功能及编码		故障模式及编码		故障影响			故障检测方法	严酷度类别	故障模式发生概率等级	检测难易程度等级	危害度矩阵坐标	风险优先数RPN
		编号	功能	编号	模式	局部影响	高一层次影响	最终影响						
0305	指示灯	1	用于释放灯光控制指示信号	1A	接触不良	灯光指示功能不能持续保持	电控系统控制功能下降	推进装置任务期间电控功能下降	健康管理系统在线监测	IV	F	1	(IV,F)	2×1×1=2
				1B	灯芯烧坏	灯光指示功能丧失	电控系统部分控制功能丧失	推进装置电控功能丧失	健康管理系统在线监测	III	F	1	(III,F)	5×1×1=5
				1B	端子损坏	信号传递功能丧失	电控系统部分控制功能丧失	推进装置电控功能丧失	健康管理系统在线监测	III	F	1	(III,F)	5×1×1=5
0306	位移传感器	1	用于实时采集与反馈相关位置的位移信息	1A	采集信息失准	信息采集与反馈功能失准	电控系统控制功能下降	推进装置电控功能下降	人工检测	IV	D	1	(IV,D)	2×3×1=6
				1B	无传感信息反馈	信息采集与反馈功能丧失	电控系统部分控制功能丧失	推进装置电控功能丧失	健康管理系统在线监测	III	E	1	(III,E)	5×2×1=10
……	……				……			……						……

元器件损坏后,第一时间发现故障、排除故障、迅速恢复其核心功能,以确保相关工程风险最大限度地处于可控状态。

4.5 故障树分析

故障树分析 FTA(fault tree analysis)是在装备研制设计过程中,针对潜在的严重故障事件(故障模式的严酷度类别或危害度类别较高),利用自上而下的"布尔"演绎分析逻辑,解构故障诱发原因、改进装备设计构架、降低装备使用风险,以实现装备可靠性与安全性增长的一种保障性分析技术。故障树分析同故障模式、影响及危害性分析间的区别与联系如下:

(1) 故障树分析是一类多因素分析方法,而故障模式、影响及危害性分析是一类单因素分析方法;

(2) 故障树分析是一类自下而上的分析方法,而故障模式、影响及危害性分析是一类"自上而下(功能分析法)"和"自下而上(硬件分析法)"相互融合的分析方法;

(3) 故障树分析是一类仅面向严重故障事件开展的专项分析方法,而故障模式、影响及危害性分析是一类面向全部故障事件开展的普适性分析方法;

(4) 故障树分析是一类对定性与定量分析给予同等关注度的分析方法,而故障模式、影响及危害性分析重点关注定性层面的分析结论,定量层面的分析结论大多扮演辅助决策的角色;

(5) 故障树分析需要以故障模式、影响及危害性分析为基础,分析中设定的顶事件、中间事件和底事件均应是故障模式、影响及危害性分析的部分结论;

(6) 故障树分析是故障模式、影响及危害性分析的有效补充,两类技术分析的核心工程目标是一致的,均以影响装备设计、提升装备可靠性、降低装备潜在安全风险为最终目的。

4.5.1 分析基础

故障树分析是建立于"布尔"逻辑基础上的图形化分析方法。"布尔"逻辑的基本运算法则,如表 4-20 所示。

表 4-20 "布尔"逻辑运算法则

序号	布尔逻辑名称	运算法则	备注
1	互补律	$A \cap \bar{A} = \varnothing, A \cup \bar{A} = \Omega$	A, B, C 代表任意事件; "$\cap$"代表逻辑"交"; "$\cup$"代表逻辑"并"; "—"代表逻辑"补"; $\varnothing$ 代表"空集"事件; Ω 代表"全集"事件
2	重叠律	$A \cap A = A, A \cup A = A$	
3	交换律	$A \cap B = B \cap A, A \cup B = B \cup A$	
4	结合律	$A \cap (B \cap C) = (A \cap B) \cap C, A \cup (B \cup C) = (A \cup B) \cup C$	
5	分配律	$A \cap (B \cup C) = (A \cap B) \cup (A \cap C), A \cup (B \cap C) = (A \cup B) \cap (A \cup C)$	
6	反演律	$\overline{A \cap B} = \bar{A} \cup \bar{B}, \overline{A \cup B} = \bar{A} \cap \bar{B}$	
7	吸收律	$A \cap (A \cup B) = A, A \cap (\bar{A} \cup B) = A \cap B$	
8	对合律	$\bar{\bar{A}} = A$	

故障树分析中经常使用的几类主要图形化标识符,如表 4-21 所示。

表 4-21　故障树分析中的几类主要图形化标识符

序号	符号名称	符号图形	符号说明
1	顶事件		故障树分析的具体事件目标,一般选取显著影响装备系统运行安全、任务功能完成及关键技术状态保持的重大故障事件
2	中间事件		直接或间接导致顶事件发生的可再次进行树形分配的"过渡"事件
3	底事件		直接或间接导致顶事件发生的不可再次进行树形分配的底层"元"事件
4	待展开事件		未进行详细表述且可进一步展开的伪"底"事件,通常此类事件需要另外独立绘制故障树,进行补充说明
5	逻辑"与"门		用于约束输入事件与输出事件间的布尔逻辑"与"关联,即全部输入事件均同时发生才会导致输出事件发生
6	逻辑"或"门		用于约束输入事件与输出事件间的布尔逻辑"或"关联,即任意输入事件发生均会导致输出事件发生

4.5.2　分析程序

开展装备故障树分析的基本程序如下:确定顶事件→构建故障树→梳理最小割集→解算顶事件概率→优化决策分析。

1. 确定顶事件

确定顶事件是高质量开展装备故障树分析所需解决的首要问题。一方面,顶事件的选择决定了故障树分析的现实工程价值,通常应选择那些故障后将导致装备出现重大安全问题或严重影响装备遂行任务功能的故障事件作为顶事件;另一方面,顶事件的选择又直接决定着装备研制进程的潜在优化方向,对于工程上不具任何改进可能或改进空间极小的顶事件,耗费大量精力对其实施故障树分析的意义不大。

2. 构建故障树

针对已经确定的装备故障顶事件,参照表 4-21 中所列各类故障树分析图形化标识符,构建多层级的顶事件故障树(至少应有 3 级)。注意:故障树的绘制,应自上至下逐级进行;在未列出任意类型逻辑门的全部必要且充分的直接输入前,不应对逻辑门的输入事件做进一步的树形绘制;不允许在故障树的绘制过程中,将任意类型的两个逻辑门直接相连;故障树中各层级树形事件间的布尔逻辑关联,应与装备中不同事件相应实体单元间的实际响应情况保持严格一致。

3. 梳理最小割集

装备特定顶事件的故障树绘制完成后,需依据故障树的树形特点,梳理明确相关树形结构中潜在的导致顶事件发生的全部最小割集。最小割集是后续解算装备特定顶事件发生概率的信息基础,也是科学开展装备研制设计优化决策的重要依据。原则上,在底事件发生概率水平相差不多的情形下:阶数越小的最小割集越应受到重视;低阶最小割集中的底事件应比高阶最小割集中的底事件更受到重视;在不同最小割集中重复出现次数越多的底事件,越应受到重视。

4. 解算顶事件概率

基于前述梳理明确的故障树分析全部最小割集,结合表 4-20 所列"布尔"逻辑运算法则,利用全概率公式解算当前装备故障顶事件发生的概率。同时,对每一最小割集内所含底事件的发生概率也要给予充分关注,这是装备实现研制设计全局优化决策的重要基础信息来源。

5. 优化决策分析

综合前述分析给出的故障树构架、最小割集构成以及顶事件发生概率水平,以最大限度降低装备故障顶事件的工程风险为目标,以具备工程实践可行性为基本要求,开展装备研制设计的全局优化决策分析,内容涵盖改进装备设计方案、提升装备特定组部件固有可靠特性、强化装备核心部位或部件的生产工艺、完善装备的操作使用流程、高标准筹措关键供应保障资源等。

4.5.3 分析案例

为便于读者消化、理解前述装备故障树分析的诸项技术内容,这里以某型装备"滑油压力过低,导致动力轴承烧毁"为顶事件,进行研制阶段的故障树分析案例说明。针对该顶事件绘制的故障树如图 4-6 所示,图中不同字母标识的具体含义如表 4-22 所示。

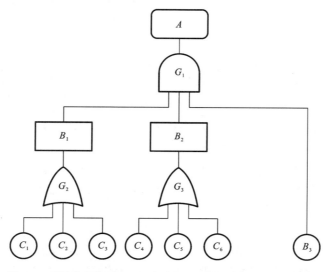

图 4-6 "滑油压力过低,导致动力轴承烧毁"顶事件的故障树

表 4-22 故障树中字母标识的含义说明

序号	字母标识	含义说明	备注
1	A	故障事件:滑油压力过低,导致动力轴承烧毁	顶事件
2	B_1	故障事件:滑油压力告警装置功能失效	中间事件
3	B_2	故障事件:滑油压力指示仪表功能失效	中间事件
4	B_3	故障事件:滑油供油系统供油压力过低	底事件
5	C_1	故障事件:滑油压力告警装置在线监测组件损坏	底事件
6	C_2	故障事件:滑油压力告警装置线缆组件损坏	底事件
7	C_3	故障事件:滑油压力告警装置指示灯损坏	底事件
8	C_4	故障事件:滑油压力指示仪表本体损坏	底事件
9	C_5	故障事件:滑油压力指示仪表传感器损坏	底事件
10	C_6	故障事件:滑油压力指示仪表线缆组件损坏	底事件
11	G_1	逻辑"与"门:B_1、B_2、B_3 事件需同时发生,才会导致 A 事件发生	逻辑门
12	G_2	逻辑"或"门:C_1、C_2、C_3 事件任意一个发生,均会导致 B_1 事件发生	逻辑门
13	G_3	逻辑"或"门:C_4、C_5、C_6 事件任意一个发生,均会导致 B_2 事件发生	逻辑门

梳理图 4-6 所示故障树的全部最小割集 $S_i, i=1,2,\cdots,9$,有

$$S_1=\{C_1,C_4,B_3\};\ S_2=\{C_1,C_5,B_3\};\ S_3=\{C_1,C_6,B_3\};$$
$$S_4=\{C_2,C_4,B_3\};\ S_5=\{C_2,C_5,B_3\};\ S_6=\{C_2,C_6,B_3\};$$
$$S_7=\{C_3,C_4,B_3\};\ S_8=\{C_3,C_5,B_3\};\ S_9=\{C_3,C_6,B_3\}$$

基于全概率公式,解算顶事件 A 的发生概率,如式(4.5.1)所示。

$$\begin{aligned}P(A) &= \sum_{i=1}^{9}P(S_i)\\ &= P(C_1\cap C_4\cap B_3)+P(C_1\cap C_5\cap B_3)+P(C_1\cap C_6\cap B_3)\\ &\quad+P(C_2\cap C_4\cap B_3)+P(C_2\cap C_5\cap B_3)+P(C_2\cap C_6\cap B_3)\\ &\quad+P(C_3\cap C_4\cap B_3)+P(C_3\cap C_5\cap B_3)+P(C_3\cap C_6\cap B_3)\end{aligned} \quad (4.5.1)$$

如果顶事件 A 的发生概率量值水平高于该型装备可接受的工程风险量化要求,则应在以下几个方面尝试优化改进:① 在单套滑油供油系统基础上,补充配备应急滑油供油系统;② 提升滑油压力告警装置、滑油压力指示仪表和滑油供油系统的固有可靠特性;③ 强制执行装备运行中动力轴承滑油供应压力的实时在线监测操作要求,并纳入"装备操作使用规程"。

4.6 寿命周期费用分析

本书所述装备研制阶段的各项建模、设计与数据分析工作,以及装备使用阶段的维修策略管理与供应保障优化工作,在具体的工程实践中,均需以长期持续可承受地充足经费投入作为基本支撑。而且从国内外公开渠道反馈的关于装备全寿期费用的投入节点与使用比例来看,如图 4-7 所示,装备研制早期的设计决策(此时投入费用仅占寿命周期费用的 3%)将直接决

定装备全寿期各阶段的总费用量值(决定了总费用量值的85%)。在装备研制阶段结束后,再针对装备实施的各种管理决策,对降低装备全寿期费用的总量值影响作用微乎其微(仅残留了10%的寿命周期费用优化空间)。鉴于此,书中将寿命周期费用分析 LCCA(life cycle cost analysis)也作为装备研制阶段可靠性系统工程的一项重要设计工作给予论述,即要求新研装备研制阶段的各项设计工作均应充分考虑寿命周期费用层面的可实现因素。装备全寿期内费用效能较低或不具备长期费用支撑可能的设计方案,不应作为新研装备研制的备选或优选设计方案。

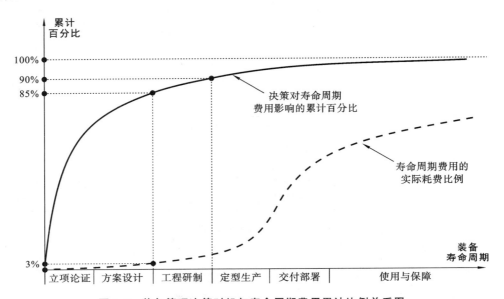

图 4-7 装备管理决策时机与寿命周期费用累计比例关系图

开展装备寿命周期费用分析的基本程序如下:确定费用分解结构→分析费用影响因素→估算寿命周期费用→开展费用敏感性分析→实施费用效能优化决策。

1. 确定费用分解结构

装备寿命周期费用分析首先应逐项确定装备全寿期内可能涉及的全部潜在费用类别与费用单元,并以"分解图"或"分解表"的形式给出其结构化的工程表达——确定费用分解结构 CBS(cycle breakdown structure)。对于新研装备而言,一类较为常见的费用分解结构如图 4-8 所示。

2. 分析费用影响因素

明确了装备寿命周期内的费用分解结构之后,还需针对可能影响不同费用单元的工程因素进行专项分析,以为后续开展相关费用单元的量值估算工作奠定信息基础。以图 4-8 中的供应保障费用为例,其除去会受到供应品本身的可靠特性与市场价格影响外,还会受到装备任务出动频次、持续使用时间、任务环境状况等使用强度因素影响,以及供应品修复可能、维修队伍规模与技能水平等维修能力因素的影响。同时,鉴于供应保障延续的周期往往会很长(10年,甚至20年),供应保障费用还可能会受到通货膨胀、税费、利率等费用时间因素的影响。

3. 估算寿命周期费用

掌握了装备的寿命周期费用分解结构,及其相应费用组成单元的工程影响因素后,即可进一步开展装备的寿命周期费用估算工作。工程上,经常使用的装备寿命周期费用估算方法主

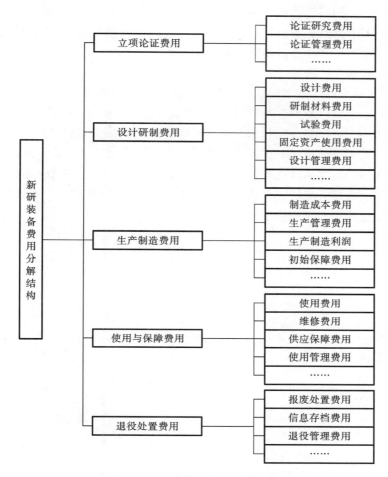

图 4-8　新研装备费用分解结构

要有四种,分别为参数估算法、类比估算法、专家判断估算法和工程估算法。其中:参数估算法通过建立新研装备部分特性参数与寿命周期费用(或某项主要费用单元)间的直接数学关联,进而利用统计回归算法实现装备寿命周期费用的工程估算,适用于新研装备与历史装备具备足够相似程度的情形;类比估算法通过比较新研装备与基准装备,进而利用基准装备的寿命周期费用数据,反演估算新研装备的寿命周期费用数据,适用于基准装备存在且工程估算精度要求不高的情形;专家判断估算法通过成立装备寿命周期费用估算专家小组,进而利用不同专家的工程经验知识,综合权衡确定新研装备的寿命周期费用数据,适用于专家费用估算知识丰富且工程技术经验成熟的情形;工程估算法通过诸项累加装备全寿期内可能潜在的全部费用单元量值,进而实现新研装备在较细颗粒度层级的寿命周期费用高精度估算,适用于新研装备寿命周期费用分解结构与费用单元量值解算模型均已知的情形。鉴于书中篇幅所限,若想了解更为详细的装备寿命周期费用估算方法,读者可参阅文献[30],此处不再赘述说明。

4. 开展费用敏感性分析

基于装备的费用分解结构,完成新研装备的寿命周期费用估算后,还应针对部分关键费用组成单元专题开展费用量值的敏感性分析工作。一方面,通过局部调整部分费用敏感参数指标的量化区间,找出潜在的可能对装备全费用量值估算的真实性影响较大的技术因素,可为提升装备寿命周期费用分析结论的真实性奠定坚实基础;另一方面,通过量化对比分析,明确影响装备寿命周期费用量值的主导份额,还可为新研装备研制过程的质量管控、进度管控、费用管控、风险管控等工程管理工作提供重要信息输入。

5. 实施费用效能优化决策

在前述有关装备寿命周期费用估算与敏感性分析的技术结论基础上,为进一步提升技术结论的工程实践性,还应针对"有限费用投入"及"装备使用与保障效能产出"间的响应关联,进行系统的分析,进而为新研装备交付用户使用后的管理优化决策,提供坚实的技术信息支撑。工程上,装备费用效能优化决策的内容通常包括寿命周期费用结构的局部调整、费用预算投入的综合统筹、费用风险抑制的节点把控、费用成效目标的合理确定,等等。相关费用效能优化决策结论,不仅可有效提升新研装备全寿期内的使用效能,而且对于未来类似装备的研制与管理工作,也具有十分重要的工程借鉴价值。

第 5 章 可靠性系统工程数据分析

本书第 3、4 章对可靠性系统工程中的建模、分析、设计等问题进行了较为详细的阐述,解决了装备全系统研制过程中有关通用质量工程的绝大部分技术问题,但并未就可靠性系统工程建模、分析、设计过程中涉及的量化基础数据来源与科学获取方法给予过多阐述。例如,在不同装备构型的可靠性建模中,直接假设装备相关组件单元的故障规律满足某种特定随机分布的统计特征,但并未就假设成立的基本前提以及假设的可信性水平给予详细说明。本章将在此基础上,进一步探讨如何基于可靠性系统工程实践中可获取的大量基础数据,科学估计新研装备的各类故障统计特征,进而合理预计、评价新研装备研制进程中不同里程碑节点实际工作成效的数据分析方法。本章相关论述内容和论述结论,是工程上科学评判新研装备通用质量水平是否满足预期合同指标要求的重要技术支撑。

鉴于篇幅所限,本章重点论述如何利用装备可靠性系统工程实践中的基础历史数据,科学估计装备故障累计概率 $F(t)$、固有可靠度 $R(t)$、平均故障前时间 MTTF、平均修复时间 MTTR 等通用质量特征参数的潜在量值区间,以及合理评判装备故障/维修/保障演变规律满足何种随机统计分布特征的工程分析方法。相关工程分析方法,既适用于装备全系统研制过程中不同通用质量特征参数的专项测算,也适用于各型装备全系统研制试验实施后的通用质量特征参数指标的考核验证。

目前,可靠性系统工程中可用于数据分析的技术方法有很多,这里选择应用范围较广且便于工程实现的三类数据分析方法进行专题论述,分别为参数估计分析方法、统计回归分析方法和最大似然估计方法。

5.1 参数估计分析

参数估计分析方法,也称为经验分析方法,主要基于装备历史数据(故障数据/维修数据/保障数据)直接估计装备的各类特征参数指标,并就相关参数指标的置信区间给出技术说明。注意:参数估计分析方法并不对装备历史数据满足的随机统计分布特征进行分析,因此在可靠性系统工程数据分析实践中具有一定的应用局限性。

假设某型装备故障前累计时间 t_i 的 N 次历史数据如表 5-1 所示,$i=1,2,\cdots,N$,且 $t_i \leqslant t_{i+1}$(经排序整理后),则基于最佳近似估计的"中位秩"要求[31,32],该型装备故障累计概率的估计值 $\hat{F}(t_i)$ 可由式(5.1.1)确定。

表 5-1 装备故障前累计时间 t_i 的 N 次历史数据

故障次数	1	2	3	4	⋯	⋯	⋯	$N-3$	$N-2$	$N-1$	N
故障前累计时间	t_1	t_2	t_3	t_4	⋯	⋯	⋯	t_{N-3}	t_{N-2}	t_{N-1}	t_N

$$\hat{F}(t_i) = \frac{i-0.3}{N+0.4} \tag{5.1.1}$$

基于式(5.1.1),易知该型装备固有可靠度的估计值$\hat{R}(t_i)$为

$$\hat{R}(t_i) = 1 - \hat{F}(t_i) = \frac{N-i+0.7}{N+0.4} \tag{5.1.2}$$

进一步,可知该型装备平均故障前时间的估计值$\hat{\mathrm{MTTF}}$为

$$\hat{\mathrm{MTTF}} = \sum_{i=1}^{N} \frac{t_i}{N} \tag{5.1.3}$$

继而,得到该型装备故障前累计时间t_i的标准差估计值$\hat{\sigma}$,为

$$\hat{\sigma} = \sqrt{\sum_{i=1}^{N} \frac{(t_i - \hat{\mathrm{MTTF}})^2}{N-1}} \tag{5.1.4}$$

前述式(5.1.1)~式(5.1.4)虽然是针对故障前累计时间t_i的历史数据提出的,但实际上将其替换为装备故障前累计运行里程、历次维修的持续时间、历次保障的持续时间等其他历史数据,相关特征参数估计值的数学测算表达式同样成立。

显然,仅依赖此类"经验式"的公式进行可靠性系统工程的相关特征参数估计,大都存在一定的量值估计误差。为此,工程上引入置信区间的概念,并将相关特征参数的估计值落于特定置信区间的概率水平称为置信度。

以装备平均故障前时间的估计值$\hat{\mathrm{MTTF}}$为例,在样本数量($N \geqslant 30$)充足的前提下,特征参数估计值$\hat{\mathrm{MTTF}}$的置信区间可写为

$$\left[\hat{\mathrm{MTTF}} - z_{\alpha/2}\left(\frac{\hat{\sigma}}{\sqrt{N}}\right),\ \hat{\mathrm{MTTF}} + z_{\alpha/2}\left(\frac{\hat{\sigma}}{\sqrt{N}}\right) \right] \tag{5.1.5}$$

式中:$z_{\alpha/2}$为标准正态分布函数的$\alpha/2$分位数,可查表获取(详见附表1);$1-\alpha$为特征参数估计值$\hat{\mathrm{MTTF}}$落于该置信区间的置信度。

对于样本不充足($N<30$)的情况,特征参数估计值$\hat{\mathrm{MTTF}}$的置信区间则应写为

$$\left[\hat{\mathrm{MTTF}} - t_{\alpha/2}\left(\frac{\hat{\sigma}}{\sqrt{N}}\right),\ \hat{\mathrm{MTTF}} + t_{\alpha/2}\left(\frac{\hat{\sigma}}{\sqrt{N}}\right) \right] \tag{5.1.6}$$

式中:$t_{\alpha/2}$为自由度取$N-1$时t分布函数的$\alpha/2$分位数,可查表获取(详见附表3)。

[算例5-1] 假设某型越野吉普车齿轮箱故障前累计运行里程s_i的历史数据如表5-2所示,试采用参数估计分析方法,估计该型越野吉普车齿轮箱的故障累计概率$\hat{F}(s_i)$和固有可靠度$\hat{R}(s_i)$,以及90%置信度($1-\alpha=0.9$)要求下平均故障前累计运行里程估计值$\hat{\mathrm{MMTF}}$的置信区间。

表5-2 齿轮箱故障前累计运行里程s_i的历史数据

故障次数	1	2	3	4	5	6	7	8	9	10
累计运行里程s_i/km	1050	1638	2559	3320	8678	9053	10698	11530	13266	14230
故障次数	11	12	13	14	15	16	17	18	19	20
累计运行里程s_i/km	14986	15688	16821	17006	18154	19153	19457	19650	19924	21198

解:(1)基于式(5.1.1),可估计该型越野吉普车齿轮箱的故障累计概率$\hat{F}(s_i)$,如表5-3所示。

表 5-3 齿轮箱故障累计概率估计值 $\hat{F}(s_i)$

累计运行里程 s_i/km	1050	1638	2559	3320	8678	9053	10698	11530	13266	14230
故障累计概率估计值 $\hat{F}(s_i)$	0.0343	0.0833	0.1324	0.1814	0.2304	0.2794	0.3284	0.3775	0.4265	0.4755
累计运行里程 s_i/km	14986	15688	16821	17006	18154	19153	19457	19650	19924	21198
故障累计概率估计值 $\hat{F}(s_i)$	0.5245	0.5735	0.6225	0.6716	0.7206	0.7696	0.8186	0.8676	0.9167	0.9657

$$\hat{F}(s_i)=\frac{i-0.3}{N+0.4}, i\text{ 为齿轮箱运行 } s_i \text{ 里程的累计故障次数}, N=20$$

图 5-1 为该型越野吉普车齿轮箱故障累计概率估计值 $\hat{F}(s_i)$ 的点状统计图。

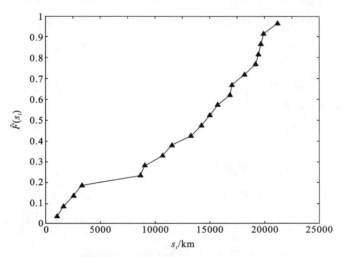

图 5-1 齿轮箱故障累计概率估计值 $\hat{F}(s_i)$ 的点状统计图

借助"MATLAB 软件"数值求解齿轮箱故障累计概率估计值 $\hat{F}(s_i)$ 的核心编程代码如下。

```
N=20;                          %样本空间
M=[样本向量];                   %样本赋初值,每次出现故障时的累计运行里程
for j=1:length(M)
    I=find(M<=M(j));           %样本值计数统计准备
    i=size(I,2);               %累计出现故障的次数
    F(j)=(i-0.3)/(N+0.4);      %数值估计故障累计概率
    scatter(M,F,'^','filled','k');  %绘制故障累计概率点状统计图
end
```

(2) 基于式(5.1.2),可估计该型越野吉普车齿轮箱的固有可靠度 $\hat{R}(s_i)$,如表 5-4 所示。

表 5-4 齿轮箱固有可靠度估计值 $\hat{R}(s_i)$

累计运行里程 s_i/km	1050	1638	2559	3320	8678	9053	10698	11530	13266	14230
固有可靠度估计值 $\hat{R}(s_i)$	0.9657	0.9167	0.8676	0.8186	0.7696	0.7206	0.6716	0.6225	0.5736	0.5246
累计运行里程 s_i/km	14986	15688	16821	17006	18154	19153	19457	19650	19924	21198
固有可靠度估计值 $\hat{R}(s_i)$	0.4755	0.4265	0.3775	0.3284	0.2794	0.2304	0.1814	0.1324	0.0833	0.0343

$$\hat{R}(s_i)=1-\hat{F}(s_i)=\frac{N-i+0.7}{N+0.4}, i\text{ 为齿轮箱运行 } s_i \text{ 里程的累计故障次数}, N=20$$

图 5-2 为该型越野吉普车齿轮箱固有可靠度估计值 $\hat{R}(s_i)$ 的点状统计图。

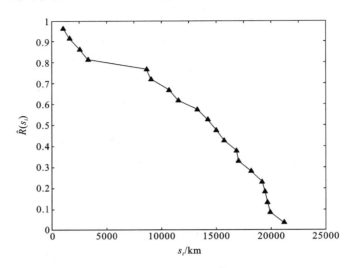

图 5-2　齿轮箱固有可靠度估计值 $\hat{R}(s_i)$ 的点状统计图

(3) 基于式(5.1.3)，可估计该型越野吉普车齿轮箱的平均故障前累计运行里程 $\hat{\text{MMTF}}$，为

$$\hat{\text{MMTF}} = \sum_{i=1}^{N} \frac{s_i}{N} = 12903 \text{ km} \tag{5.1.7}$$

继而，基于式(5.1.4)，可估计该型越野吉普车齿轮箱故障前累计运行里程 s_i 的标准差 $\hat{\sigma}$，为

$$\hat{\sigma} = \sqrt{\sum_{i=1}^{N} \frac{(s_i - \hat{\text{MMTF}})^2}{N-1}} = 6590 \text{ km} \tag{5.1.8}$$

鉴于齿轮箱故障前累计运行里程 s_i 的样本数量 $N=20<30$，其置信度要求为 0.9，为此，基于式(5.1.6)，可估计该型越野吉普车齿轮箱 90% 置信度要求下平均故障前累计运行里程 $\hat{\text{MMTF}}$ 的置信区间，为

$$\left[\hat{\text{MMTF}} - t_{a/2}\left(\frac{\hat{\sigma}}{\sqrt{N}}\right), \hat{\text{MMTF}} + t_{a/2}\left(\frac{\hat{\sigma}}{\sqrt{N}}\right)\right] = \left[12903 - t_{0.05} \times \left(\frac{6590}{\sqrt{20}}\right), 12903 + t_{0.05} \times \left(\frac{6590}{\sqrt{20}}\right)\right] \tag{5.1.9}$$

进一步，查阅附表 3 中 t 分布函数自由度取 19($N-1=19$)时的 0.05($a/2=0.05$)分位数，有 $t_{0.05}=1.729$。进而，式(5.1.9)又可写为

$$\left[\hat{\text{MMTF}} - t_{a/2}\left(\frac{\hat{\sigma}}{\sqrt{N}}\right), \hat{\text{MMTF}} + t_{a/2}\left(\frac{\hat{\sigma}}{\sqrt{N}}\right)\right] = [10355, 15451] \tag{5.1.10}$$

借助"MATLAB 软件"数值求解齿轮箱平均故障前累计运行里程估计值 $\hat{\text{MMTF}}$ 置信区间的核心编程代码如下。

```
MMTF= sum(M)/N;                        %估计 MMTF
s= sqrt(sum((M-MMTF).^2)/(N-1));       %估计样本空间的标准差
a= 0.9;                                %明确置信度
t= tinv(1-(1-a)/2,N-1);                %计算 t 分布分位点数值(代替查表)
MMTFu= MMTF+t*s/sqrt(N);               %估计置信区间上限
MMTFl= MMTF-t*s/sqrt(N);               %估计置信区间下限
```

可靠性系统工程实践中，有时用于参数估计的历史样本数据量会很大，此时首先需要对历史样本数据进行科学分组，之后再参照前述类似分析结论，开展相关参数估计分析工作。仍以表 5-1 所列历史样本数据为例(样本量=N)，这里假设 $N \gg 50$，则应将其视为大样本数据进行处理。相关样本数据分组方法如下：

$$\begin{cases} M = \lfloor 1 + 3.3 \times \log_{10}(N) \rfloor \\ K = \dfrac{t_{\max} - t_{\min}}{M} \end{cases} \quad (5.1.11)$$

式中：$\lfloor \cdot \rfloor$ 代表向下取整函数；M 代表大样本数据的分组总数；$t_{\max}$ 代表样本数据中的最大值；$t_{\min}$ 代表样本数据中的最小值；K 代表样本数据分组的区间长度。分组后，每一分组间隔的区间表达形式如下：

$$[t_{\min,i}, t_{\max,i}] = [t_{\min} + (i-1)K, t_{\min} + iK], \quad i = 1, 2, \cdots, M \quad (5.1.12)$$

式中：$t_{\min,i}$ 代表第 i 个分组区间的下边界；$t_{\max,i}$ 代表第 i 个分组区间的上边界；i 为分组计数变量，$i = 1, 2, \cdots, M$。

进一步，假设第 i 个分组区间内包含的历史样本数据共有 n_i 个，$n_1 + n_2 + \cdots + n_M = N$，则可知大样本数据分组情况下装备故障累计概率的估计值 $\hat{F}(t_{\max,i})$ 为

$$\hat{F}(t_{\max,i}) = \dfrac{\sum_{k=1}^{i} n_k - 0.3}{N + 0.4} \quad (5.1.13)$$

基于式(5.1.13)，易知大样本数据分组情况下装备固有可靠度的估计值 $\hat{R}(t_{\max,i})$ 为

$$\hat{R}(t_{\max,i}) = 1 - \hat{F}(t_{\max,i}) = \dfrac{N - \sum_{k=1}^{i} n_k + 0.7}{N + 0.4} = \dfrac{\sum_{k=i+1}^{M} n_k + 0.7}{N + 0.4} \quad (5.1.14)$$

同时，可知大样本数据分组情况下装备平均故障前时间的估计值 $\hat{\text{MTTF}}$ 为

$$\hat{\text{MTTF}} = \sum_{i=1}^{M} \left(t_{\text{med},i} \times \dfrac{n_i}{N} \right) = \sum_{i=1}^{M} \left(\dfrac{t_{\min,i} + t_{\max,i}}{2} \times \dfrac{n_i}{N} \right) \quad (5.1.15)$$

式中：$t_{\text{med},i}$ 代表第 i 个分组区间的中点值。继而，可知大样本数据分组情况下装备故障前累计时间 t_i 的标准差估计值 $\hat{\sigma}$：

$$\hat{\sigma} = \sqrt{\sum_{i=1}^{M} \left[(t_{\text{med},i} - \hat{\text{MTTF}})^2 \times \dfrac{n_i}{N} \right]} \quad (5.1.16)$$

[算例 5-2] 假设某型装备的线上可更换单元 LRU(line replaceable unit)历次换件维修的持续时间记录如表 5-5 所示，试对相关历史记录数据进行科学分组，并利用参数估计分析方法给出该项线上可更换单元平均换件维修时间的点估计值 $\hat{\text{MTTR}}$。

表 5-5 线上可更换单元历次换件维修的持续时间记录

序号	1	2	3	4	5	6	7	8	9	10	11	12	13	14	15
换件维修持续时间/h	0.41	0.39	0.25	0.30	0.50	0.27	0.42	0.29	0.35	0.35	0.40	0.28	0.56	0.38	0.60
序号	16	17	18	19	20	21	22	23	24	25	26	27	28	29	30
换件维修持续时间/h	0.26	0.28	0.32	0.42	0.45	0.61	0.39	0.48	0.42	0.40	0.53	0.45	0.32	0.38	0.45

续表

序号	31	32	33	34	35	36	37	38	39	40	41	42	43	44	45
换件维修持续时间/h	0.65	0.48	0.47	0.35	0.36	0.5	0.52	0.47	0.39	0.42	0.56	0.60	0.47	0.62	0.65
序号	46	47	48	49	50	51	52	53	54	55	56	57	58	59	60
换件维修持续时间/h	0.67	0.53	0.29	0.32	0.31	0.52	0.47	0.46	0.52	0.32	0.29	0.30	0.46	0.48	0.49

解：基于式（5.1.11），对表 5-5 所列数据进行分组，有

$$\begin{cases} M = \lfloor 1+3.3 \times \log_{10}(N) \rfloor = \lfloor 1+3.3 \times \log_{10}(60) \rfloor = \lfloor 6.8679 \rfloor = 6 \\ K = \dfrac{t_{\max} - t_{\min}}{M} = \dfrac{0.67 - 0.25}{6} = 0.07 \end{cases} \quad (5.1.17)$$

基于式（5.1.17），可得该项线上可更换单元历次换件维修持续时间历史记录数据的分组区间与分组信息明细，如表 5-6 所示。

表 5-6 分组后的线上可更换单元历次换件维修持续时间记录

分组序号 i	分组区间/h	分组区间的样本数目 n_i	分组区间的中点值 $t_{\text{med},i}$/h	备注
1	[0.25, 0.32)	11	0.285	
2	[0.32, 0.39)	10	0.355	$N=60, M=6$;
3	[0.39, 0.46)	13	0.425	$t_{\max}=0.67$ h;
4	[0.46, 0.53)	15	0.495	$t_{\min}=0.25$ h
5	[0.53, 0.60)	6	0.565	
6	[0.60, 0.67]	5	0.635	

进一步，基于式（5.1.15），可知该项线上可更换单元平均换件维修时间的点估计值 $\widehat{\text{MTTR}}$ 为

$$\widehat{\text{MTTR}} = \sum_{i=1}^{M} \left(t_{\text{med},i} \times \dfrac{n_i}{N} \right) = 0.4367 \text{ h} \quad (5.1.18)$$

借助"MATLAB 软件"进行历史记录数据分组，并且数值求解可线上更换单元平均换件维修时间点估计值 $\widehat{\text{MTTR}}$ 的核心编程代码如下。

```
N= 60;                          %样本空间
T=[样本向量];                    %样本赋初值,每次换修的累计历程时间
M= floor(1+3.3*log10(60));      %确定分组数目
K= (max(T)-min(T))/M;           %确定分组区间长度
for i=1:M+1
    I(i)=min(T)+(i-1)*K;        %构建分组区间[I(i-1),I(i)]
end
for j=1:M
    U=find(T>=I(j) & T<I(j+1)); %按照下界闭区间,上界开区间处理
    P(j)=size(U,2);             %计算处于每一分组的样本数目
```

```
        end
        P(j)=P(j)+1;                  %修正最后一个分组的样本数目数据
        for j=1:M
            av(j)=(I(j)+I(j+1))/2;    %计算分组区间的中点值
        end
        for j=1:M
            MTTR(j)=(av(j)*P(j))/N;   %计算 MTTR 在各分组区间中的分量
        end
        MTTRG=sum(MTTR);              %计算 MTTR 点估计值
```

5.2 统计回归分析

5.1 节阐述的参数估计分析方法,本质上是一类基于装备历史数据的可靠性系统工程参数指标点估计方法,其仅针对相关参数指标的潜在量值或量值区间给出估计,并不过多关注相关参数指标的随机动态更迭过程。但在装备可靠性系统工程的部分应用场合,例如装备预防性维修决策中的故障率测算、维修间隔期测算等,不仅需要给出相关参数指标的量值变化区间,还需要明确相关参数指标的随机时变规律与未来发展趋势,这样才能为科学决策各类装备保障工程活动提供有效的技术支撑。为此,这里引入一类能够依据装备历史数据有效探索可靠性系统工程中不同参数指标间的相互关联以及潜在随机分布特征的工程分析方法——统计回归分析方法。统计回归分析方法与参数估计分析方法相比,充分考量了装备历史数据的动态更迭过程与潜在随机分布特征,所给出的装备可靠性系统工程参数指标预计值,更符合装备工程实际,也更真实可靠。

工程上,常见的统计回归分析方法有很多,一般包括线性回归分析方法、非线性回归分析方法、逻辑回归分析方法、多项式回归分析方法、套索回归分析方法等[33],鉴于书中篇幅所限,这里仅介绍线性回归分析方法。

线性回归分析方法首先假设装备不同参数指标间存有某种潜在的线性数学关联,如式(5.2.1)所示。

$$Y=a+bX \qquad (5.2.1)$$

式中:X、Y 代表不同的装备参数;a、b 代表不同的回归约束参数。之后,依托已有的装备参数指标历史数据 $\{X_i,Y_i\}$,$i=1,2,\cdots,N$,基于特定的工程约束要求 $f(X_i,Y_i)$,解算可满足式(5.2.1)的最优回归约束参数的估计值 $\hat{a}$ 和 $\hat{b}$,如式(5.2.2)所示。

$$\begin{cases} \hat{a}=f_1(X_i,Y_i) \\ \hat{b}=f_2(X_i,Y_i) \end{cases} \qquad (5.2.2)$$

最后,利用获取的估计值 $\hat{a}$ 和 $\hat{b}$,建立与装备不同随机特征参数的数学关联(不局限于 X 和 Y),进而达到考量装备不同参数指标动态更迭过程与潜在随机分布特征的目的。

这里,假设特定的工程约束要求 $f(X_i,Y_i)$ 为

$$f(X_i,Y_i) = \min\left[\sum_{i=1}^{N}(Y_i-\hat{a}-\hat{b}X_i)^2\right] \qquad (5.2.3)$$

即要求真实值 Y_i 与估计值 $\hat{a}+\hat{b}X_i$ 间满足"最小二乘"的技术约束要求,则易知[33]

$$\begin{cases} \hat{a} = \sum_{i=1}^{N} \frac{Y_i}{N} - \hat{b} \times \sum_{i=1}^{N} \frac{X_i}{N} \\ \hat{b} = \dfrac{N \times \sum_{i=1}^{N}(X_i Y_i) - \left(\sum_{i=1}^{N} X_i \sum_{i=1}^{N} Y_i\right)}{N \times \sum_{i=1}^{N} X_i^2 - \left(\sum_{i=1}^{N} X_i\right)^2} \end{cases} \tag{5.2.4}$$

需要说明的是,装备参数指标历史数据$\{X_i,Y_i\}$间的相关性考量,可通过计算相关性因子ρ_{XY}实现,如式(5.2.5)所示。相关性因子ρ_{XY}的取值处于$(0,1]$范围,取值越大,说明历史数据X_i与Y_i间的相关性越好,进而线性回归分析方法给出的估计值结论可信度越高。

$$\rho_{XY} = \dfrac{N \times \sum_{i=1}^{N}(X_i Y_i) - \left(\sum_{i=1}^{N} X_i \sum_{i=1}^{N} Y_i\right)}{\sqrt{N \times \sum_{i=1}^{N} X_i^2 - \left(\sum_{i=1}^{N} X_i\right)^2} \times \sqrt{N \times \sum_{i=1}^{N} Y_i^2 - \left(\sum_{i=1}^{N} Y_i\right)^2}} \tag{5.2.5}$$

此外,对于部分特殊情形,装备不同参数指标间存有的潜在线性数学关联可能恰恰经过原点,此时式(5.2.1)退化为

$$Y = bX \tag{5.2.6}$$

相应"最小二乘"技术约束下的最优回归约束参数估计值$\hat{a}$和$\hat{b}$的数学表达式退化为

$$\begin{cases} \hat{a} = 0 \\ \hat{b} = \dfrac{\sum_{i=1}^{N}(X_i Y_i)}{\sum_{i=1}^{N} X_i^2} \end{cases} \tag{5.2.7}$$

注意:应用线性回归分析方法的大前提是"装备不同参数指标间存有某种潜在的线性数学关联",有时候X与Y之间的线性数学关联比较容易建立,但有时候则需要进行必要的预先变换处理才能建立两者间的线性关联。以装备故障前累计时间t和装备故障累计概率$F(t)$两类参数为例,显然,故障前累计时间t和故障累计概率$F(t)$之间,并不存在"显性"形式的线性数学关联,因此在正式进行线性回归分析前,需要实施必要的预先变换处理。同时,鉴于故障前累计运行时间t满足的随机统计分布特征不同(回归分析前的一种猜想,可能会存在猜想误差,回归分析后需进行假设检验),需采取的预先变换处理方式也各不相同,为此,这里分别针对"指数分布"线性回归和"威布尔分布"线性回归两种情况进行示例说明。

5.2.1 指数分布线性回归

对于故障前累计运行时间t满足"指数分布"的情形,有

$$F(t) = 1 - \exp(-\lambda t) \tag{5.2.8}$$

式中:$F(t)$代表截至t时刻的故障累计概率;$\exp(\cdot)$代表指数函数;λ代表"指数分布"的特征参数。整理式(5.2.8),有

$$\ln\left[\dfrac{1}{1-F(t)}\right] = \lambda t \tag{5.2.9}$$

式中:$\ln(\cdot)$代表以e为底的自然对数函数。进一步,假设

第 5 章 可靠性系统工程数据分析

$$X=t, \quad Y=\ln\left[\frac{1}{1-F(t)}\right]$$

则有

$$Y=\lambda X \qquad (5.2.10)$$

至此，经过预先变换处理，已建立"指数分布"假设下装备故障前累计运行时间 t 和装备故障累计概率 $F(t)$ 两类参数间的线性数学关联。继而，可利用前述线性回归分析方法，基于装备部分参数指标的历史数据 $\{X_i, Y_i\}$，估计装备故障前累计运行时间 t 满足"指数分布"的特征参数 $\hat{\lambda}$。在给出"指数分布"的特征参数估计值 $\hat{\lambda}$ 之后，实际上也同步估计给出了装备故障前累计运行时间 t 的随机时变规律与未来发展趋势，相较于参数估计分析方法，这也正是统计回归分析方法的技术优势所在。

[算例 5-3] 假设某型装备故障前累计运行时间 t_i 的历史数据如表 5-7 所示，试采用"指数分布"线性回归分析方法，估计该型装备的平均故障前时间 MTTF，并计算装备故障前累计运行时间 t_i 数据与装备故障累计概率 $F(t_i)$ 数据间的相关性因子。

表 5-7　装备故障前累计运行时间 t_i 的 14 次历史数据

故障次数 i	1	2	3	4	5	6	7
故障前累计运行时间 t_i/月	15	26	31	35	55	58	61
故障次数 i	8	9	10	11	12	13	14
故障前累计运行时间 t_i/月	66	67	100	130	153	209	228

解：基于表 5-7 中所列装备故障前累计运行时间 t_i 的历史数据，分别计算"指数分布"线性回归分析中的参数 X 和参数 Y，如表 5-8 所示。相关点状统计图如图 5-3 所示。

表 5-8　"指数分布"线性回归分析数据统计表

序号	$t_i = X_i$	$F(X_i)$	Y_i	备注
1	15	0.0486	0.0498	
2	26	0.1181	0.1256	
3	31	0.1875	0.2076	
4	35	0.2569	0.2970	
5	55	0.3264	0.3951	
6	58	0.3958	0.5036	$N=14$;
7	61	0.4653	0.6260	$F(X_i) = \dfrac{X_i - 0.3}{N + 0.4}$;
8	66	0.5347	0.7651	
9	67	0.6042	0.9268	$Y_i = \ln\left[\dfrac{1}{1-F(X_i)}\right]$
10	100	0.6736	1.1197	
11	130	0.7431	1.3589	
12	153	0.8125	1.6740	
13	209	0.8819	2.1366	
14	228	0.9514	3.0239	

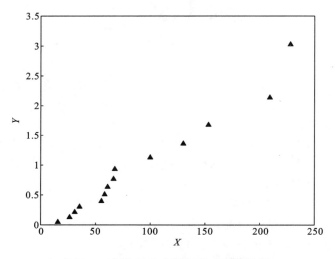

图 5-3　参数 X 和参数 Y 的点状统计图

进一步，基于式(5.2.7)，估计该型装备故障前累计运行时间 t_i 满足的"指数分布"特征参数 $\hat{\lambda}$，为

$$\hat{\lambda} = \frac{\sum_{i=1}^{N}(X_i Y_i)}{\sum_{i=1}^{N} X_i^2} = 0.0113 \quad (5.2.11)$$

继而，可知该型装备平均故障前时间的估计值 $\hat{MTTF}$ 为

$$\hat{MTTF} = \frac{1}{\hat{\lambda}} = \frac{1}{0.0113} \text{ 月} = 88.50 \text{ 月} \quad (5.2.12)$$

综合前述线性回归分析结果，可估计出该型装备的故障累计概率 $\hat{F}(t)$，如图 5-4 所示。

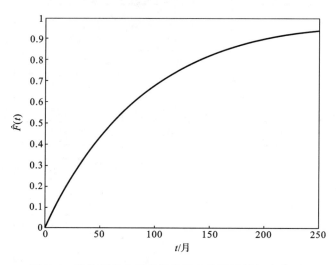

图 5-4　线性回归分析估计的装备故障累计概率 $\hat{F}(t)$

进一步，基于式(5.2.5)，可计算数据 X 与数据 Y 间的相关性因子 ρ_{XY} 为

$$\rho_{XY} = \frac{N \times \sum_{i=1}^{N}(X_i Y_i) - (\sum_{i=1}^{N} X_i \sum_{i=1}^{N} Y_i)}{\sqrt{N \times \sum_{i=1}^{N} X_i^2 - (\sum_{i=1}^{N} X_i)^2} \times \sqrt{N \times \sum_{i=1}^{N} Y_i^2 - (\sum_{i=1}^{N} Y_i)^2}} = 0.9828 \quad (5.2.13)$$

算例中,借助"MATLAB 软件"进行"指数分布"线性回归分析的核心编程代码如下。

```
X=[样本向量];                        %构造历史数据 X
N=length(X);
for i=1:N
    F(i)=(i-0.3)/(N+0.4);            %构造历史数据 F(i)
end
for i=1:N
    Y(i)=log(1/(1-F(i)));            %构造历史数据 Y
end
λ=sum(X.*Y)/sum(X.*X);               %线性回归分析估计指数分布特征参数 λ
MTTF=1/λ;                            %线性回归分析估计装备平均故障前时间 MTTF
g=(N*sum(X.*Y)-sum(X).*sum(Y))/(sqrt(N*sum(X.*X)-sum(X)^2)* ...
    sqrt(N*sum(Y.*Y)-sum(Y)^2));     %计算历史数据 X 与 Y 的相关性因子
```

5.2.2 威布尔分布线性回归

对于故障前累计运行时间 t 满足"威布尔分布"的情形,有

$$F(t) = 1 - \exp\left[-\left(\frac{t}{\eta}\right)^{\beta}\right] \quad (5.2.14)$$

式中:$F(t)$ 代表截至 t 时刻的故障累计概率;η、β 分别代表威布尔分布的尺度特征参数和形状特征参数。整理式(5.2.14),有

$$\ln\left(\ln\left[\frac{1}{1-F(t)}\right]\right) = \beta\ln(t) - \beta\ln(\eta) \quad (5.2.15)$$

进一步,假设

$$X = \ln(t), \quad Y = \ln\left(\ln\left[\frac{1}{1-F(t)}\right]\right)$$

则有

$$Y = \beta X - \beta\ln(\eta) \quad (5.2.16)$$

至此,经过预先变换处理,已建立"威布尔分布"假设下装备故障前累计运行时间 t 和装备故障累计概率 $F(t)$ 两类参数间的线性数学关联。继而,可利用前述线性回归分析方法,基于装备部分参数指标的历史数据 $\{X_i, Y_i\}$,估计装备故障前累计运行时间 t 满足"威布尔分布"的特征参数 $\hat{\eta}$ 和 $\hat{\beta}$。类似地,在给出"威布尔分布"的特征参数估计值 $\hat{\eta}$ 和 $\hat{\beta}$ 之后,即可同步估计给出装备故障前累计运行时间 t 的随机时变规律与未来发展趋势。注意,式(5.2.16)中参数 η、β 与式(5.2.1)中参数 a、b 间的数学关联为

$$\begin{cases} \beta = b \\ \eta = \exp(-a/\beta) \end{cases} \quad (5.2.17)$$

[**算例 5-4**] 假设某型装备故障前累计运行时间 t_i 的历史数据如表 5-9 所示,试采用"威

布尔分布"线性回归分析方法,估计该型装备的平均故障前时间MTTF,并计算装备故障前累计运行时间 t_i 数据与装备累计故障概率 $F(t_i)$ 数据间的相关性因子。

表 5-9 装备故障前累计运行时间 t_i 的 12 次历史数据

故障次数 i	1	2	3	4	5	6
故障前累计运行时间 t_i/月	16	22	34	36	40	43
故障次数 i	7	8	9	10	11	12
故障前累计运行时间 t_i/月	55	97	128	130	139	143

解:基于表 5-9 中所列装备故障前累计运行时间 t_i 的历史数据,分别计算"威布尔分布"线性回归分析中的参数 X 和参数 Y,如表 5-10 所示。相关点状统计图如图 5-5 所示。

表 5-10 "威布尔分布"线性回归分析数据统计表

序号	t_i	$F(t_i)$	X_i	Y_i	备注
1	16	0.0565	2.7726	−2.8455	
2	22	0.1371	3.0910	−1.9142	
3	34	0.2177	3.5264	−1.4042	
4	36	0.2984	3.5835	−1.0374	$N=12$;
5	40	0.3790	3.6889	−0.7413	$F(t_i)=\dfrac{t_i-0.3}{N+0.4}$;
6	43	0.4597	3.7612	−0.4852	$X_i=\ln(t_i)$;
7	55	0.5403	4.0073	−0.2520	$Y_i=\ln\left(\ln\left[\dfrac{1}{1-F(t_i)}\right]\right)$
8	97	0.6210	4.5747	−0.0303	
9	128	0.7016	4.8520	0.1901	
10	130	0.7823	4.8675	0.4216	
11	139	0.8629	4.9345	0.6867	
12	143	0.9435	4.9628	1.0558	

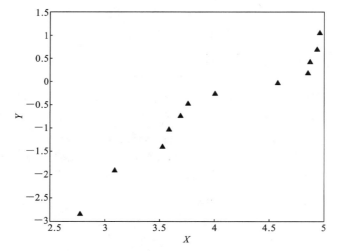

图 5-5 参数 X 和参数 Y 的点状统计图

进一步,基于式(5.2.17),估计该型装备故障前累计运行时间 t_i 满足的"威布尔分布"特征参数 $\hat{\beta}$、$\hat{\eta}$,分别为

$$\hat{\beta} = \hat{b} = \frac{N \times \sum_{i=1}^{N}(X_i Y_i) - (\sum_{i=1}^{N} X_i \sum_{i=1}^{N} Y_i)}{N \times \sum_{i=1}^{N} X_i^2 - (\sum_{i=1}^{N} X_i)^2} = 1.4196 \quad (5.2.18)$$

$$\hat{\eta} = \exp(-\hat{a}/\hat{\beta}) = \exp\left[-\left(\sum_{i=1}^{N}\frac{Y_i}{N} - \hat{b} \times \sum_{i=1}^{N}\frac{X_i}{N}\right)\Big/\hat{\beta}\right] = 83.51 \quad (5.2.19)$$

继而,可知该型装备平均故障前时间的估计值 $\hat{MTTF}$ 为

$$\hat{MTTF} = \hat{\eta}\Gamma\left(1 + \frac{1}{\hat{\beta}}\right) = 75.95 \text{ 月} \quad (5.2.20)$$

式中:$\Gamma(\cdot)$ 为伽马函数。综合前述线性回归分析结果,可估计出该型装备的故障累计概率 $\hat{F}(t)$,如图 5-6 所示。

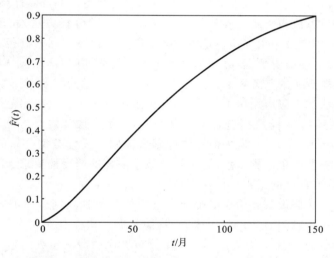

图 5-6　线性回归分析估计的装备故障累计概率 $\hat{F}(t)$

进一步,基于式(5.2.5),可计算数据 X 与数据 Y 间的相关性因子 ρ_{XY},为

$$\rho_{XY} = \frac{N \times \sum_{i=1}^{N}(X_i Y_i) - (\sum_{i=1}^{N} X_i \sum_{i=1}^{N} Y_i)}{\sqrt{N \times \sum_{i=1}^{N} X_i^2 - (\sum_{i=1}^{N} X_i)^2} \times \sqrt{N \times \sum_{i=1}^{N} Y_i^2 - (\sum_{i=1}^{N} Y_i)^2}} = 0.9613 \quad (5.2.21)$$

算例中,借助"MATLAB 软件"进行"威布尔分布"线性回归分析的核心编程代码如下。

```
T=[样本向量];                    %构造历史数据 T
N=length(T);
for i=1:N
    F(i)=(i-0.3)/(N+0.4);       %构造历史数据 F(i)
End
X=log(T);                       %构造历史数据 X
for i=1:N
```

```
            Y(i)=log(log(1/(1-F(i))));           %构造历史数据 Y
End
b= (N*sum(X.*Y)-sum(X).*sum(Y))./(N*sum(X.*X)-sum(X).^2);    %线性回归参数 b
a= (sum(Y)-b.*sum(X))/N;                 %线性回归参数 a
wb=b;                                    %线性回归分析估计威布尔分布形状特征参数 β
wa= exp(-a/wb);                          %线性回归分析估计威布尔分布尺度特征参数 η
MTTF=wa*gamma(1+1/wb);                   %线性回归分析估计装备平均故障前时间 MTTF
g= (N*sum(X.*Y)-sum(X).*sum(Y))/(sqrt(N*sum(X.*X)-sum(X)^2)* ...
   sqrt(N*sum(Y.*Y)-sum(Y)^2));          %计算历史数据 X 与 Y 的相关性因子
```

5.3 最大似然估计

统计回归分析方法通过假设装备历史数据的动态更迭过程符合某类固定形式的数学关联,进而依赖满足特定工程约束要求的"回归"演算,实现装备相关可靠性系统工程参数的量值预计。统计回归分析方法与传统的参数估计分析方法(经验分析方法)相比,具备一定的技术先进性,但在工程应用实践中也存在一定的技术局限性。以线性回归分析方法为例,它需要装备历史数据(或整理后的历史数据)必须满足一定程度的线性回归($Y=a+bX$)可能,否则将无法利用回归算法获取真实的装备可靠性系统工程参数预计信息。显然,这在很大程度上限制了线性回归分析方法的工程应用价值。为此,这里给出一类工程上应用范围更广、技术约束要求更宽松的可靠性系统工程数据统计分析方法——最大似然估计方法 MLEM(maximum likelihood estimation method)。最大似然估计方法适用于任意类型分布的装备历史数据,且在可靠性系统工程参数的量值预计层面,更符合数学演算的严谨性要求,并对装备历史数据的敏感性反应更低,量值预计的工程可信性更高。

最大似然估计方法假设装备历次故障演变过程均满足独立同分布的随机统计特征,即装备历次故障前累计运行时间 $t_i(i=1,2,\cdots,N)$ 均满足同一概率分布密度函数 $f(t_i,\zeta)$。其中,N 为装备故障演变的总次数,ζ 为决定不同概率分布规律的特征参数向量。在此基础上,最大似然估计方法通过合理构建契合装备故障演变特点的工程似然函数 $l(t_1,t_2,\cdots,t_N,\zeta)$,如式(5.3.1)所示,并基于装备历史数据求解工程似然函数的最优可实现极值,进而完成装备符合某类潜在统计特征的可靠性系统工程特征参数的估计。

$$l(t_1,t_2\cdots,t_N,\zeta) = \prod_{i=1}^{N} f(t_i,\zeta) \tag{5.3.1}$$

$$\zeta=[\zeta_1 \quad \zeta_2 \quad \cdots \quad \zeta_M] \tag{5.3.2}$$

式中:M 代表特征参数向量 ζ 的总维度;ζ_i 代表反映装备故障演变规律的第 i 个特征参数。

实施最大似然估计方法的总体技术思路如下:如果已知的装备历史数据满足某种特定随机分布规律,则在特定分布规律约束下,基于相关历史数据的历次概率分布密度函数的量值乘积应可取最大极值。最大似然估计方法的技术优势在于不受任意形式的历史数据特征所限,工程适用范围很广;但其也存在技术短板,即不能保证估计给出的随机统计分布特征一定就是工程上潜在的最优估计结果,存在一定的"试错"风险。

为方便求解式(5.3.1)的最大可实现极值,对等式两边同时取自然对数,并取负值,则有

$$L(t_1,t_2,\cdots,t_N,\zeta) = -\ln[l(t_1,t_2,\cdots,t_N,\zeta)] = -\sum_{i=1}^{N}\ln[f(t_i,\zeta)] \tag{5.3.3}$$

式中:$L(t_1,t_2,\cdots,t_N,\boldsymbol{\zeta})$为经变形整理后的工程似然函数。此时,求解式(5.3.1)的最大可实现极值问题,转变为求解式(5.3.3)的最小可实现极值问题。继而,基于高等数学中的函数极值求解方法[34],易知式(5.3.3)的最小可实现极值可由式(5.3.4)确定。

$$\frac{\partial L(t_1,t_2,\cdots,t_N,\boldsymbol{\zeta})}{\partial \boldsymbol{\zeta}} = \mathbf{0} \tag{5.3.4}$$

式中:$\mathbf{0}$代表总维度为M的0值向量。进一步,经由式(5.3.4)解算估计出装备历史数据可能满足的随机分布特征参数向量$\boldsymbol{\zeta}$后,即可同步估计给出装备故障前累计运行时间t的随机时变规律与未来发展趋势。

5.3.1 指数分布最大似然估计

假设装备历次故障前累计运行时间t_i均满足独立的指数分布随机统计特征,则有

$$\begin{cases} f(t_i,\boldsymbol{\zeta}) = \lambda\exp(-\lambda t_i) \\ \boldsymbol{\zeta} = [\zeta_1] = [\lambda] \end{cases} \tag{5.3.5}$$

式中:$f(t_i,\boldsymbol{\zeta})$代表指数分布的概率密度函数;$\lambda$代表指数分布的特征参数。可构造工程似然函数$l(t_1,t_2,\cdots,t_N,\boldsymbol{\zeta})$为

$$l(t_1,t_2,\cdots,t_N,\boldsymbol{\zeta}) = \prod_{i=1}^{N} f(t_i,\boldsymbol{\zeta}) = \prod_{i=1}^{N} \lambda\exp(-\lambda t_i) \tag{5.3.6}$$

继而,经变形整理后的工程似然函数$L(t_1,t_2,\cdots,t_N,\boldsymbol{\zeta})$为

$$L(t_1,t_2,\cdots,t_N,\boldsymbol{\zeta}) = -\sum_{i=1}^{N}\ln[f(t_i,\boldsymbol{\zeta})] = \sum_{i=1}^{N}[\lambda t_i - \ln(\lambda)] \tag{5.3.7}$$

进一步,基于式(5.3.4),求解工程似然函数$L(t_1,t_2,\cdots,t_N,\boldsymbol{\zeta})$的最小可实现极值,有

$$\frac{\partial L(t_1,t_2,\cdots,t_N,\boldsymbol{\zeta})}{\partial \boldsymbol{\zeta}} = \frac{\partial\{\sum_{i=1}^{N}[\lambda t_i - \ln(\lambda)]\}}{\partial \lambda} = \sum_{i=1}^{N} t_i - \frac{N}{\lambda} = 0 \tag{5.3.8}$$

整理式(5.3.8),可知潜在"指数分布"的特征参数估计值$\hat{\lambda}$与装备历次故障前累计运行时间t_i满足如下数学关系:

$$\hat{\lambda} = \frac{N}{\sum_{i=1}^{N} t_i} \tag{5.3.9}$$

[算例 5-5] 已知某型柴油机故障前累计运行时间t_i的历史数据如表5-11所示,假设其历次故障演变过程均满足相互独立的"指数分布"随机特征,特征参数取λ,试采用最大似然估计方法估计该型柴油机的平均故障前时间MTTF,并计算此种情形下相关工程似然函数L的最小可实现极值。

表 5-11 柴油机故障前累计运行时间t_i的5次历史数据

故障次数 i	1	2	3	4	5
故障前累计运行时间 t_i/h	10490	11700	7140	7700	7730

解:基于式(5.3.7),可构造该型柴油机的工程似然函数L为

$$L(t_1,t_2,\cdots,t_5,\lambda) = \sum_{i=1}^{5}[\lambda t_i - \ln(\lambda)] \tag{5.3.10}$$

继而,由式(5.3.9)可知该型柴油机指数分布特征参数的估计值 $\hat{\lambda}$ 和平均故障前时间的估计值 $\hat{\text{MTTF}}$ 分别为

$$\begin{cases} \hat{\lambda} = \dfrac{5}{\sum\limits_{i=1}^{5} t_i} = \dfrac{5}{10490+11700+7140+7700+7730} = \dfrac{1}{8952} \\ \hat{\text{MTTF}} = \dfrac{1}{\hat{\lambda}} = 8952 \text{ h} \end{cases} \quad (5.3.11)$$

进一步,将特征参数的估计值 $\hat{\lambda}$ 代入式(5.3.10),则此种情形下相关工程似然函数 $L(t_1, t_2, \cdots, t_5, \lambda)$ 的最小可实现极值为

$$L(t_1, t_2, \cdots, t_5, \hat{\lambda}) = \sum_{i=1}^{5} \left[\dfrac{t_i}{8952} + \ln(8952) \right] = 50.4982 \quad (5.3.12)$$

5.3.2 正态分布最大似然估计

假设装备历次故障前累计运行时间 t_i 均满足独立的"正态分布"随机统计特征,则有

$$\begin{cases} f(t_i, \boldsymbol{\zeta}) = \dfrac{1}{\sigma\sqrt{2\pi}} \exp\left[-\dfrac{(t_i-\mu)^2}{2\sigma^2} \right] \\ \boldsymbol{\zeta} = \begin{bmatrix} \zeta_1 & \zeta_2 \end{bmatrix} = \begin{bmatrix} \mu & \sigma \end{bmatrix} \end{cases} \quad (5.3.13)$$

式中:$f(t_i, \boldsymbol{\zeta})$ 代表正态分布的概率密度函数;μ, σ 代表正态分布的特征参数。可构造工程似然函数 $l(t_1, t_2, \cdots, t_N, \boldsymbol{\zeta})$ 为

$$l(t_1, t_2, \cdots, t_N, \boldsymbol{\zeta}) = \prod_{i=1}^{N} f(t_i, \boldsymbol{\zeta}) = \dfrac{1}{\sigma\sqrt{2\pi}} \prod_{i=1}^{N} \exp\left[-\dfrac{(t_i-\mu)^2}{2\sigma^2} \right] \quad (5.3.14)$$

继而,经变形整理后的工程似然函数 $L(t_1, t_2, \cdots, t_N, \boldsymbol{\zeta})$ 为

$$L(t_1, t_2, \cdots, t_N, \boldsymbol{\zeta}) = -\sum_{i=1}^{N} \ln[f(t_i, \boldsymbol{\zeta})] = \sum_{i=1}^{N} \left[\ln(\sqrt{2\pi}) + \ln(\sigma) + \dfrac{(t_i-\mu)^2}{2\sigma^2} \right] \quad (5.3.15)$$

进一步,基于式(5.3.4),求解函数 $L(t_1, t_2, \cdots, t_N, \boldsymbol{\zeta})$ 的最小可实现极值,有

$$\begin{cases} \dfrac{\partial L(t_1,t_2,\cdots,t_N,\boldsymbol{\zeta})}{\partial \zeta_1} = \dfrac{\partial\left\{ \sum\limits_{i=1}^{N}\left[\ln(\sqrt{2\pi})+\ln(\sigma)+\dfrac{(t_i-\mu)^2}{2\sigma^2}\right]\right\}}{\partial \mu} = -\dfrac{1}{\sigma^2}\sum\limits_{i=1}^{N}(t_i-\mu) = 0 \\ \dfrac{\partial L(t_1,t_2,\cdots,t_N,\boldsymbol{\zeta})}{\partial \zeta_2} = \dfrac{\partial\left\{ \sum\limits_{i=1}^{N}\left[\ln(\sqrt{2\pi})+\ln(\sigma)+\dfrac{(t_i-\mu)^2}{2\sigma^2}\right]\right\}}{\partial \sigma} = \dfrac{N}{\sigma}-\dfrac{1}{\sigma^3}\sum\limits_{i=1}^{N}(t_i-\mu)^2 = 0 \end{cases} \quad (5.3.16)$$

整理式(5.3.16),可知潜在"正态分布"的特征参数估计值 $\hat{\mu}$ 和 $\hat{\sigma}$ 与装备历史数据 t_i 满足如下数学关系:

$$\hat{\mu} = \dfrac{\sum\limits_{i=1}^{N} t_i}{N}, \quad \hat{\sigma} = \sqrt{\dfrac{\sum\limits_{i=1}^{N}(t_i-\mu)^2}{N}} \quad (5.3.17)$$

[**算例 5-6**] 沿用算例 5-5 中某型柴油机故障前累计运行时间 t_i 的历史数据,假设其历次故障演变过程均满足相互独立的"正态分布"随机特征,特征参数取 μ、σ,试采用最大似然估

计方法估计该型柴油机的平均故障前时间MTTF,并计算此种情形下相关工程似然函数 L 的最小可实现极值。

解:基于式(5.3.15),可构造该型柴油机的工程似然函数 L 为

$$L(t_1,t_2,\cdots,t_5,\mu,\sigma) = \sum_{i=1}^{5}\left[\ln(\sqrt{2\pi}) + \ln(\sigma) + \frac{(t_i-\mu)^2}{2\sigma^2}\right] \quad (5.3.18)$$

继而,由式(5.3.17)可知该型柴油机正态分布特征参数的估计值 $\hat{\mu}$ 和 $\hat{\sigma}$,以及平均故障前时间的估计值MTTF分别为

$$\begin{cases} \hat{\mu} = \dfrac{\sum_{i=1}^{5}t_i}{5} = 8952 \\ \hat{\sigma} = \sqrt{\dfrac{\sum_{i=1}^{5}(t_i-\hat{\mu})^2}{5}} = 1803.40 \end{cases} \quad (5.3.19)$$

$$\hat{\text{MTTF}} = \hat{\mu} = 8952 \text{ h} \quad (5.3.20)$$

进一步,将特征参数的估计值 $\hat{\mu}$ 和 $\hat{\sigma}$ 代入式(5.3.18),则此种情形下相关工程似然函数 $L(t_1,t_2,\cdots,t_5,\mu,\sigma)$ 的最小可实现极值为

$$L(t_1,t_2,\cdots,t_5,\hat{\mu},\hat{\sigma}) = \sum_{i=1}^{5}\left[\ln(\sqrt{2\pi}) + \ln(1803.4) + \frac{(t_i-8952)^2}{2\times 1803.4^2}\right] = 44.5812 \quad (5.3.21)$$

对比式(5.3.21)与式(5.3.12)的计算结果可知,$L(t_1,t_2,\cdots,t_5,\mu,\sigma)=44.5812<L(t_1,t_2,\cdots,t_5,\lambda)=50.4982$,即对于表5-11中所列柴油机故障前累计运行时间 t_i 的历史数据,其服从"正态分布"的可能性高于服从"指数分布"的可能性。

第三篇

保障实践篇

使用阶段的可靠性系统工程

> "运筹策帷帐之中,决胜於千里之外。"
> ——《史记》

    本书的第三篇,主要阐述装备使用阶段可靠性系统工程中的维修策略管理与供应保障优化内容。接下来的章节,将涉及如下问题:
(1) 装备使用阶段可靠性系统工程关注的核心技术问题;
(2) 装备使用阶段为维持装备最佳可用状态的常见维修管理策略;
(3) 不同维修管理策略的工程适用场合与技术优缺点;
(4) 装备使用阶段高效实施不同维修策略管理的关键技术难点;
(5) 装备使用阶段开展备件供应保障需求预测的常见工程统计模型;
(6) 不同供应保障需求统计模型的工程适用场合与数学推演方法;
(7) 装备使用阶段高效实施备件储供优化运维的常见订货策略;
(8) 保障工程应用实践中,常见的备件储供优化管理技术方法。

    这些问题的回答,有助于在装备使用阶段,协助装备操作使用人员、管理决策人员和保障实施人员,合理筹划装备维修工作类型、科学决策装备保障工作时机、长期稳定保持装备在役技术完好状态。

第6章　可靠性系统工程维修策略管理

本书前面章节，集中就装备可靠性系统工程研制阶段关注的几类核心技术问题进行了专题论述，解决了新研装备建设工作中的"优生优育"问题。自本章起，笔者将转换问题关注的视角，重点关注新研装备列装使用后，如何切合装备自身的通用质量固有设计特性，科学管装、用装，进而以可承受的费用消耗高效释放装备使用潜能的问题。鉴于装备使用期间可靠性系统工程最为核心的技术工作聚焦于如何科学筹划装备各类维护、修理及保障活动，以确保装备的优良技术状态长期稳定保持，为此，本书后续章节内容将重点阐述装备使用期间的维修策略管理与供应保障优化问题。注意，虽然装备的维修策略管理与供应保障优化工作启动于装备使用阶段，但相关影响策略抉择与保障优化的技术原则和推演规律，大都仍可追溯至装备可靠性系统工程研制阶段的固有通用质量特性设计。从这个角度来看，我们可以认为装备使用阶段的可靠性系统工程与装备研制阶段的可靠性系统工程是一体的。

本章首先阐述装备使用阶段可靠性系统工程中的维修策略管理问题，内容涵盖装备维修、维修级别、维修类别、维修策略等维修工程的基础知识，以及如何科学选择修复性维修、定期预防性维修、基于状态的预测性维修等不同维修策略的技术原则；旨在通过详细解构装备不同维修策略的技术内涵与工程应用优缺点，探索一套能够有效保持装备使用期间最佳可用状态的维修工作管理方法。

6.1　维　　修

6.1.1　基本内涵

国军标《装备通用质量特性术语》中维修的定义为"为使产品保持或恢复到规定状态所进行的全部活动"。英国标准学会《国际术语汇编》中维修的定义为"用于保持或恢复产品至所需功能要求状态的全部技术类与管理类活动的综合体"。综合前述国内外相关标准类文献对维修内涵的释析，这里将维修工作定义为"用于保持或恢复产品处于某种可接受工作状态而开展的全部技术类与管理类活动的总称"。其中：可接受工作状态通常与产品正常运行所需满足的功能要求、性能要求和效能要求等密切相关；技术类活动通常与便于实施装备维修的维修性设计、维修作业技能等级要求和维修保障资源要求等密切相关；管理类活动通常与产品的总体维修策略、维修组织机构、维修制度以及维修运行模式等密切相关。

6.1.2　工程目的

在装备全寿期可靠性系统工程中，开展装备维修工作的主要目的如下：

(1)及时排除潜在或已发生的装备故障,以降低装备故障后产生的不良后果;
(2)尽可能延长装备处于健康功能状态的时间,进而延长装备的有效使用寿命;
(3)确保装备长期处于健康且安全的使用状态;
(4)确保装备运行技术状态随时满足不同任务剖面约束下的使用要求;
(5)长期维持装备自身潜在的工程使用价值;
(6)降低装备全寿命周期内的维修总费用。

6.2 维修级别

随着当今装备科技的高速发展,装备的组成结构越发复杂,内含功能单元与组部件也越发众多。其中,有些功能单元与组部件结构简单,修理技能要求较低,在装备现场依托普通的修理人员和修理工具即可较高质量地完成相关修理活动;而有些功能单元与组部件则结构复杂,修理技能要求较高,必须拆卸后在特定修理设施内由专业修理人员使用专用修理工具才能有效地完成相关修理活动。为此,为合理使用并充分发挥不同保障条件的使用潜能,进而保证装备不同维修工作的高效组织与经济实施,工程上经常将装备的具体维修工作任务划分为多个不同的维修级别,并就不同维修级别的维修任务复杂性、维修技能要求和维修资源供应要求等给予明确定位。这里,介绍一类典型的"三级"维修级别划分方法,即"用户级-中继级-基地级"。

6.2.1 用户级

用户级的维修工作任务通常在装备部署的现场开展,工作内容一般包括装备日常的例行保养工作(日、周、月)、定期预防性维修工作(定期功能监测、检修与报废更换)、维修技能要求较低且维修工装具要求不高的修复性维修工作(换件修理为主、原件修复为辅),以及运行过程中的技术状态监测与适应性调整等。

6.2.2 中继级

中继级的维修工作任务通常在装备部署附近的前置维修工作站开展,工作内容一般包括技能要求较高的定期预防性维修工作(仪表、设备的计量与标校)、维修技能要求较高或维修工装具要求较高的修复性维修工作(线上可更换单元的修复、车间可更换单元的换件),以及需局部拆解才能实施的具备一定专业难度的专项技术状态检测等。

6.2.3 基地级

基地级的维修工作任务通常在区域性质的后方维修工作站(中心/厂)或装备研制(供货)单位开展,工作内容一般包括中继级维修能力工作范围以外的全部维修工作。开展基地级维修所需的维修人力技能水平和专用维修设施、设备、仪器、工具等保障资源配置要求,均远高于中继级维修和用户级维修,并可实现送修装备技术状态的全方位和深层次恢复。

有时候,为提升装备维修保障资源的利用效率,进而缩短装备维修工作的响应时间和闭环运控时间,也经常采用"两级"维修级别划分方法,即"用户级-基地级"。此时,前述中继级维修工作任务将视装备用户的维修技能水平与维修保障资源的实际配置情况,被拆解分配到用户级或基地级的维修工作任务中。

6.3 维 修 类 别

维修类别指具备一定技术共同点的不同维修作业类型的划分。工程上,划分装备维修类别的方法有很多种,这里依据装备维修工作启动时机的不同,将装备维修分为修复性维修、预防性维修和预测性维修三个类别。

6.3.1 修复性维修

修复性维修指在装备故障后为恢复装备正常技术状态所开展的一类维修活动,通常也将其称为"事后"维修或"临时"维修。装备修复性维修的闭环实施流程如图6-1所示。虽然修复性维修在装备功能失效后实施,但工程上仍然可以依据装备自身的固有可靠特征参数(例如,平均故障间隔时间),大致预测其可能发生的时间范围,进而提前筹划维修保障资源、降低装备故障风险后果。

图 6-1　装备修复性维修的闭环实施流程

6.3.2 预防性维修

与修复性维修不同,预防性维修是一类在装备发生故障前就开展的维修活动。显然,对于装备组成中故障后可能会导致人员伤亡、关键任务功能丧失和重大经济损失的功能单元或组部件而言,"事后"开展修复性维修为时已晚,此时选择开展"事前"形式的预防性维修更为妥当。装备预防性维修的闭环实施流程如图6-2所示。为最大限度地降低装备关重功能单元或组部件的故障发生概率和工程运行风险,工程上通常定期对其实施保养、检测、拆修、报废等预防性维修。

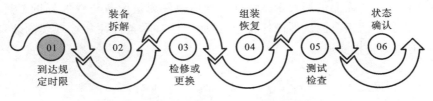

图 6-2　装备预防性维修的闭环实施流程

需要说明的是,预防性维修有其应用局限性,仅适用于故障率 $\lambda(t)$ 具备明显累计耗损特征的功能单元或组部件。图 6-3 是一类具备明显累计耗损特征的装备故障率 $\lambda(t)$ 时变曲线,工程上通常将定期开展预防性维修作业的最佳时机选定在图中所示预防性维修关键时间点之前。

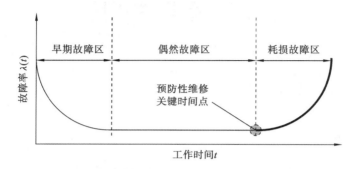

图 6-3　具备明显累计耗损特征的装备故障率 $\lambda(t)$ 时变曲线

6.3.3　预测性维修

预测性维修也是一类在装备发生故障前就开展的维修活动。但其与定期开展的预防性维修不同,预测性维修没有固定的维修时限,具体实施时机视装备状态监测或状态检查的具体结果而定。为此,工程上也常将预测性维修称为基于"状态"的视情维修。装备预测性维修的闭环实施流程如图 6-4 所示。对于装备组成中故障后可能会导致人员伤亡、关键任务功能丧失和重大经济损失的功能单元或组部件而言,如果其故障率 $\lambda(t)$ 并不具备明显的累计耗损特征,选择基于"状态"的预测性维修比预防性维修更具技术优势,也更能取得预期成效。

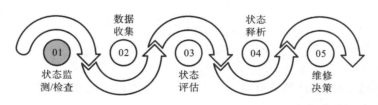

图 6-4　装备预测性维修的闭环实施流程

需要说明的是,与预防性维修类似,预测性维修也有其应用局限性。一方面,实施预测性维修需要能够建立部分可测关键技术参数与装备风险预警状态间的有效关联模型,但遗憾的是,此项工作的技术实现难度通常很大,有时候甚至在工程层面不可实现;另一方面,装备的状态监测或状态检查工作需要依托大量高精度的专用硬件测量设备与软件分析工具,并且还需要装备自身具备良好的固有测试性设计特性,然而这些基本条件往往在现实的装备保障工程实践中,并不能得以轻松实现。

6.4　维修策略

如前所述,工程上可供选择的装备维修类别有多种,如何针对装备自身的结构、设计及软硬件特点，科学选择最为适用且有效的维修类别，是提升装备维修工作效能、保持装备良好技术状态的关键。这里，笔者将此类结合装备特点选择最为适用且有效的维修类别的技术过程定义为"维修策略"。鉴于本书篇幅所限，此处仅就基于故障的"事后"维修、基于可靠特征的定期"事前"维修和基于状态监测的"视情"维修三类常见装备维修策略的确定方法进行技术说明。

6.4.1 基于故障的"事后"维修

基于故障的"事后"维修策略，直到装备相关功能单元或组部件出现实际故障后，才实施相应的维修工作活动，本质上遵循的维修类别是"修复性维修"，其具体的适用条件、实施程序与优缺点如下。

1. 适用条件

基于故障的"事后"维修策略适用于故障后不会直接或间接导致人员伤亡、关键任务功能丧失和重大经济损失的功能单元或组部件，即本书 4.4 节"故障模式、影响及危害性分析"中故障影响后果较轻的功能单元或组部件，或者预留了充分冗余设计储备的功能单元或组部件。

2. 实施程序

基于故障的"事后"维修策略实施程序如图 6-5 所示。

3. 优点

基于故障的"事后"维修策略能够保持装备相关功能单元或组部件尽可能长的平均使用寿命，即确保相关功能单元或组部件的工程使用寿命利用率最大。

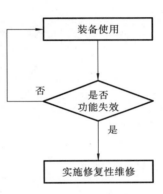

图 6-5 基于故障的"事后"维修策略实施程序

4. 缺点

维修工作缺乏规划性，大量修复性维修工作任务很可能出现在不便实施维修的"错误"时间，进而造成维修工作被动；维修工作需求产生的随机性过大，维修保障资源难以在装备全局层面实现统筹、共享与优化，进而造成维修保障资源短缺或浪费；维修工程作业的可控性较差，装备功能单元或组部件故障后可能会进一步诱发其他功能单元或组部件也出现故障，进而产生大量需要临时增补的牵连性工程。

6.4.2 基于可靠特征的定期"事前"维修

基于可靠特征的定期"事前"维修策略主要依赖"预防性维修"类别完成装备的技术状态恢复任务，其在装备的关重功能单元或组部件故障率即将出现大幅升高的早期就按预先计划实施相应的维修工作活动，具体的适用条件、实施程序与优缺点如下。

1. 适用条件

基于可靠特征的定期"事前"维修策略适用于故障率具备明显累计耗损特征且故障后将直接或间接导致人员伤亡、关键任务功能丧失和重大经济损失的功能单元或组部件；同时，此类维修策略作用的功能单元或组部件的技术状态往往在运行过程中难以实现有效的工程监测与功能检查，或者实现相关状态监测与功能检查的技术举措非常不经济。此外，此类维修策略还要求装备全寿期内相关功能单元或组部件按照预先计划定期实施各种类型预防性维修工作活动的总费用,应明显低于其他维修策略的总费用。

2. 实施程序

基于可靠特征的定期"事前"维修策略实施程序如图6-6所示。图6-6中"筛选确定装备中的关重功能单元或组部件"和"基于固有可靠特征规划预防性维修时限"的有效工程技术方法,笔者已在文献[13]中给出翔实论述,此处不再赘述说明。

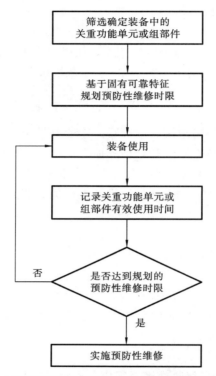

图6-6 基于可靠特征的定期"事前"维修策略实施程序

3. 优点

维修工作可提前规划,并安排在方便的时机实施,能够降低对装备日常使用与供应保障工作的临时性干涉影响;"事前"开展维修工作,可有效降低装备发生故障后产生的不良后果,包括人员与装备的安全风险、关键任务功能丧失、不可接受的经费损失等;可避免关重功能单元或组部件出现故障后被迫停机修理产生的大量装备不可用时间。

4. 缺点

鉴于相关"事前"预防性维修工作均按照固定时限要求开展,且并未充分考量不同功能单元或组部件的技术状态个体差异,为此,可能存在过度维修(功能单元或组部件的残留寿命未被充分利用)的工程风险;相较于单纯的"事后"维修策略,装备总体维修频次较高,维修保障资源筹措压力增大;如果配套人力的预防性维修作业技能不够熟练、维修供应保障管理不够高效,与其他类别的维修策略相比,可能导致装备更长的停机不可用时间。

6.4.3 基于状态监测的"视情"维修

基于状态监测的"视情"维修策略主要依赖"预测性维修"类别完成装备的技术状态恢复任

务,其通过足够精度的状态监测或状态检查活动,实现对装备关重功能单元或组部件技术状态的实时把控与先期预警,并在风险概率上升至不可接受范围内时及时启动针对性的维修工作活动,具体的适用条件、实施程序与优缺点如下。

1. 适用条件

基于状态监测的"视情"维修策略适用于任务功能状态可通过少量状态监测参数得以真实准确反映的重要功能单元或组部件;同时,此类维修策略要求实施状态监测或状态检查所需附加投入的人力与物力成本,远低于其可能节省的装备寿命周期维修工作总成本。此外,此类维修策略还要求通过开展相应的状态监测或状态检查技术活动,应能以较高概率水平探测到可能导致人员伤亡、关键任务功能丧失、重大经济损失等严重故障后果的各类潜在故障模式。

2. 实施程序

基于状态监测的"视情"维修策略实施程序如图 6-7 所示。

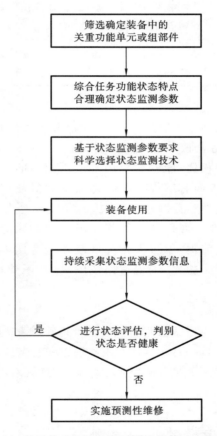

图 6-7 基于状态监测的"视情"维修策略实施程序

需要说明的是,图 6-7 中有关持续采集装备状态信息的方法有多种,大致可分为三类,分别为实时在线采集、定期采集和不定期采集。其中,工程上通常将前两类状态信息采集方法称为"状态监测",将第三类状态信息采集方法称为"状态检查"。这里重点说明实施"状态检查"策略的具体技术途径。状态检查与状态监测不同,实施第 n 次状态检查的时间由实施第 $n-1$ 次状态检查的结果确定,如式(6.4.1)所示。

$$T_n = T_{n-1} + C_{n-1,n}(\|\boldsymbol{X} - \boldsymbol{X}_c\|) \tag{6.4.1}$$

式中：X 代表广义状态向量；X_c 代表临界状态向量；$\|\cdot\|$ 代表向量间的广义距离范数，取值大于或等于 0；T_n 代表第 n 次状态检查的时间；T_{n-1} 代表第 $n-1$ 次状态检查的时间；$C_{n-1,n}(\cdot)$ 代表反映第 $n-1$ 次状态检查与第 n 次状态检查时间间隔的特定函数，取值与广义距离范数取值成正比。

此外，图 6-7 中进行装备状态评估并实施相应预测性维修的方法也有多种，此处给出一类较为常见的工程方法，如表 6-1 所示。

表 6-1 基于状态评估结果实施预测性维修的工程方法

序号	状态评估结果	预测性维修的工程方法	备注
1	$PG(X) < PG(X_c)$	纳为无故障状态，继续进行状态监测或状态检查	$PG(\cdot)$ 为特定的状态评估函数，取值大于 0，且随着状态的逐渐恶化，呈单调递增趋势；X_{lim} 代表极限状态向量
2	$PG(X_c) \leqslant PG(X) < PG(X_{lim})$	纳为潜在故障前状态，需提前实施相应的预防性维修	
3	$PG(X_{lim}) \leqslant PG(X)$	纳为已故障状态，需实施相应的修复性维修	

3. 优点

该策略与基于故障的"事后"维修策略相比，能够在一定程度上降低非计划的维修工作量；能够及时掌握装备的任务功能状态，进而大幅提高装备使用期间的安全性；与基于可靠特征的定期"事前"维修策略相比，能够缩短装备使用期间的停机时间，充分释放相关功能单元或组部件的使用潜能，进而有效提升装备寿命期间的使用可用度；鉴于状态监测或状态检查活动可较为准确地判别装备即将出现的维修需求，因此可规避一些不必要的预防性维修活动，进而可在一定程度上降低装备维修保障资源的供应压力；在配套状态监测或状态检查资源投入较为经济的前提下，可大幅降低装备全寿期内的维修保障费用；与基于可靠特征的定期"事前"维修策略相比，工程适用范围更广，不受相关功能单元或组部件的故障累计演变规律限制。

4. 缺点

该策略需要能够建立起"少量状态监测参数"与"装备任务功能状态是否健康"间的真实可信的有效评估关联模型，有时这一技术条件并不能得以轻易满足；为满足装备状态监测或状态检查的现实需求，需要配套投入大量的专用状态监测硬（软）件，有时会导致不可承受的额外维修保障费用。

6.4.4 维修策略选择的基本原则

前述三类装备维修策略在现实的维修工程场景中，均有其各自的技术优势与应用局限性。为此，对于种类众多、结构繁杂、耦合关系与可靠特征多样的现代装备而言，并不存在一类任何情况下都完全适用、有效且高度经济的通用维修策略可供选择。装备保障工程技术人员应结合所需保障装备的自身特点与保障需求实际，遵循以下基本原则，视情选择恰当的装备维修策略。

（1）对于故障后影响后果极其有限的非关重功能单元或组部件，建议首选基于故障的"事后"维修策略。

(2) 对于不具备实施状态监测或状态检查基本条件的关重功能单元或组部件,建议首选基于可靠特征的定期"事前"维修策略。

(3) 对于具备实施状态监测或状态检查基本条件的关重功能单元或组部件,如果在技术层面不能建立式(6.4.1)所示历次状态检查活动间隔间的可信的交互关联模型,建议首选基于实时在线或定期状态监测的"视情"维修策略。

(4) 对于具备实施状态监测或状态检查基本条件的关重功能单元或组部件,如果在技术层面能够建立式(6.4.1)所示历次状态检查活动间隔间的可信的交互关联模型,建议首选基于不定期状态检查的"视情"维修策略。

(5) 如果选择的装备维修策略在具体工程实施过程中,虽然比较有效,但同步产生的维修保障费用明显是用户不可长期承受的,则应视情考虑选择"融合式"的装备维修策略。

6.5 维修策略优化

6.5.1 预防性维修最优换件周期

如6.4节所述,对于故障率具备明显累计耗损特征且故障后将直接或间接导致人员伤亡、关键任务功能丧失和重大经济损失的功能单元或组部件,为降低工程使用风险并长期稳定保持其固有可靠特征,可考虑选择基于可靠特征的"事前"维修策略,即在相关功能单元或组部件处于潜在的较高风险状态时,提前实施恰当类型的预防性维修工作活动,以及时缓解或消除潜在工程风险。在众多可供选择的预防性维修工作类型中,定期报废更换新件是一类最为有效的预防性维修工作技术手段。但如果报废更换新件的频次过多、周期过短,从装备寿命周期费用的角度考虑,显然是不经济的,也不利于装备配套供应保障工作的良性循环;反之,如果报废更换新件的频次过少、周期过长,又极可能完全丧失了"事前"实施预防性维修的关键工程价值。为此,工程上往往需要合理地选择一个最优换件周期 T^*,并期望按照此周期实施装备的预防性换件维修,既能保证装备的良好技术状态长期稳定保持,又能在可控的范围内尽量缩减装备寿命周期内的保障费用。当前,可供优选装备预防性维修换件周期 T^* 的成熟技术方法很多,这里给出一类基于单位时间维修成本 $C_v(T)$ 的优选方法,如式(6.5.1)所示。

$$C_v(T) = \frac{C_c \times F(T) + C_p \times R(T)}{\int_0^T R(t)\mathrm{d}t} \tag{6.5.1}$$

式中:$F(\cdot)$代表换件对象的故障累计概率函数;$R(\cdot)$代表换件对象的可靠度函数;T代表换件对象的预防性维修换件周期;C_c代表换件对象实施单次非计划性质的修复性维修的平均成本(此时换件对象故障前累计使用时长 t 并未达到预定的换件周期 T 就已发生故障,即 $t<T$,为此故障后需采用非计划性质的修复性维修);C_p代表换件对象实施单次计划性质的换件维修的平均成本(此时换件对象累计使用时长截至 T 时并未发生故障,为此按照定期"事前"维修策略,直接采用计划性质的换件维修)。

为寻求能够保证单位时间维修成本 $C_v(T)$ 最低的预防性维修最优换件周期 T^*,将式(6.5.1)对 T 求导有

$$\frac{\mathrm{d}[C_v(T)]}{\mathrm{d}T} = -\frac{[C_c \times F(T) + C_p \times R(T)] \times R(T)}{\left[\int_0^T R(t)\mathrm{d}t\right]^2} + \frac{C_c \times \frac{\mathrm{d}[F(T)]}{\mathrm{d}T} + C_p \times \frac{\mathrm{d}[R(T)]}{\mathrm{d}T}}{\int_0^T R(t)\mathrm{d}t}$$
(6.5.2)

进一步,将式(6.5.2)取 0 值,则有

$$\frac{\mathrm{d}[R(T^*)]}{\mathrm{d}T} \times (C_p - C_c) \times \int_0^{T^*} R(t)\mathrm{d}t = [C_c + (C_p - C_c) \times R(T^*)] \times R(T^*) \quad (6.5.3)$$

至此,在已知换件对象使用期间的故障统计分布规律、修复性维修平均成本 C_c 和换件维修平均成本 C_p 的前提下,基于式(6.5.3),即可解算满足最低单位时间维修成本的预防性维修最优换件周期 T^*。

需要说明的是,式(6.5.3)仅适用于故障率具备明显累计耗损特征的功能单元或组部件,显然最为常见的故障规律满足"指数分布"特征的电子元器件并不在此范围内。如图6-8所示,对于故障规律满足"指数分布"特征的功能单元或组部件,在使用过程中的任意时间点,其故障率均保持为恒定值,潜在工程风险不会因为提前开展了预防性换件维修工作而在后续使用过程中降低。因此,对于此种类型的装备功能单元或组部件,盲目地硬性规划其预防性维修最优换件周期 T^* 已失去原本的工程价值,反而会导致不必要的资源与经费浪费。

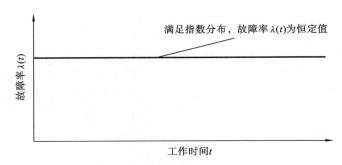

图 6-8　满足指数分布特征的故障率 $\lambda(t)$ 时变曲线

6.5.2　原件修复与换件修复

6.5.1节针对定期"事前"维修策略,讨论了如何确定最优换件周期的技术问题。本小节则转移问题关注的视角,针对"事后"维修策略,讨论如何基于"更新"模型下的经济性分析,确定最佳修复作业方式的技术问题。

工程上,实施装备修复作业的方式大致可分为两类。一类是基于装备现场的维修保障条件,充分运用相关维修保障人力资源、物质资源和信息资源,实现装备故障单元或部位的原件修复;另一类是直接通过更换受损故障件,实现装备故障单元或部位的换件修复。显然,换件修复能够迅速恢复装备故障后的任务功能与性能完好状态,并且对装备现场人员的维修技能要求和保障资源配置要求都较低,组织实施也较容易。但换件修复需要以数量充足的备件储备作为工程实现前提,在装备内置换件数量庞大的情形下,长期实施很可能意味着装备全寿期内对供应保障经费"包袱"不堪重负。综上,在装备使用阶段的可靠性系统工程实践中,如何更为科学、经济地开展装备修复性维修工作,需要在"原件修复"和"换件修复"两类修复作业方式

间,进行权衡抉择。

这里给出一类基于修复成本权衡确定最佳修复作业方式的工程技术方法。假设历次修复作业后(无论是原件修复,还是换件修复),装备的故障率水平均可再次恢复至崭新状态,即装备使用期间出现修复保障需求的次数满足"更新"过程,则装备任务期 T 内,采用原件修复作业方式的总工程成本 F_1 可由式(6.5.4)确定。

$$F_1 = C_{1\text{-}F} + (1-\alpha) \times M(T) \times C_{1\text{-}v} + \alpha \times M(T) \times (C_I + C_{2\text{-}v}) \quad (6.5.4)$$

式中:$C_{1\text{-}F}$ 代表采用原件修复作业方式的固定成本,通常包括维修设施成本、维修测试与保障设备成本、维修人力培训成本、维修技术资料成本等;$C_{1\text{-}v}$ 代表采用原件修复作业方式的变化成本,通常包括实施原件修复作业的人力成本、保障资源运输与包装成本等;$M(\cdot)$ 代表修复保障需求次数更新函数;α 代表装备中由于固有设计因素不具修复可能的功能单元或组部件所占百分比(对于此种情形,相关功能单元或组部件只能进行换件修复作业);C_I 代表购置相关换件备件的固定成本;$C_{2\text{-}v}$ 代表采用换件修复作业方式的变化成本,通常包括实施换件修复作业的人力成本、保障资源运输与包装成本等。

类似地,装备任务期 T 内,采用换件修复作业方式的总工程成本 F_2 可由式(6.5.5)确定。

$$F_2 = C_{2\text{-}F} + M(T) \times (C_I + C_{2\text{-}v}) \quad (6.5.5)$$

式中:$C_{2\text{-}F}$ 代表采用换件修复作业方式的固定成本,通常包括维修设施成本、维修测试与保障设备成本、维修人力培训成本、维修技术资料成本、待换备件仓储成本等。其余符号的工程内涵均与式(6.5.4)的相同,不再赘述说明。

注意:① 鉴于换件修复作业方式与原件修复作业方式相比,无论是在人员技能要求上,还是在基础保障条件支撑上,都要宽松得多,为此,换件修复作业方式的固定成本与变化成本通常相对较低,即 $C_{2\text{-}F} < C_{1\text{-}F}$、$C_{2\text{-}v} < C_{1\text{-}v}$;② 工程上,通常基于式(6.5.6)所示数学关系,权衡判别所分析装备的最佳修复作业方式,当不等式成立时,选择原件修复作为最佳修复作业方式,否则,选择换件修复作为最佳修复作业方式。

$$F_1 \leqslant \eta F_2 \quad (6.5.6)$$

式中:η 代表修复作业权衡系数,$\eta \in (0,1]$。为降低基于式(6.5.6)权衡决策装备全寿期内最佳修复作业方式的技术风险,工程上通常取 $\eta = 0.6$。

[算例 6-1] 已知某型电控系统的故障前累计寿命(单位为 h)满足"正态分布"特征(均值 $\mu = 1200$,标准差 $\sigma = 180$),且其各组成构件中,具备可修性的组件占 85%,不具备可修性的组件占 15%(故障后直接按报废换件处理)。假设该型电控系统历次修复作业均可将其恢复至崭新状态,且实施相关修复作业的各类工程成本概况如表 6-2 所示,试在"原件修复"和"换件修复"间,权衡决策该型电控系统在 15000 h 使用周期内的最佳修复作业方式。

表 6-2 电控系统实施修复作业的工程成本概况

序号	成本类别	成本符号	成本值/万元	备注
1	原件修复作业方式的固定成本	$C_{1\text{-}F}$	40	构建原件修复作业环境的成本
2	原件修复作业方式的变化成本	$C_{1\text{-}v}$	1.2	具体实施原件修复作业的成本
3	换件修复作业方式的固定成本	$C_{2\text{-}F}$	22	构建换件修复作业环境的成本
4	换件修复作业方式的变化成本	$C_{2\text{-}v}$	0.2	具体实施换件修复作业的成本
5	换件备件的固定成本	C_I	15	购置相关换件备件的成本

解：鉴于该型电控系统故障前累计寿命满足"正态分布"特征，且历次修复作业均可将其恢复至崭新状态，为此，基于本书 3.8.2 节有关"更新过程"模型的技术结论可知，15000 h 使用周期内该型电控系统潜在的修复保障需求次数 $M(15000)$ 约为

$$M(15000) = \sum_{n=1}^{+\infty} \Phi\left(\frac{15000 - n\mu}{\sigma\sqrt{n}}\right) = \sum_{n=1}^{+\infty} \Phi\left(\frac{15000 - n \times 1200}{180 \times \sqrt{n}}\right) \approx 12 \quad (6.5.7)$$

式中：$\Phi(\cdot)$ 为标准正态分布函数。

进一步，由式(6.5.4)可知，该型电控系统如果采用原件修复作业方式，则 15000 h 使用周期内其总工程成本 F_1 为

$$F_1|_{T=15000} = C_{1-F} + (1-\alpha) \times M(15000) \times C_{1-V} + \alpha \times M(15000) \times (C_I + C_{2-V}) \quad (6.5.8)$$

由于该型电控系统内置组件中不具备可修性的组件占 15%，可取 $\alpha = 0.15$，再引入表 6-2 中所列 C_{1-F}、C_{1-V}、C_{2-F}、C_I 的取值，可得

$$F_1|_{T=15000} = [40 + 0.85 \times 12 \times 1.2 + 0.15 \times 12 \times (15 + 0.2)] \text{ 万元} = 79.6 \text{ 万元} \quad (6.5.9)$$

类似地，由式(6.5.5)可知，该型电控系统如果采用换件修复作业方式，则 15000 h 使用周期内其总工程成本 F_2 为

$$F_2|_{T=15000} = C_{2-F} + M(15000) \times (C_I + C_{2-V}) = [22 + 12 \times (15 + 0.2)] \text{ 万元} = 204.4 \text{ 万元} \quad (6.5.10)$$

进一步，取修复作业权衡系数 $\eta = 0.6$，比较两类修复作业方式的总工程成本：

$$F_1 = 79.6 \leqslant \eta F_2 = 0.6 \times 204.4 \text{ 万元} = 122.64 \text{ 万元} \quad (6.5.11)$$

综上，对比两类修复作业方式的工程成本可知，该型电控系统 15000 h 使用周期内的最佳修复作业方式为"原件修复"。

算例中，借助"MATLAB 软件"进行最佳修复作业方式决策的核心编程代码如下。

```
a=1200; b=180;                            %正态分布特征参数赋值,a均值、b标准差
T=15000;                                  %电控系统任务期赋值
SM=0;                                     %任务期内潜在保障需求次数赋初值
i=1;
for n=1:20                                %迭代计算任务期内的潜在保障需求次数
    u(i)=(T-n*a)/(b*sqrt(n));
    M(i)=normcdf(u(i));
    SM=SM+M(i);
    i=i+1;
end
C1f=40;C1v=1.2;C2f=22;C2v=0.2;Ci=15;      %两类修复作业成本赋值
x=0.15;                                   %确定电控系统中不可修组件的比例
y=0.6;                                    %修复作业权衡系数
F1=C1f+(1-x)*round(SM)*C1v+x*round(SM)*(Ci+C2v);  %原件修复作业总成本
F2=C2f+round(SM)*(Ci+C2v);                %换件修复作业总成本
FL=y*F2;                                  %最佳修复作业方式决策门限
```

6.5.3 以可靠性为中心的维修工作类型分析

虽然本章前述内容已就装备可靠性系统工程中不同维修策略的适用条件、实施程序以及

优缺点等给出了较为详细的说明,但针对装备自身的具体情况,科学选择、运用不同类型的维修策略,使其充分发挥预期的工程价值,并不是一个能够轻易实现的技术工作。而忽视不同维修策略间的科学抉择逻辑,引入不适用或不恰当的维修策略,很可能会导致装备在寿命周期中产生"过修"或"失修"事件,进而影响装备的完好技术状态保持。因此,为面向不同维修需求科学地选择与运用不同维修策略,并保证所施加维修技术举措的适用性与有效性,以可靠性为中心的维修工作分析 RCMA(reliability centered maintenance analysis)作为一类核心辅助决策工具,被引入装备维修策略优化技术领域。

以可靠性为中心的维修工作分析最早出现在航空行业。20世纪中后期,美国波音公司为确保飞机的飞行安全,在每次例行维修工作中都会同步开展部分"扩散性"的维修工作任务。这些维修工作任务,有时种类众多、数量庞大,且实施成本昂贵,导致维持飞机技术状态的成本花销远远超过飞机运行的利润收入。此外,波音公司经过多次维修实践发现,仅通过开展简单的定期换件或深度翻修工作,实际上并不能有效地降低飞机全部组部件的故障率水平。为此,美国联邦航空管理局组织飞机制造商、航空公司和航空维修管理机构成立了航空维修指导专家组 MSG(maintenance steer group),期望能够通过建立一套可应用于航空装备维修领域的最优维修策略判别逻辑,以最少的维修费用消耗,长期保持航空装备的安全性、可靠性和技术状态完好性。多年来,经过航空维修指导专家组的不懈努力,有关航空装备维修领域的最优维修策略判别逻辑已形成了系列成熟的技术成果,并被成功应用于波音737NG、747-400、757、767、777等机型。21世纪初,随着以可靠性为中心的维修工作分析技术的快速发展与逐渐成熟,全球范围内的军事、核能、化工、汽车、能源、机械加工、建筑等领域均引入该项分析技术用于装备全寿期内的最优维修策略抉择,并针对性地发布了相关行业的以可靠性为中心的维修工作分析技术指导规范。

1. 分析目标

以可靠性为中心的维修工作分析主要用于在装备维修策略优化中达到以下目标:

(1) 消除无效的预防性维修工作任务;

(2) 将主要的维修工作努力聚焦到故障后果严重的潜在故障模式上;

(3) 提升装备任务期间的使用可用度;

(4) 持续稳定保持装备的固有可靠度水平;

(5) 以最优的费用消耗比例,达成前述各项目标任务。

2. 分析过程

以可靠性为中心的维修工作分析的基本过程如图 6-9 所示,主要包括确定分析对象、明确故障影响、逻辑决断故障后果、推演权衡维修策略四个关键技术步骤。鉴于以可靠性为中心的维修工作分析的诸多技术细节内容,文献[35]中已有详尽论述,本书仅就部分核心技术内容给出概略说明。

1) 确定分析对象

以可靠性为中心的维修工作分析在正式实施前需首先明确分析的具体对象,即回答是否有必要专题开展以可靠性为中心的维修工作分析?在哪个分析层级开展最优?能够有效开展此项分析工作的基础信息储备要求有哪些?具体而言,应按照以下原则确定以可靠性为中心的维修工作分析对象:

(1) 分析对象应在完善"预防性"或"预测性"维修策略后,具备明显改善其任务可靠性、安全性和寿命周期维修成本的潜在可能;

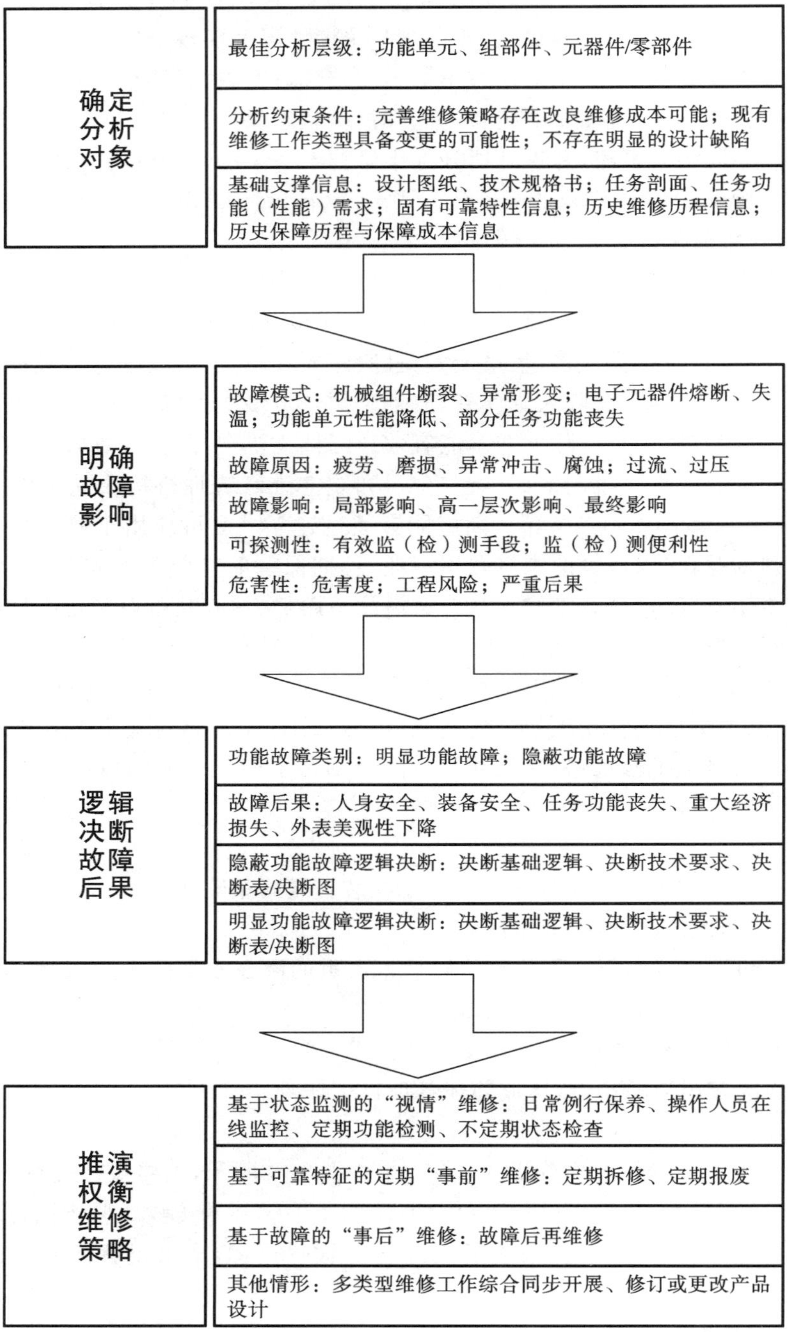

确定分析对象	最佳分析层级：功能单元、组部件、元器件/零部件
	分析约束条件：完善维修策略存在改良维修成本可能；现有维修工作类型具备变更的可能性；不存在明显的设计缺陷
	基础支撑信息：设计图纸、技术规格书；任务剖面、任务功能（性能）需求；固有可靠特性信息；历史维修历程信息；历史保障历程与保障成本信息

⬇

明确故障影响	故障模式：机械组件断裂、异常形变；电子元器件熔断、失温；功能单元性能降低、部分任务功能丧失
	故障原因：疲劳、磨损、异常冲击、腐蚀；过流、过压
	故障影响：局部影响、高一层次影响、最终影响
	可探测性：有效监（检）测手段；监（检）测便利性
	危害性：危害度；工程风险；严重后果

⬇

逻辑决断故障后果	功能故障类别：明显功能故障；隐蔽功能故障
	故障后果：人身安全、装备安全、任务功能丧失、重大经济损失、外表美观性下降
	隐蔽功能故障逻辑决断：决断基础逻辑、决断技术要求、决断表/决断图
	明显功能故障逻辑决断：决断基础逻辑、决断技术要求、决断表/决断图

⬇

推演权衡维修策略	基于状态监测的"视情"维修：日常例行保养、操作人员在线监控、定期功能检测、不定期状态检查
	基于可靠特征的定期"事前"维修：定期拆修、定期报废
	基于故障的"事后"维修：故障后再维修
	其他情形：多类型维修工作综合同步开展、修订或更改产品设计

图 6-9　以可靠性为中心的维修工作分析的基本过程

（2）应在功能单元、组部件、元器件/零部件等不同装备层级中恰当地选择分析对象，以确保分析工作带来的维修效能提升最佳；

（3）分析对象的维修工程实践过程应具备多种维修策略可供选择的可能；

（4）分析对象自身应不存在影响维修效能的明显设计缺陷；

(5) 与科学决策分析对象最佳维修策略相关的系列基础支撑信息,包括设计图纸、技术规格书、任务剖面、任务功能(性能)需求、固有可靠特性信息、历史维修历程信息、历史保障历程与保障成本信息等,均应可真实、准确地获得。

2) 明确故障影响

在明确了以可靠性为中心的维修工作分析的具体对象之后,接下来需要重点关注分析对象各类潜在故障模式可能导致的系列故障影响,包括局部影响、高一层次影响和最终影响。弄清这些故障影响,并梳理明确不同故障的诱发原因以及有效抑制技术手段,是后续科学探索最佳维修策略的重要判据信息输入。有关确定分析对象故障影响的技术方法,已在本书4.4节"故障模式、影响及危害性分析"中给出了较为翔实的论述,此处直接引用相关分析结论即可。表6-3为一类以可靠性为中心的维修工作分析中典型的故障影响分析表。

表6-3 故障影响分析表

初始约定层次:(1)
约定层次:(2)

组成编码	分析对象	功能		故障模式		故障原因		故障影响			严酷度类别	检(监)测方法	故障模式发生概率等级
		编号	功能	编号	模式	编号	原因	局部影响	高一层次影响	最终影响			
(3)	(4)	(5)		(6)		(7)		(8)			(9)	(10)	(11)

(1) 初始约定层次:填写当前故障影响分析中"最终影响"定位的约束对象层级,可以是大型装备复杂系统,也可以是装备复杂系统中的分系统、独立装备等。

(2) 约定层次:填写当前故障影响分析的具体应用对象,通常为分系统层级的下属独立装备层级或独立装备层级的下属独立设备层级。

(3) 组成编码:严格参照装备技术规格书中明确的编码体系,填写当前行分析对象(功能单元、组部件、元器件/零部件等)的相关组成编码信息,例如010102、01010201等。

(4) 分析对象:填写在前述"确定分析对象"技术步骤中定位的具体分析对象,可能为功能单元、组部件、元器件/零部件等。

(5) 功能:填写与"分析对象"相对应的具体细致的任务功能内容表述。例如,对于分析对象"操纵组件",其"功能"应表述为"操纵×××,实现×××运动"。同一"分析对象"具备多种任务功能时,应分别编号并各自独立表述。

(6) 故障模式:填写相关"功能"丧失后的故障表现形式的规范化表述。例如,零部件断裂、磨损、变形、腐蚀,元器件开路、短路、参数漂移等。同一"功能"具备多种故障模式时,应分别编号并各自独立表述。

(7) 故障原因:填写诱发相关"故障模式"发生的物理、化学、生物或其他过程,例如,瞬态冲击、过载应力、电化学腐蚀、磨损、疲劳、氧化、脆化等。同一"故障模式"具备多种故障原因时,应分别编号并各自独立表述。

(8) 故障影响:填写相关故障模式发生后对装备任务功能或技术状态产生的直接或间接影响,一般分为局部影响、高一层次影响和最终影响。其中,局部影响填写故障模式对"当前行分析对象"任务功能或技术状态产生的影响,高一层次影响填写故障模式对"当前行分析对象"的上一层级单元(通常定位为当前分析表格6-3中的"约定层次"单元)任务功能或技术状态产生的影响,最终影响填写故障模式对"初始约定层次"任务功能或技术状态产生的影响。

(9) 严酷度类别:参照文献[25]中明确的严酷度类别划分原则,填写相关故障模式最终影响对应的严酷度类别。其中,Ⅰ类严酷度将导致人员死亡、系统(装备、设备)毁坏(已不具备修复可能)等灾难性故障影响;Ⅱ类严酷度将导致人员严重伤害、系统(装备、设备)重要任务功能丧失(短期不具备修复可能,影响任务执行)或重大经济损失等致命性故障影响;Ⅲ类严酷度将导致人员轻度伤害或系统(装备、设备)部分任务功能丧失(短期具备修复可能,但会导致任务延误)或一定经济损失等中等故障影响;Ⅳ类严酷度将导致非计划性维护或修理。

(10) 检(监)测方法:填写可用于发现或预测相关故障模式以及隔离或定位相关故障部位的,适用且有效的故障检(监)测具体方式,一般包括"健康管理系统在线监测""专用设备(工具)定期检测""专用设备(工具)不定期状态检查""人工感官监测"等。

(11) 故障模式发生概率等级:填写当前分析行的故障模式在任务工作时间内发生的概率量值等级,一般可划分为六个等级。其中,A 级代表"经常发生",相应故障模式发生概率量值处于 10^{-1} 级别,或每工作几十小时、几十次便可能故障一次;B 级代表"有时发生",相应故障模式发生概率量值处于 10^{-2} 级别,或每工作几百小时、几百次便可能故障一次;C 级代表"偶然发生",相应故障模式发生概率量值处于 10^{-3} 级别,或每工作几千小时、几千次便可能故障一次;D 级代表"很少发生",相应故障模式发生概率量值处于 10^{-4} 级别,或每工作几万小时、几万次便可能故障一次;E 级代表"极少发生",相应故障模式发生概率量值处于 10^{-5} 级别,或每工作几十万小时、几十万次便可能故障一次;F 级代表"几乎不发生",特指故障模式发生概率低于 E 级的其他情况。

3) 逻辑决断故障后果

基于前述有关分析对象故障影响(特别是最终影响)的分析结果,参照图 6-10 所示故障后果的逻辑决断,逐次分析明确不同故障影响可能导致的系列故障后果。在以可靠性为中心的维修工作分析中,故障后果通常分为四类,分别为安全性后果、任务性后果、经济性后果和外观性后果。其中,安全性后果指故障发生的最终影响将导致人员伤亡、装备严重毁坏和环境严重污染;任务性后果指故障发生的最终影响将导致装备的关键任务功能丧失;经济性后果指故障发生的最终影响将导致工程上的重大经济损失;外观性后果指故障发生的最终影响将导致商业范畴内不可接受的装备外观变化。不同的故障后果判别,是后续推演决策适用于分析对象的最优维修策略的重要信息输入。

需要说明的是,图 6-10 是按照国防装备领域的工程价值观编写的逻辑决断排序,即"安全性后果→任务性后果→经济性后果→外观性后果",而基于民用商业领域的工程价值观,相关逻辑决断排序往往会变更为"安全性后果→经济性后果→任务性后果→外观性后果"。读者应结合自身装备(产品)的工程应用实际需求,视情调整变更分析对象的故障后果逻辑决断排序。

4) 推演权衡维修策略

明确了不同故障影响的故障后果后,参照图 6-11 所示最优维修策略的推演逻辑,即可逐次分析明确适用于不同分析对象的最优维修策略。图 6-11 中遵循的基本推演思路如下:① 选定的维修策略对于消除或抑制相关故障的发生,必须是既适用又有效的;② 在同等适用、有效的前提下,优先选择附加经济投入较少的维修策略;③ 对于故障后有经济性后果的情形,选定的维修策略必须满足成本有效性;④ 对于故障后果严重,且无适用、有效的维修策略可供选择的分析对象,必须修订或更改原设计方案,或重新开展相关分析对象的技术设计。综上,工程上通常按照如下排序逻辑,择优确定适用于不同分析对象的最优维修策略,即"基于状态监测的'视情'维修→基于可靠特征的定期'事前'维修→多类型维修工作综合同步开展→修

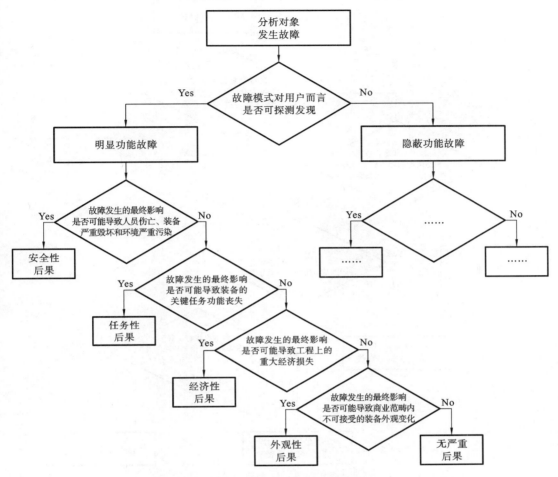

图 6-10 故障后果逻辑决断示意图

订或更改产品设计"。

需要说明的是：① 维修策略的适用性指维修策略的工程实现，符合分析对象的故障演化规律，且对消除或抑制相关故障的发生具有明显作用；② 维修策略的有效性指维修策略的具体实施，能够将分析对象的故障风险概率明确降低到工程上可接受的量值范围以内；③ 基于状态监测的"视情"维修策略，又可进一步细分为日常例行保养、操作人员在线监控、定期功能检测、不定期状态检查等；基于可靠特征的定期"事前"维修策略，又可进一步细分为定期拆修、定期报废等。工程上，具体采用哪种维修策略，需将不同类型的维修策略进行详尽的对比分析，并选择最适用且最有效（包括成本有效）的那一类维修策略。

以可靠性为中心的维修工作分析的最终结论通常以"表格"形式输出，具体如表 6-4、表 6-5 所示。其中：EF(evident failure)代表明显功能故障，HF(hidden failure)代表隐蔽功能故障；SC(safety consequence)代表安全性后果，MC(mission consequence)代表任务性后果，EC(economic consequence)代表经济性后果，AC(appearance consequence)代表外观性后果，NC(no consequence)代表无严重后果；CBM(condition-based maintenance)代表基于状态监测的"视情"维修策略，TBM(time-based maintenance)代表基于可靠特征的定期"事前"维修策略，CM(comprehensive maintenance)代表多类型综合维修策略，FBM(failure-based mainte-

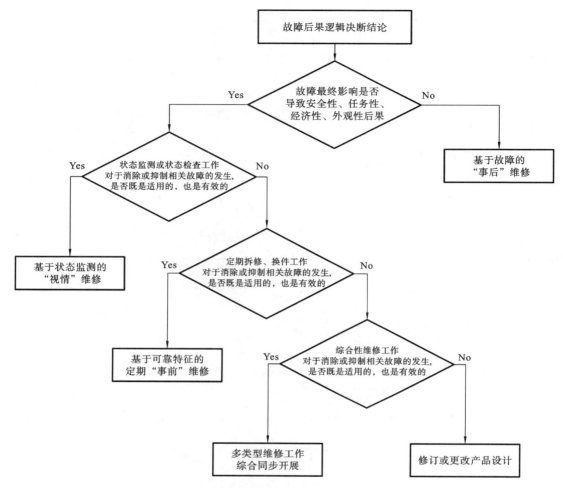

图 6-11 最优维修策略推演示意图

nance)代表基于故障的"事后"维修策略,RD(revise design)代表修订或更改产品设计。

表 6-4 以可靠性为中心的维修分析记录表

初始约定层次： 约定层次： 日期： 版本：

序号	组成编码	分析对象	故障模式	最终影响	故障类型		故障后果					维修策略					备注
					EF	HF	SC	MC	EC	AC	NC	CBM	TBM	CM	FBM	RD	

表 6-5 以可靠性为中心的维修分析结论表

序号	组成编码	分析对象	故障模式	维修策略					维修工作项目内容	备注
				CBM	TBM	CM	FBM	RD		

第 7 章　可靠性系统工程供应保障优化

本书第 6 章集中论述了装备使用阶段可靠性系统工程中的维修策略管理问题，解决了如何科学规划维修时机、恰当选择最佳维修工作类型，以确保装备长期稳定保持技术完好状态的工程难题。显然，仅在策略层面形成装备维修工作的规划或计划，而不具体地实施完成相关维修工作，并不能满足装备使用阶段维修保障工作的闭环要求。本章将在前述章节论述内容的基础上，进一步围绕决定装备维修工作是否能够高效闭环的重要保障条件要素，探讨装备使用阶段可靠性系统工程中的供应保障优化问题。具体而言，无论是装备故障的"事后"维修，还是装备的定期"事前"维修和不定期"视情"维修，都需要将供应保障工作作为其实施完成的基础保障条件。工程上，常见的供应保障工作一般包括维修备件供应、维修工具供应、维修设备供应、维修耗材供应、维修能源供应等。鉴于篇幅所限，本章重点关注装备维修备件（耗材）的供应保障工作。书中若无特殊说明，所述供应保障均默认为备件（耗材）的供应保障。

大量的维修保障工程实践表明，"换件"修理在装备修理工作实施过程中占有最大份额（70%以上）。为此，备件供应保障工作在装备使用阶段的维修保障工作中占据核心地位，历来受到装备使用人员、技术保障人员以及管理决策人员的高度重视，并且备件供应保障问题长期作为装备使用阶段可靠性系统工程中的热点与难点问题得到专题研究[36-49]。备件供应保障问题归纳起来大体可分为两大类工程技术问题，即"备件供应的需求预测问题"和"备件储供的动态优化问题"。其中，"备件供应的需求预测问题"的难点在于建立契合不同故障演化特征与维修策略管理要求的随机需求量化模型，"备件储供的动态优化问题"的难点在于探索能够有效耦合维修工程经费管理与风险管理要求的最佳动态订货技术方法。本章旨在面向前述备件供应保障中的两类技术问题，给出一系列便于工程实现的备件供应保障需求预测模型与最佳动态订货技术方法，进而为装备使用阶段高效实施各类维修保障工作活动、快速恢复装备损伤部件（部位）技术完好状态，提供翔实的工程技术支持。同时，本章论述内容也可为维修工具、维修设备等类似供应保障工作的高效有序实现，提供工程技术借鉴。

7.1　供应保障术语定义

为便于读者理解本章后续有关"供应保障需求预测与储供优化"的技术内容论述，这里首先介绍几类可靠性系统工程中的供应保障术语[50-55]。

1. 线上可更换单元

线上可更换单元 LRU（line replaceable unit），指在装备现场仅依赖用户级保障条件即可独立实现更换的功能单元、组件/部件、元器件/零部件等。线上可更换单元的设计思想主要用于最大限度地缩短装备停机后的状态恢复时间，进而提升装备使用阶段的可用度水准。

2. 车间可更换单元

车间可更换单元 SRU（shop replaceable unit），指在装备现场仅依赖用户级保障条件不能实现独立更换,需交送中继级或基地级专业修理机构才能完成更换的功能单元、组件/部件、元器件/零部件等。车间可更换单元相对线上可更换单元而言,往往是线上可更换单元结构层面的部分子集,其限于技术条件要求,不便或不能由用户级保障人员实现现场独立更换。例如,组件整体可能是线上可更换单元,但组件内部的元器件是车间可更换单元。当然,车间可更换单元也可以独立于线上可更换单元存在,如装备组成中拆装保障条件要求较高的大尺寸结构件等。

3. 耗损件

耗损件 CP(consumable parts),也称不可修件,指在装备使用过程中出现故障后不具备可修性,或按照维修策略管理要求不实施维修(用后即弃)的组件/部件、元器件/零部件等。工程上常见的耗损件包括熔断器、探测浮标等。注意,耗损件区别于限寿件。限寿件强调使用时限(日历时间/使用次数)达到限定数值时必须强制报废更换,而耗损件则强调故障后或使用结束后强制报废更换。

4. 再次出动准备时间

再次出动准备时间 TAT(turn around time),指自可修更换单元从装备现场拆卸后送起,至修复后回装恢复技术完好状态为止,所经历的日历时间长度。

5. 满足率

满足率 FR(fill rate),指装备任务期内储备的备件数量能够满足实际备件需求的工程统计意义上的概率值,取值范围为[0,1]。在装备使用阶段的可靠性系统工程中,通常期望备件的满足率越高越好,但这需要投入大量的备件购置经费与存储经费。为此,综合考虑装备使用期间的可用性与经济性要求,工程上一般大都将备件的满足率控制在 0.85 左右。

6. 期望短缺数

期望短缺数 EBO(expected back order),指装备任务期内储备的备件数量不能满足实际备件需求的工程统计意义上的期望短缺数量。

7. 多层次

多层次 MI(multi-indenture),指装备在结构设计与耦合组成层面的工程区块划分。复杂装备系统一般可分为总体、一级分系统、二级分系统、设备/功能单元、组件/部件、元器件/零部件六个装备层次,如图 7-1 所示。以船舶装备系统为例,其中:总体指船舶装备整体;一级分系统指船舶装备整体下属的动力系统、电力系统、船舶保障系统、船体与船舶装置系统等具备独立任务功能的大型子系统;二级分系统指支撑任意一级分系统执行独立任务功能的大型装置或多型交互关联紧密的设备综合体,例如动力系统下属的汽轮机组、动力辅助系统等;设备/功能单元指支撑任意二级分系统下属的装置或设备综合体发挥预期任务功能的物理形式上独立装配的子设备或功能单元模块,例如汽轮机组下属的高压汽轮机、低压汽轮机等;组件/部件指支撑任意设备/功能单元发挥预期任务功能的内置组部件实体,例如高压汽轮机下属的转子总成、汽封总成等;元器件/零部件指支撑任意组件/部件完成预期局部功效要求的最低可拆解或可区分的实体单元,例如高压汽轮机转子总成的多级叶片、多级转子等。需要说明的是,不同层次的装备结构组成单元均有可能被纳为备件供应保障对象,即备件既可以是一个功能单元或一个组件,也可以是功能单元或组件中的一个元器件或零部件。

8. 多级别

多级别 ME(multi-echelon),指装备在建设配套维修保障力量层面的不同级别划分,一般可分为用户级、中继级和基地级,如图 7-2 所示。不同级别维修保障力量的基础建设要求各不

第 7 章　可靠性系统工程供应保障优化

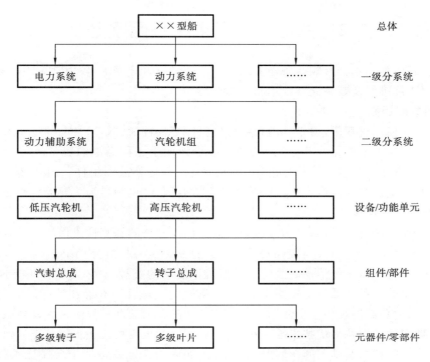

图 7-1　多层次(约定层次)架构示意图

相同,其中:用户级维修保障力量需要建设在装备现场,并配置相应保障资源以支撑装备日常例行保养、定期预防性维修、维修技能要求较低的修复性维修以及运行过程中的技术状态监测与适应性调整等工作活动;中继级维修保障力量需要建设在装备附近的前置维护保养中心、前置维修工作站,或伴随装备前出的临近保障机构现场,并配置相应保障资源以支撑维修技能要求较高的预防性维修和修复性维修,以及需局部拆解才能实施的具备一定专业难度的专项技术状态检测等工作活动;基地级维修保障力量需要建设在具有后方区域性质的维修工作站/厂/中心,或产品供货方/研制方、行业内科研院所,并配置相应保障资源以支撑中继级维修保障能力以外的全部工作活动。需要说明的是,不同级别维修保障力量建设中关于供应保障备件的存储种类与存储数量要求并不尽相同,其中用户级以储备"线上可更换单元"为主,而对于中继级与基地级,"线上可更换单元"和"车间可更换单元"则均需储备充足。

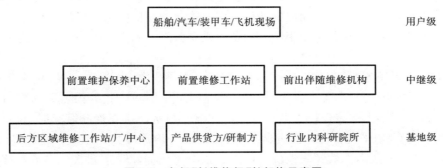

图 7-2　多级别(维修级别)架构示意图

7.2 供应保障需求影响因素分析

工程上,有诸多因素会影响装备任务期内的备件供应保障需求,较为常见的因素包括装备故障、装备预防性维修及装备异常技术状态排查与诊断三类。

1. 装备故障因素

装备在长期使用过程中,由于其内置组件(部件/零部件/元器件)性能的逐步劣化,以及外在恶劣使用环境应力的频繁作用,总是会或多或少地发生各种类型的装备故障,而发生故障后,排除故障的方法大都是定位故障组件(部件/部位)并更换故障组件。因此,装备任务期内发生故障的频次是影响备件供应保障需求的一个重要因素,也是最为主要的一个影响因素。

2. 装备预防性维修因素

在装备长期使用过程中,除去为应对装备故障而需开展的修复性维修活动外,即便装备没有发生故障,为确保其良好技术状态的长期稳定保持,在装备持续使用一定期限后,还需要及时开展相关预防性维修工作活动。预防性维修工作活动的类型很多,定期报废更换部分组件是其中较为常见的一种。通过定期报废更换,可将性能下降且存有潜在故障风险的重要组件提前更换掉,以避免影响装备安全使用与关键任务功能丧失的严重故障事件发生,进而确保装备任务使用期间始终保持最优技术准备状态。显然,定期报废更换装备重要组件,也需要以充足的备件供应保障作为基础支撑。因此,装备任务期内为保证装备处于最佳技术状态的预防性维修工作频次也是影响备件供应保障需求的一个重要因素。

3. 装备异常技术状态排查与诊断因素

与装备故障和装备预防性维修相比,装备异常技术状态排查与诊断虽然不是影响装备任务期间备件供应保障需求的主要因素,但也是装备可靠性系统工程中确定备件供应保障需求的一类不可忽视的技术因素。随着当今装备科技的高速发展,装备结构越来越复杂、集成化程度越来越高,这使得装备性能大幅提升的同时,也导致装备的异常技术状态排查与诊断工作越发困难。而尝试更换潜在的技术状态"可疑组件",是辅助开展装备异常技术状态排查与诊断工作的一类较为有效的工程技术手段。因此,为支撑复杂装备系统任务期内异常技术状态的快速排查与准确定位,一定数量的用于辅助诊断的备件供应储备,在维修保障工程实践中也是非常必要的。

综上所述,装备任务期内的备件供应保障需求受到诸多因素影响,并不能简单地理解为装备故障修理中的备件供应需求,而应站在装备完好技术状态长期稳定保持的角度,综合考量备件供应保障需求,合理确定任务期内的备件供应保障种类与供应保障频次。

基于前述技术分析,在装备使用阶段的备件供应保障工程实践中,有如下数学关系成立:

$$N_{FA}(T) \leqslant N_{DE}(T) \leqslant N_{RE}(T) \tag{7.2.1}$$

式中:$N_{FA}(T)$代表任务期T内装备内置可更换单元的平均失效数;$N_{DE}(T)$代表任务期T内装备内置可更换单元的平均备件供应需求数;$N_{RE}(T)$代表任务期T内装备内置可更换单元的平均拆卸数。当不考虑装备任务期内的预防性维修与状态排查诊断需求时,可更换单元的平均失效数$N_{FA}(T)$、平均备件供应需求数$N_{DE}(T)$和平均拆卸数$N_{RE}(T)$在量值上可视为近似相等,即将装备的故障失效频次近似等价为装备的供应保障需求频次。本章后续有关备件供应保障需求预测的论述,如无特殊说明,均假设相关装备任务期内无预防性维修与状态排查诊断需求。

7.3 面向"换件修复"策略的供应保障需求预测

装备维修保障工程实践中,故障组件出现功能失效后,既可以采用"换件修复"策略,也可以采用"原件修复"策略。两者虽然都能有效地恢复装备任务期间的优良技术状态,但在备件供应保障需求的量化预测上,有其各自的工程技术特点,并不尽相同。

本节讨论"换件修复"策略下的备件供应保障需求预测问题。针对装备维修保障中的"换件修复"策略,一般基于两类随机统计模型实现装备任务期内的供应保障需求预测,一类为"齐次泊松过程"随机统计模型,另一类为"更新过程"随机统计模型,分别介绍如下。

7.3.1 基于"齐次泊松过程"的供应保障需求预测

齐次泊松过程 HPP(homogeneous Poisson process),是一类特殊的计数过程 $\{N(t), t \geqslant 0\}$。其中,$N(t)$ 代表累计至当前寿命时刻 t 装备可能出现故障(即出现供应保障需求)的总次数,是一个随机变量。齐次泊松过程需满足如下技术约束条件:

(1) $N(0) = 0$;
(2) $N(t)$ 具备独立增量特征;
(3) 任意时间间隔 $[t, t+\Delta t]$ 内,$N(t+\Delta t) - N(t)$ 满足期望为 $\lambda \Delta t$ 的"泊松分布"特征,即

$$P[N(t+\Delta t) - N(t) = n] = \frac{(\lambda \Delta t)^n \exp(-\lambda \Delta t)}{n!}, \quad n = 0, 1, 2, 3, \cdots \tag{7.3.1}$$

式中:$P(\cdot)$ 代表装备在时间间隔 Δt 内出现 n 次供应保障需求的绝对概率函数;$\exp(\cdot)$ 代表指数函数。鉴于"泊松分布"的特殊性,满足式(7.3.1)还意味着相邻不同供应保障需求($n=1$)的间隔时间 Δt 满足"指数分布"随机统计特征。为此,λ 也代表相邻不同供应保障需求间隔时间所满足"指数分布"的特征值。

进一步,将时间间隔 Δt 泛式化,并用 t 替代,则式(7.3.1)又可写为

$$P[N(t) = n] = \frac{(\lambda t)^n \exp(-\lambda t)}{n!}, \quad n = 0, 1, 2, 3, \cdots \tag{7.3.2}$$

基于式(7.3.2),并综合 7.1 节中关于"满足率"与"期望短缺数"的工程定义,可分别测算装备任务期 t 内的备件满足率 φ 和期望短缺数 EBO。

1. 满足率 φ

$$\varphi = \sum_{n=0}^{Z} P[N(t) = n] = \sum_{n=0}^{Z} \frac{(\lambda t)^n \exp(-\lambda t)}{n!} \tag{7.3.3}$$

式中:Z 代表期望的备件供应储备数量。如果已知装备内置组件的平均拆换间隔时间 MTBR(mean operating time between removal)或平均故障间隔时间 MTBF,则考虑到备件供应保障需求间隔时间满足"指数分布"的特殊性,式(7.3.3)可改写为

$$\varphi = \sum_{n=0}^{Z} \frac{\left(\frac{t}{\text{MTBR}}\right)^n \exp\left(-\frac{t}{\text{MTBR}}\right)}{n!} \approx \sum_{n=0}^{Z} \frac{\left(\frac{t}{\text{MTBF}}\right)^n \exp\left(-\frac{t}{\text{MTBF}}\right)}{n!} \tag{7.3.4}$$

2. 期望短缺数 EBO

$$\text{EBO} = \sum_{n=Z+1}^{+\infty} \left[(n-Z) \times \frac{(\lambda t)^n \exp(-\lambda t)}{n!}\right] \tag{7.3.5}$$

[算例 7-1] 已知某型电子元器件采用"换件修复"维修保障策略,其固有可靠特性满足"指数分布"特征,且平均拆换间隔时间 MTBR=200 h。假设针对该型电子元器件的基层级备件储备数量为 7 个,试测算 1000 h 任务期内该型电子元器件的基层级备件满足率 φ 和期望短缺数 EBO。

解:由算例所述易知,该型电子元器件的备件供应保障需求满足"齐次泊松过程",为此,基于式(7.3.2),有

$$P[N(t)=n]=\frac{(\lambda t)^n \exp(-\lambda t)}{n!}=\frac{\left(\frac{t}{\mathrm{MTBR}}\right)^n \exp\left(-\frac{t}{\mathrm{MTBR}}\right)}{n!} \quad (7.3.6)$$

取 $t=1000$ h、MTBR$=200$ h,则有

$$P[N(1000)=n]=\frac{\left(\frac{1000}{200}\right)^n \exp\left(-\frac{1000}{200}\right)}{n!}=\frac{5^n \exp(-5)}{n!} \quad (7.3.7)$$

进一步,分别取 $n=0,1,2,\cdots,7$,可知该型电子元器件 1000 h 任务期内备件供应保障需求的概率分布 $P[N(1000)=n]$,如表 7-1 所示。

表 7-1 备件供应保障需求的概率分布

序号	供应保障需求次数 n	$P[N(t)=n]$
1	$N(1000)=0$	0.0067
2	$N(1000)=1$	0.0337
3	$N(1000)=2$	0.0842
4	$N(1000)=3$	0.1404
5	$N(1000)=4$	0.1755
6	$N(1000)=5$	0.1755
7	$N(1000)=6$	0.1462
8	$N(1000)=7$	0.1044

图 7-3 为该概率分布 $P[N(1000)=n]$ 对应的分布曲线,读图可知:1000 h 任务期内,该型电子元器件的备件供应保障需求次数主要集中在 2~7 次,大于 14 次的概率几乎为 0。

继而,基于式(7.3.3),并取备件供应储备数量 $Z=7$,则有 1000 h 任务期内该型电子元器件的基层级备件满足率 φ 为

$$\varphi|_{Z=7}=\sum_{n=0}^{7} P[N(1000)=n]=0.8667 \quad (7.3.8)$$

图 7-4 为不同备件供应储备数量下该型电子元器件的基层级备件满足率变化曲线。读图可知:① 1000 h 任务期内,储备 14 个或 14 个以上数量的备件,可以将备件满足率逼近于 1;② 储备 7 个备件时,备件满足率 $\varphi=0.8667$,储备 11 个备件时,备件满足率 $\varphi=0.9945$,储备 14 个备件时,备件满足率 $\varphi=0.9998$;③ 备件储备数量提升 1 倍,由 7 个调整至 14 个,备件满足率仅提升了 0.1331。为此,工程上实施备件供应保障时,应恰当地确定备件供应储备数量,力求以尽量小的经费投入,获得预期的最佳使用效能。

进一步,基于式(7.3.5),可测算按照 7 个备件供应储备时,1000 h 任务期内该型电子元器件的基层级备件期望短缺数 EBO 为

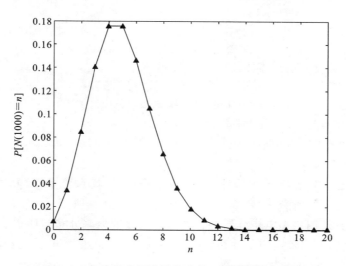

图 7-3 备件供应保障需求次数 n 的概率分布曲线

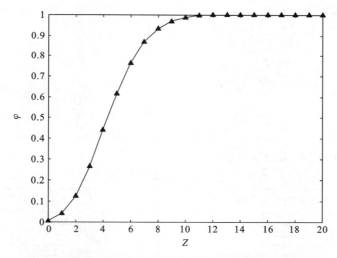

图 7-4 不同备件供应储备数量下备件满足率变化曲线

$$\mathrm{EBO}|_{Z=7} = \sum_{n=Z+1}^{+\infty}\left[(n-Z)\times\frac{(\lambda t)^n \exp(-\lambda t)}{n!}\right] = \sum_{n=8}^{+\infty}\left[(n-7)\times\frac{5^n \exp(-5)}{n!}\right] = 0.2555 \tag{7.3.9}$$

由式(7.3.9)可知,按照 7 个备件供应储备时,该型电子元器件的基层级备件期望短缺数为 0.2555 个,即 1000 h 任务期内的备件期望短缺数量小于 1 个。

算例中,借助"MATLAB 软件"进行备件供应保障仿真分析的核心编程代码如下。

```
T=1000;              %限定任务期
MTBR=200;            %限定"齐次泊松过程"的特征参数,即平均拆换间隔时间
Z=7;                 %限定备件储备上限
for n=0:Z            %计算任务期内备件供应保障需求的概率分布
   P(n+1)=((T/MTBR)^n*exp(-T/MTBR))/factorial(n);
```

```
        end
    PFr=P(1);                  %计算备件满足率,赋初值,即无备件储备情形时的满足率
    for n=1:Z                  %计算 Z 个备件储备情形下的满足率
        PFr=PFr+P(n+1);
    end
    EBO=0;                     %计算备件期望短缺数,赋初值
    for n=(Z+1):20             %计算期望短缺数
        EBO=EBO+(n-Z)*((T/MTBR)^n*exp(-T/MTBR))/factorial(n);
    end
```

[算例 7-2] 已知某型电子元器件采用"换件修复"维修保障策略,其固有可靠特性满足"指数分布"特征,且特征参数 $\lambda=0.02\ \text{h}^{-1}$,试测算:

(1) 100 h 任务期内该型电子元器件备件需求满足的概率分布与期望值;

(2) 按期望值向上取整实施备件储备时,100 h 任务期内该型电子元器件的备件满足率 φ 和期望短缺数 EBO。

解: (1) 由算例所述易知,该型电子元器件任务期内的备件供应保障需求满足"齐次泊松过程",为此,基于式(7.3.2),有

$$P[N(t)=n]=\frac{(\lambda t)^n \exp(-\lambda t)}{n!}, \quad n=0,1,2,3,\cdots$$

取 $t=100\ \text{h}$、$\lambda=0.02\ \text{h}^{-1}$,则有

$$P[N(t)=n]=\frac{(0.02\times100)^n\exp(-0.02\times100)}{n!}=\frac{2^n\exp(-2)}{n!}, \quad n=0,1,2,3,\cdots$$

(7.3.10)

进一步,分别取 $n=0,1,2,\cdots,10$,可知该型电子元器件 100 h 任务期内备件供应保障需求的概率分布 $P[N(100)=n]$,如表 7-2 所示。

表 7-2 备件供应保障需求的概率分布

序号	供应保障需求次数 n	$P[N(t)=n]$
1	$N(100)=0$	0.1353
2	$N(100)=1$	0.2707
3	$N(100)=2$	0.2707
4	$N(100)=3$	0.1804
5	$N(100)=4$	0.0902
6	$N(100)=5$	0.0361
7	$N(100)=6$	0.0120
8	$N(100)=7$	0.0034
9	$N(100)=8$	0.0009
10	$N(100)=9$	0.0002
11	$N(100)=10$	0.00004

图 7-5 为该概率分布 $P[N(100)=n]$ 对应的分布曲线。读图可知:100 h 任务期内,该型电子元器件的备件供应保障需求次数主要集中在 0~6 次,大于 8 次的概率几乎为 0。

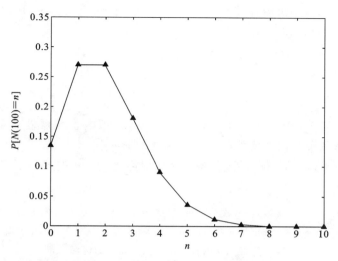

图 7-5 备件供应保障需求次数 n 的概率分布曲线

继而,基于"齐次泊松过程"的特殊性,易知 100 h 任务期内该型电子元器件备件需求的期望值为

$$E\{P[N(t)=n]\} = \sum_{n=0}^{+\infty}\left[n\times\frac{(\lambda t)^n \exp(-\lambda t)}{n!}\right] = \lambda t = 0.02\times 100 = 2 \quad (7.3.11)$$

(2) 基于式(7.3.3),并取备件供应储备数量 $Z=2$(期望值),则有 100 h 任务期内该型电子元器件的备件满足率 φ 为

$$\varphi|_{Z=2} = \sum_{n=0}^{2} P[N(100)=n] = 0.6767 \quad (7.3.12)$$

进一步,取 $Z=1,2,\cdots,10$,可得不同备件供应储备数量下该型电子元器件的备件满足率变化曲线,如图 7-6 所示。读图可知:1000 h 任务期内,储备 6 个或 6 个以上数量的备件,可以将备件满足率 φ 逼近于 1。

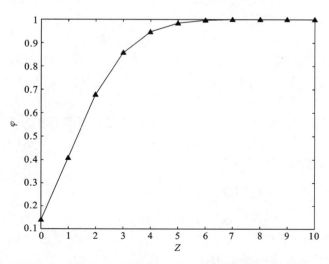

图 7-6 不同备件供应储备数量下备件满足率变化曲线

最后,基于式(7.3.5),可测算按照 2 个备件(期望值)供应储备时,100 h 任务期内该型电子元器件的备件期望短缺数 EBO 为

$$\mathrm{EBO}\mid_{Z=2} = \sum_{n=Z+1}^{+\infty}\left[(n-Z)\times\frac{(\lambda t)^n \exp(-\lambda t)}{n!}\right]$$

$$= \sum_{n=3}^{+\infty}\left[(n-2)\times\frac{2^n \exp(-2)}{n!}\right] = 0.5413 \quad (7.3.13)$$

由式(7.3.13)可知,按照 2 个备件供应储备时,该型电子元器件的备件期望短缺数为 0.5413 个,即 100 h 任务期内的备件期望短缺数量小于 1 个。

算例中,借助"MATLAB 软件"进行备件供应保障仿真分析的核心编程代码如下。

```
T=100;                    %限定任务期
lab=0.02;                 %限定"齐次泊松过程"的特征参数,即指数分布的故障率
Z=10;                     %选定足够数量的备件储备,确保备件供应保障需求概率分布测算精度足够
for n=0:Z                 %计算任务期内备件供应保障需求的概率分布
    P(n+1)=((lab*T)^n*exp(-lab*T))/factorial(n);
End
E=lab*100;                %计算"齐次泊松过程"条件下的供应保障需求的"期望值"
PFr=P(1);                 %计算备件满足率,赋初值,即无备件储备情形时的满足率
for n=1:ceil(E)           %计算按"期望值"储备备件情形下的满足率
    PFr=PFr+P(n+1);
end
EBO=0;                    %计算备件期望短缺数,赋初值
for n=(ceil(E)+1):Z       %计算按"期望值"储备备件情形下的期望短缺数
    EBO=EBO+(n-ceil(E))*((lab*T)^n*exp(-lab*T))/factorial(n);
end
```

7.3.2 基于"更新过程"的供应保障需求预测

更新过程 RP(renewal process),也是一类特殊的计数过程$\{N(t), t\geqslant 0\}$。与"齐次泊松过程"相比,其工程适用范围更广,适用于相邻不同供应保障需求的间隔时间满足任意随机分布特征的情形。"更新过程"的具体数学含义及其相关结论推导过程,已在本书 3.8.2 节中详细说明,此处不再赘述,直接给出相关结论。

累计至 t 时刻,基于"更新过程"的供应保障需求满足的概率分布为

$$P[N(t)=n] = F^{(n)}(t) - F^{(n+1)}(t) \quad (7.3.14)$$

$F^{(n)}(t)$ 和 $F(t)$ 的相关数学表达式如下:

$$\begin{cases} F^{(n)}(t) = \int_0^t F^{(n-1)}(t-u)\mathrm{d}[F(u)] \\ F^{(1)}(t) = F(t), \quad F^{(0)}(t) = 1 \end{cases} \quad (7.3.15)$$

式中:t 代表任务期内的累计时间;u 代表满足 $0<u<t$ 的任意中间积分变量。基于式(7.3.15),可知供应保障需求的期望 $M(t)$ 为

$$M(t) = E[N(t)] = \sum_{n=1}^{+\infty} F^{(n)}(t) \quad (7.3.16)$$

继而,可知供应保障需求的期望密度 $m(t)$ 为

$$m(t) = \frac{\mathrm{d}[M(t)]}{\mathrm{d}t} = \sum_{n=1}^{+\infty} f^{(n)}(t) \tag{7.3.17}$$

式中:$f^{(n)}(t)$ 代表 $F^{(n)}(t)$ 的一阶导数。在给定 Z 个备件供应储备时,备件的满足率 φ 可写为

$$\varphi = \sum_{n=0}^{Z} P[N(t) = n] = \sum_{n=0}^{Z} [F^{(n)}(t) - F^{(n+1)}(t)] \tag{7.3.18}$$

备件的期望短缺数 EBO 可写为

$$\mathrm{EBO} = \sum_{n=Z+1}^{+\infty} \{(n-Z) \times P[N(t)=n]\} \tag{7.3.19}$$

进一步,针对供应保障需求间隔时间满足"指数分布"和"正态分布"的两类特殊随机分布情形,前述各项结论又可写为如下形式。

(1) 指数分布。

$$F^{(n)}(t) = 1 - \sum_{i=0}^{n-1} \left[\frac{(\lambda t)^i \exp(-\lambda t)}{i!} \right] \tag{7.3.20}$$

$$P[N(t) = n] = \frac{(\lambda t)^n \exp(-\lambda t)}{n!} \tag{7.3.21}$$

$$M(t) = \lambda t \tag{7.3.22}$$

$$m(t) = \lambda \tag{7.3.23}$$

$$\varphi = \sum_{n=0}^{Z} P[N(t) = n] = \sum_{n=0}^{Z} \left[\frac{(\lambda t)^n \exp(-\lambda t)}{n!} \right] \tag{7.3.24}$$

$$\mathrm{EBO} = \sum_{n=Z+1}^{+\infty} \{(n-Z) \times P[N(t)=n]\} = \sum_{n=Z+1}^{+\infty} \left[(n-Z) \times \frac{(\lambda t)^n \exp(-\lambda t)}{n!} \right] \tag{7.3.25}$$

式中:λ 代表供应保障需求间隔时间满足"指数分布"的特征值。对比"式(7.3.20)~式(7.3.25)"与"式(7.3.2)~式(7.3.5)"可知,供应保障需求间隔时间满足"指数分布"的"更新过程"直接退化为"齐次泊松过程"。

(2) 正态分布。

当 σ 远小于 μ 时,有

$$F^{(n)}(t) = \Phi\left(\frac{t - n\mu}{\sigma\sqrt{n}}\right) \tag{7.3.26}$$

$$\begin{cases} P[N(t)=0] = 1 - F(t) = 1 - \int_0^t \frac{1}{\sigma\sqrt{2\pi}} \exp\left[-\frac{(x-\mu)^2}{2\sigma^2}\right] \mathrm{d}x \\ P[N(t)=n] = \Phi\left(\frac{t-n\mu}{\sigma\sqrt{n}}\right) - \Phi\left[\frac{t-(n+1)\mu}{\sigma\sqrt{n+1}}\right], \quad n = 1, 2, 3, \cdots \end{cases} \tag{7.3.27}$$

$$M(t) = \sum_{n=1}^{+\infty} \Phi\left(\frac{t - n\mu}{\sigma\sqrt{n}}\right) \tag{7.3.28}$$

$$m(t) = \frac{1}{\sigma\sqrt{n}} \sum_{n=1}^{+\infty} \Phi'\left(\frac{t - n\mu}{\sigma\sqrt{n}}\right) \tag{7.3.29}$$

$$\varphi = \sum_{n=0}^{Z} P[N(t)=n] = P[N(t)=0] + \sum_{n=1}^{Z} \left\{ \Phi\left(\frac{t-n\mu}{\sigma\sqrt{n}}\right) - \Phi\left[\frac{t-(n+1)\mu}{\sigma\sqrt{n+1}}\right] \right\} \tag{7.3.30}$$

$$\begin{aligned}
\text{EBO}' &= \sum_{n=Z+1}^{+\infty} \{(n-Z) \times P[N(t)=n]\} \\
&= \sum_{n=Z+1}^{+\infty} \left\langle (n-Z) \times \left\{ \Phi\left(\frac{t-n\mu}{\sigma\sqrt{n}}\right) - \Phi\left[\frac{t-(n+1)\mu}{\sigma\sqrt{n+1}}\right] \right\} \right\rangle
\end{aligned} \quad (7.3.31)$$

式中：μ、σ 代表供应保障需求间隔时间满足"正态分布"的特征参数；$\Phi(\cdot)$ 代表标准正态分布函数；$\Phi'(\cdot)$ 代表标准正态分布函数的一阶导数。

[算例 7-3] 已知某型电子元器件采用"换件修复"维修保障策略，其固有可靠特性满足"正态分布"特征，且特征参数均值 $\mu=300$、标准差 $\sigma=50$，试测算：

(1) 1000 h 任务期内该型电子元器件备件需求满足的概率分布与期望值；

(2) 按期望值向上取整实施备件储备时，1000 h 任务期内该型电子元器件的备件满足率 φ 和期望短缺数 EBO。

解：(1) 由算例所述易知，该型电子元器件任务期内的备件供应保障需求满足"更新过程"，且为其中"正态分布"的特殊情形，为此，基于式(7.3.27)：

$$\begin{cases} P[N(t)=0] = 1 - \int_0^t \frac{1}{\sigma\sqrt{2\pi}} \exp\left[-\frac{(x-\mu)^2}{2\sigma^2}\right] dx \\ P[N(t)=n] = \Phi\left(\frac{t-n\mu}{\sigma\sqrt{n}}\right) - \Phi\left[\frac{t-(n+1)\mu}{\sigma\sqrt{n+1}}\right], \quad n=1,2,3,\cdots \end{cases}$$

取 $t=1000$ h、$\mu=300$ h、$\sigma=50$ h, $n=0,1,2,\cdots,7$，可知该型电子元器件 1000 h 任务期内备件供应保障需求的概率分布 $P[N(1000)=n]$，如表 7-3 所示。

表 7-3 备件供应保障需求的概率分布

序号	供应保障需求次数 n	$P[N(t)=n]$
1	$N(1000)=0$	9.87×10^{-10}
2	$N(1000)=1$	7.71×10^{-9}
3	$N(1000)=2$	0.1241
4	$N(1000)=3$	0.8531
5	$N(1000)=4$	0.0227
6	$N(1000)=5$	3.87×10^{-6}
7	$N(1000)=6$	3.25×10^{-11}
8	$N(1000)=7$	4.58×10^{-17}

读表可知：1000 h 任务期内，该型电子元器件的备件供应保障需求次数主要集中在 2～4 次，大于 5 次的概率几乎为 0。进一步，基于式(7.3.28)，计算 1000 h 任务期内该型电子元器件备件需求的期望值 $M(t)$，为

$$M(t) = \sum_{n=1}^{+\infty} \Phi\left(\frac{t-n\mu}{\sigma\sqrt{n}}\right) = 2.8986 \quad (7.3.32)$$

(2) 基于式(7.3.30)，并取备件供应储备数量 $Z=3$（期望值向上取整），则有 1000 h 任务期内该型电子元器件的备件满足率 φ 为

$$\varphi|_{Z=3} = \sum_{n=0}^{3} P[N(t)=n] = 0.9772 \quad (7.3.33)$$

最后,基于式(7.3.31),可测算按照 3 个备件(期望值向上取整)供应储备时,1000 h 任务期内该型电子元器件的备件期望短缺数 EBO 为

$$\begin{aligned}
\text{EBO}\mid_{Z=3} &= \sum_{n=Z+1}^{+\infty} \{(n-Z) \times P[N(t)=n]\} \\
&= \sum_{n=4}^{+\infty} \left\langle (n-3) \times \left\{ \Phi\left(\frac{t-n\mu}{\sigma\sqrt{n}}\right) - \Phi\left[\frac{t-(n+1)\mu}{\sigma\sqrt{n+1}}\right] \right\} \right\rangle = 0.0228
\end{aligned} \quad (7.3.34)$$

由式(7.3.34)可知,按照 3 个备件供应储备时,该型电子元器件的备件期望短缺数为 0.0228 个,即 1000 h 任务期内的备件期望短缺数量几乎为 0。

算例中,借助"MATLAB 软件"进行备件供应保障仿真分析的核心编程代码如下。

```
T=1000;                                  %限定任务期
a=300;                                   %正态分布特征参数——均值
b=50;                                    %正态分布特征参数——标准差
N=5;                                     %设定测算的备件数量限制
%计算概率分布
P(1)=1- (normcdf(T,a,b)-normcdf(0,a,b));  %单独计算 n=0 的值,舍去小于 0 的情形
for n=1:N
    P(n+1)=normcdf((T-n*a)/(b*sqrt(n)))-normcdf((T-(n+1)*a)/(b*sqrt(n+1)));
end
M=0;                                     %计算供应保障需求的期望,赋初值
for n=1:N
    M=M+normcdf(u1=(T-n*a)/(b*sqrt(n)));
end
PFr=P(1);                                %计算按"期望值"储备情形下的备件满足率,赋初值
for j=1:ceil(M)
    PFr=PFr+P(j+1);
End
EBO=0;                                   %计算按"期望值"储备情形下的备件期望短缺数,赋初值
for j=(ceil(M)+1):N
    EBO=EBO+(j-ceil(M))*P(j+1);
end
```

7.4 面向"原件修复"策略的供应保障需求预测

前面 7.3 节讨论了"换件修复"策略下的供应保障需求预测问题,该策略主要适用于"原件报废(不具备可修性)后更换新件以恢复装备技术状态"的情形。显然,对于此类"换件修复"策略,长期执行下与之相关的装备供应保障费用消耗通常会较高。为此,工程上出于装备保障经济性的考虑,有时并不将装备故障后的组件全部做"报废换件"处理,而是努力寻求故障组件的可修复可能,并将拆卸修复后技术状态达标的组件重新投入使用,或作为装备可再次利用的供应保障轮换备件,纳入装备日常的备件供应链管理。本节重点讨论此类"原件修复"策略下的供应保障需求预测问题。工程上,针对"原件修复"策略的备件供应保障需求预测方法有很多,鉴于篇幅所限,这里重点介绍基于"生灭过程"的供应保障需求预测方法和基于"帕姆定理"的供应保障需求预测方法。

7.4.1 基于"生灭过程"的供应保障需求预测

假设装备的内置组件故障后具备修复可能,且组件的平均故障间隔时间和平均修复时间(平均再次出动准备时间)均满足"指数分布"随机特征,则装备任务期内相关组件的供应保障需求可基于"生灭过程"假设进行量化测算。"生灭过程"是一类可应用于多状态工程系统分析的特殊形式的连续时间马尔可夫链,该方面的技术说明笔者已在文献[16]中给出了详细论述,此处直接引用相关技术结论。

假设装备某型内置组件在现实供应链管理中预置了 $n-1$ 个备件,则该型内置组件在使用过程中存有 $n+1$ 种供应保障需求状态,分别为

$$N(t)=i, \quad i=0,1,2,\cdots,n \quad (7.4.1)$$

式中:$N(t)$ 代表截至 t 时刻内置组件的供应保障需求函数;i 代表供应保障需求函数的状态取值,本假设中状态取值也是状态序列代号,即 $i=n$ 代表状态 n。为此,对于该型内置组件的供应保障需求状态 i,有

$$\begin{cases} P_i(t)=P[N(t)=i] \\ \lambda_i:N(t)=i \to N(t)=i+1 \\ \mu_i:N(t)=i \to N(t)=i-1 \end{cases} \quad (7.4.2)$$

式中:$P_i(t)$ 代表内置组件 t 时刻处于供应保障需求状态 i 的绝对概率;λ_i 代表内置组件供应保障需求由状态 i 跃迁至状态 $i+1$ 的跃迁强度,工程上通常将其称为"失效率";μ_i 代表内置组件供应保障需求由状态 i 跃迁至状态 $i-1$ 的跃迁强度,工程上通常将其称为"修复率"。

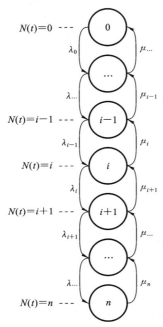

图 7-7 "生灭过程"中不同供应保障需求间的跃迁关系

"生灭过程"中不同供应保障需求状态间的跃迁关系如图 7-7 所示,不同供应保障需求状态间的时变概率关联如式(7.4.3)所示。式(7.4.3)通常以"微分方程组"的形式体现,其解析计算有时非常复杂,甚至无法实现,为此工程上一般以借助计算机软件工具数值解算为主。

$$\begin{cases} \dfrac{d[P_0(t)]}{dt}=-\lambda_0 P_0(t)+\mu_1 P_1(t) \\ \dfrac{d[P_i(t)]}{dt}=-(\lambda_i+\mu_i)P_i(t)+\lambda_{i-1}P_{i-1}(t)+\mu_{i+1}P_{i+1}(t), \quad i=1,2,\cdots,n-1 \\ \dfrac{d[P_n(t)]}{dt}=-\mu_n P_n(t)+\lambda_{n-1}P_{n-1}(t) \end{cases} \quad (7.4.3)$$

在前述"生灭过程"假设中,针对内置组件预置了 $n-1$ 个备件,即仅当备件供应保障需求处于状态 n 时,装备供应保障工作才处于工程上的备件短缺状态。因此,该型内置组件任务期内的备件满足率 φ 可写为

$$\varphi=1-P[N(t)=n]=1-P_n(t) \quad (7.4.4)$$

进一步,考虑"稳态"情形下该型内置组件不同供应保障需求状态间的概率关联,此时微分方程组(7.4.3)可改写为

$$\begin{cases} 0 = -\lambda_0 P_0 + \mu_1 P_1 \\ 0 = -(\lambda_i + \mu_i) P_i + \lambda_{i-1} P_{i-1} + \mu_{i+1} P_{i+1}, \quad i = 1, 2, \cdots, n-1 \\ 0 = -\mu_n P_n + \lambda_{n-1} P_{n-1} \end{cases} \quad (7.4.5)$$

式中：

$$P_i = \lim_{t \to +\infty} P[N(t) = i], \quad i = 0, 1, 2, \cdots, n \quad (7.4.6)$$

对比式(7.4.3)和式(7.4.5)可发现,此时表述不同供应保障需求状态间时变概率关联的微分方程组退化为普通的代数方程组,为此解析计算的难度大大降低。代数方程组(7.4.5)的工程解析解,如式(7.4.7)所示。

$$\begin{cases} P_0 = \dfrac{1}{1 + \sum\limits_{k=1}^{n} \prod\limits_{j=0}^{k-1} \dfrac{\lambda_j}{\mu_{j+1}}} \\ P_i = \dfrac{\lambda_1 \lambda_2 \cdots \lambda_{i-1}}{\mu_1 \mu_2 \cdots \mu_i} P_0, \quad i = 0, 1, 2, \cdots, n \end{cases} \quad (7.4.7)$$

对于失效率 λ_i、修复率 μ_i 均取恒定值 λ、μ 的特殊情形,式(7.4.7)又可进一步改写为

$$\begin{cases} P_0 = \dfrac{1}{1 + \sum\limits_{k=1}^{n} \left(\dfrac{\lambda}{\mu}\right)^k} \\ P_i = \left(\dfrac{\lambda}{\mu}\right)^i P_0, \quad i = 0, 1, 2, \cdots, n \end{cases} \quad (7.4.8)$$

继而,可知稳态情形下该型内置组件任务期内的备件满足率 φ 为

$$\varphi = 1 - \dfrac{\left(\dfrac{\lambda}{\mu}\right)^n}{1 + \sum\limits_{k=1}^{n} \left(\dfrac{\lambda}{\mu}\right)^k} \quad (7.4.9)$$

[算例 7-4] 已知某型特种电气功率板卡采用"原件修复"维修保障策略,其任务期内的备件供应保障需求变化历程满足多状态时变"生灭过程"特征,且不同供应保障需求状态间的跃迁强度保持恒定值,失效率 $\lambda = 0.06$,修复率 $\mu = 0.24$,寿命单位取 w(周)。假设该型特种电气功率板卡在保障供应链管理中的储备数量为 2 个,尝试：

(1) 采用时变"数值"解法,测算 100 w 任务期内该型电气功率板卡的备件供应保障需求满足率 φ;

(2) 采用稳态"解析"解法,测算 100 w 任务期内该型电气功率板卡的备件供应保障需求满足率 φ。

解：(1) 时变"数值"解法。

对于算例所述某型特种电气功率板卡,其满足"生灭过程"的不同供应保障需求状态间的跃迁关系,如图 7-8 所示。图中：$N(t)$ 代表截至 t 时刻该型特种电气功率板卡的供应保障需求函数;$N(t) = i$,代表该型特种电气功率板卡的供应保障需求处于状态 i,$i = 0, 1, 2, 3$。

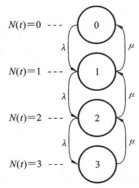

图 7-8 不同备件供应保障需求状态间的交互跃迁示意图

进一步,基于式(7.4.3),可建立反映该型特种电气功率板卡任务期内不同供应保障需求状态间时变概率关联的微分方程组,如式(7.4.10)所示。式(7.4.10)的解析计算比较复杂,这里借助"MATLAB 软件"工具,采用"龙格库塔"算法进行数值解算。

$$\begin{cases} \dfrac{d[P_0(t)]}{dt} = -\lambda P_0(t) + \mu P_1(t) = -0.06 P_0(t) + 0.24 P_1(t) \\ \dfrac{d[P_1(t)]}{dt} = -(\lambda+\mu) P_1(t) + \lambda P_0(t) + \mu P_2(t) = -0.30 P_1(t) + 0.06 P_0(t) + 0.24 P_2(t) \\ \dfrac{d[P_2(t)]}{dt} = -(\lambda+\mu) P_2(t) + \lambda P_1(t) + \mu P_3(t) = -0.30 P_2(t) + 0.06 P_1(t) + 0.24 P_3(t) \\ \dfrac{d[P_3(t)]}{dt} = -\mu P_3(t) + \lambda P_2(t) = -0.24 P_3(t) + 0.06 P_2(t) \end{cases}$$

(7.4.10)

假设 $t=0$ 时刻该型特种电气功率板卡处于功能完好状态，无须备件供应保障，则有

$$[P_0(0) \quad P_1(0) \quad P_2(0) \quad P_3(0)] = [1 \quad 0 \quad 0 \quad 0] \qquad (7.4.11)$$

将式（7.4.11）作为式（7.4.10）的初始条件，则经数值解算，可得该型特种电气功率板卡任务期内处于不同备件供应保障需求状态的时变概率曲线，如图7-9所示。

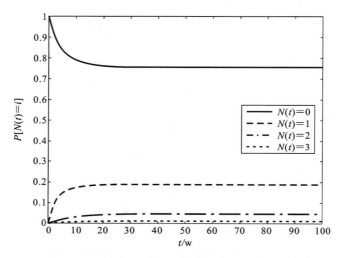

图7-9 不同备件供应保障需求状态的时变概率曲线

读图7-9可知，该型特种电气功率板卡处于不同备件供应保障需求状态的概率水准，在任务时间累计至50 w时已基本趋于平稳，相关平稳情形的概率取值 P_i 为

$$\begin{cases} P_0 = \lim\limits_{t \to +\infty} P[N(t)=0] = 0.7529 \\ P_1 = \lim\limits_{t \to +\infty} P[N(t)=1] = 0.1882 \\ P_2 = \lim\limits_{t \to +\infty} P[N(t)=2] = 0.0471 \\ P_3 = \lim\limits_{t \to +\infty} P[N(t)=3] = 0.0118 \end{cases} \qquad (7.4.12)$$

继而，基于式（7.4.4），可知该型特种电气功率板卡100 w任务期内的备件供应保障需求满足率 φ 为

$$\varphi = 1 - \lim\limits_{t \to +\infty} P[N(t)=3] = 0.9882 \qquad (7.4.13)$$

算例中，借助"MATLAB软件"进行备件供应保障需求仿真分析的核心编程代码如下。

```
function f=funex74(t,Pt)           %首先构造 ode45算法所需调用函数
f=zeros(4,1);                      %初始归零
```

```
Lambda=0.06;                              %失效率 λ 赋值
Mu=0.24;                                  %修复率 μ 赋值
f(1)=-Lambda*Pt(1)+Mu*Pt(2);              %定义算例所述微分方程组
f(2)=-(Lambda+Mu)*Pt(2)+Lambda*Pt(1)+Mu*Pt(3);
f(3)=-(Lambda+Mu)*Pt(3)+Lambda*Pt(2)+Mu*Pt(4);
f(4)=-Mu*Pt(4)+Lambda*Pt(3);
%待调用函数构造完毕
N=2;                                      %设定备件储备数量
T=100;                                    %设定任务期
P0(1)=1;                                  %初始时处于完好状态,无备件需求
for i=2:N+2                               %构建微分方程解算的初始概率向量序列,i 对应 i-1
                                           个需求状态
P0(i)=0;
end
[t,Pt]=ode45(@ funex74,[0 T],P0);         %利用龙格库塔法,数值解算微分方程组
Pfr=1-Pt(length(Pt(:,1)),4);              %计算备件满足率
```

(2) 稳态"解析"解法。

此时,假设该型特种电气功率板卡的备件供应保障需求状态已完全退化为"稳态",为此,微分方程组(7.4.10)退化为

$$\begin{cases} 0=-0.06P_0(t)+0.24P_1(t) \\ 0=-0.30P_1(t)+0.06P_0(t)+0.24P_2(t) \\ 0=-0.30P_2(t)+0.06P_1(t)+0.24P_3(t) \\ 0=-0.24P_3(t)+0.06P_2(t) \end{cases} \quad (7.4.14)$$

继而,基于式(7.4.8),有

$$\begin{cases} P_0 = \dfrac{1}{1+\sum_{k=1}^{3}\left(\dfrac{\lambda}{\mu}\right)^k} = \dfrac{1}{1+\sum_{k=1}^{3}(0.25)^k} = \dfrac{1}{1+0.25+0.25^2+0.25^3} = 0.7529 \\ P_1 = \left(\dfrac{\lambda}{\mu}\right)^1 P_0 = 0.25 \times 0.7529 = 0.1882 \\ P_2 = \left(\dfrac{\lambda}{\mu}\right)^2 P_0 = 0.25^2 \times 0.7529 = 0.0471 \\ P_3 = \left(\dfrac{\lambda}{\mu}\right)^3 P_0 = 0.25^3 \times 0.7529 = 0.0118 \end{cases}$$

(7.4.15)

对比式(7.4.15)与式(7.4.12)的解算结果可知,对于本算例而言,时变"数值"解法与稳态"解析"解法不仅在工程解算层面是完全等价的,而且在解算精度上也保持完全一致。

进一步,基于式(7.4.9),可给出稳态"解析"解法下该型特种电气功率板卡 100 w 任务期内的备件供应保障需求满足率 φ 为

$$\varphi = 1 - \dfrac{\left(\dfrac{\lambda}{\mu}\right)^3}{1+\sum_{k=1}^{3}\left(\dfrac{\lambda}{\mu}\right)^k} = 1 - \dfrac{(0.25)^3}{1+0.25+0.25^2+0.25^3} = 0.9882 \quad (7.4.16)$$

7.4.2 基于"帕姆定理"的供应保障需求预测

帕姆定理[56]:假设装备某型内置组件故障后具备修复可能,且平均故障间隔时间 MTBF 满足"指数分布"随机统计特征、历次修理耗费的平均修复时间 MTTR(平均再次出动准备时间)具备独立同分布的随机过程特点,则装备任务期内该型内置组件因修理需实施供应保障的需求次数 $N(t)$ 的稳态概率分布,近似满足式(7.4.17)所示"泊松分布"随机统计特征。

$$\lim_{t \to +\infty} P[N(t)=n] \simeq \frac{\left(\frac{\text{MTTR}}{\text{MTBF}}\right)^n \exp\left(-\frac{\text{MTTR}}{\text{MTBF}}\right)}{n!}, \quad n=0,1,2,3,\cdots \quad (7.4.17)$$

进一步,假设装备由 M 个内置组件构成,且每个内置组件 i 的平均故障间隔时间 MTBF_i 均满足"指数分布"随机统计特征、平均修复时间 MTTR_i 均具备独立同分布的随机过程特点,则可将式(7.4.17)所示结论推广至整个装备,即对装备整体有

$$\lim_{t \to +\infty} P_S[N_S(t)=n] \simeq \frac{\left(\sum_{i=1}^{M}\frac{\text{MTTR}_i}{\text{MTBF}_i}\right)^n \exp\left(-\sum_{i=1}^{M}\frac{\text{MTTR}_i}{\text{MTBF}_i}\right)}{n!}, \quad n=0,1,2,3,\cdots$$
$$(7.4.18)$$

式中:$N_S(t)$ 代表装备整体在任务期内因修理需实施供应保障的需求总次数;$P_S(\cdot)$ 代表装备整体的供应保障需求概率分布函数。

[算例 7-5] 沿用算例 7-4 中关于某型特种电气功率板卡 100 w 任务期内的备件供应保障需求变化历程的全部假设,并进一步假设该型特种电气功率板卡任务期内历次修理耗费的平均修复时间相互独立,试应用"帕姆定理"重新测算该型特种电气功率板卡处于不同备件供应保障状态的稳态概率分布。

解: 由算例 7-4 中给出的已知条件可知,该型特种电气功率板卡的失效率和修复率分别为 $\lambda=0.06$、$\mu=0.24$,则考虑到"指数分布"的特殊性,电气功率板卡的平均故障间隔时间 MTBF 和平均修复时间 MTTR 分别为

$$\text{MTBF}=\frac{1}{\lambda}=\frac{1}{0.06}, \quad \text{MTTR}=\frac{1}{\mu}=\frac{1}{0.24} \quad (7.4.19)$$

继而,基于式(7.4.17)有

$$\lim_{t \to +\infty} P[N(t)=n] \simeq \frac{\left(\frac{\text{MTTR}}{\text{MTBF}}\right)^n \exp\left(-\frac{\text{MTTR}}{\text{MTBF}}\right)}{n!} = \frac{(0.25)^n \exp(-0.25)}{n!}, \quad n=0,1,2,3,\cdots$$
$$(7.4.20)$$

为此,该型特种电气功率板卡处于不同备件供应保障状态的稳态概率分布为

$$\begin{cases} \lim_{t \to +\infty} P[N(t)=0] \simeq \frac{(0.25)^0 \exp(-0.25)}{0!}=0.7788 \\ \lim_{t \to +\infty} P[N(t)=1] \simeq \frac{(0.25)^1 \exp(-0.25)}{1!}=0.1974 \\ \lim_{t \to +\infty} P[N(t)=2] \simeq \frac{(0.25)^2 \exp(-0.25)}{2!}=0.0243 \\ \lim_{t \to +\infty} P[N(t)=3] \simeq \frac{(0.25)^3 \exp(-0.25)}{3!}=0.0020 \end{cases} \quad (7.4.21)$$

对比式(7.4.21)与式(7.4.12)的计算结果可知,基于"帕姆定理"的备件供应保障稳态概率解算结果与基于"生灭过程"的解算结果并不尽一致,存在工程上的解算误差。但就备件供应保障的总体策略判别而言,两者又能保持自洽与一致,具体而言:两类算法均能预测出该型特种电气功率板卡出现4个备件供应需求的情形的概率几乎为零,因此储备3个备件已能充分满足装备任务期内的备件满足率要求。

7.5 多层次供应保障需求预测

装备的多层次供应保障需求预测主要探讨装备在总体、分系统、设备/功能单元、组件/部件、元器件/零部件等不同层次的备件供应需求测算问题,它既与装备不同层次间的功能化耦合结构密切相关,又受到装备各层次自身备件供应保障规律的直接影响。这里以"串联耦合"功能结构为例,如图7-10所示,探讨"组件-元器件"间的多层次备件供应保障需求预测问题。其他类似耦合结构与类似层次间的备件供应保障需求预测问题,均可借鉴此类技术方法视情处理。

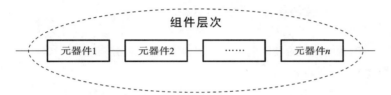

图 7-10 多层次(组件-元器件)备件供应保障框架示意图

假设图7-10中组件层次内含各元器件i的备件供应保障需求$N_i(t)$均满足"泊松分布"特征,分布期望为$\lambda_i t, i=1,2,\cdots,n$,且各分布之间相互独立,则元器件$i$的备件供应保障需求$N_i(t)$的概率分布为

$$P[N_i(t)=k_i]=\frac{(\lambda_i t)^{k_i}\exp(-\lambda_i t)}{k_i!}, \quad k_i=0,1,2,3,\cdots \quad (7.5.1)$$

式中:k_i代表元器件i在任务期内的备件供应保障需求次数。此时,元器件i出现功能故障前的累计运行寿命T_i满足"指数分布"特征,则有

$$P(T_i>t)=\exp(-\lambda_i t) \quad (7.5.2)$$

鉴于元器件与组件层次之间的结构是"串联耦合"功能传递结构,任务期内每一元器件i的功能故障均会导致组件层次的功能故障,为此对于组件层次而言,其出现功能故障前的累计运行寿命T满足如下关系:

$$\begin{aligned} P(T>t) &= P[\min(T_1,T_2,\cdots,T_n)>t]=P(T_1>t,T_2>t,\cdots,T_n>t) \\ &= P(T_1>t)P(T_2>t)\cdots P(T_n>t)=\exp(-\lambda_1 t)\exp(-\lambda_2 t)\cdots\exp(-\lambda_n t) \\ &= \exp[-(\sum_{i=1}^{n}\lambda_i)t] \end{aligned} \quad (7.5.3)$$

分析式(7.5.3)的数学组成可知,组件层次的故障前累计运行寿命T也满足"指数分布"特征。进而,可知任务期内组件层次的备件供应保障需求$N_c(t)$也满足"泊松分布"特征,且相关概率分布为

$$P[N_c(t)=k]=\frac{[(\sum_{i=1}^{n}\lambda_i)t]^k\exp[-(\sum_{i=1}^{n}\lambda_i)t]}{k!}, \quad k=0,1,2,3,\cdots \quad (7.5.4)$$

式中：k 代表组件层次在任务期内的备件供应保障需求次数；$(\lambda_1+\lambda_2+\cdots+\lambda_n)t$ 代表组件层次备件供应保障需求所满足"泊松分布"的期望值。

[**算例 7-6**] 假设某型电气控制箱组件由 4 类元器件按照串联功能传递结构组成，且不同元器件的备件供应保障需求 $N_i(t)$ 满足表 7-4 所列随机分布特征，试估算 1000 h 任务期内该型电气控制箱组件的备件供应保障需求期望值 $E[N_c(t)]$。

表 7-4 元器件层次的备件供应保障需求演变规律

序号	组件	供应保障满足的随机分布	特征值 λ_i	备注
1	组件 1	泊松分布	$\lambda_1=0.05$	不同泊松分布间相互独立
2	组件 2	泊松分布	$\lambda_2=0.08$	
3	组件 3	泊松分布	$\lambda_3=0.002$	
4	组件 4	泊松分布	$\lambda_4=0.005$	

解：鉴于该型电气控制箱组件内置 4 类元器件按照串联功能传递结构组成，且相关备件供应保障需求 $N_i(t)$ 均满足"泊松分布"特征，为此，基于式(7.5.4)可知，电气控制箱组件的备件供应保障需求 $N_c(t)$ 也满足"泊松分布"特征，且相关特征值 λ_c 为

$$\lambda_c=\lambda_1+\lambda_2+\lambda_3+\lambda_4=0.137 \tag{7.5.5}$$

进一步，基于"泊松分布"的技术特点，易知该型电气控制箱组件 1000 h 任务期内的备件供应保障需求期望值 $E[N_c(t)]$ 为

$$E[N_c(t)]=\lambda_c t=0.137\times1000=137 \tag{7.5.6}$$

7.6 多级别供应保障需求预测

装备的多级别供应保障需求预测主要探讨装备的备件供应保障资源在不同维修级别保障力量间的合理划分问题，相关研究内容更贴近装备保障工作运行实际，与孤立的单级别备件供应保障需求预测分析相比，工程应用价值更突出。这里以"用户级-基地级"两级维修力量结构为例，如图 7-11 所示，探讨一类最为典型的多级别备件供应保障需求预测问题。其他保障工程实践中的类似多级别备件供应保障需求预测问题，均可借鉴此类技术方法视情处理。

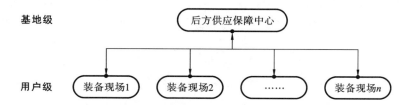

图 7-11 多级别(用户级-基地级)备件供应保障框架示意图

假设装备现场的用户级维修力量仅负责实施装备故障组件(元器件/零部件)的拆换工作，拆换后的组件统一交送后方基地级维修力量实现技术状态恢复，技术状态恢复后的组件重新纳入装备备件供应链管理。在给定备件满足率要求的前提下，基于"帕姆定理"，用户级与基地级的备件供应保障需求可分别由式(7.6.1)和式(7.6.2)测算。

$$\sum_{k_i=0}^{M_i} \frac{(\lambda_i \times T_i^{d-b})^{k_i} \exp(-\lambda_i \times T_i^{d-b})}{k_i!} \geqslant \alpha_i \quad (7.6.1)$$

式中:λ_i 代表第 i 个装备现场相关组件的故障率;T_i^{d-b} 代表供应组件由"后方供应保障中心"前送至"第 i 个装备现场"所需花费的周转时间;M_i 代表第 i 个装备现场相关组件的储备数量;k_i 代表第 i 个装备现场的组件储备计数变量;α_i 代表第 i 个装备现场相关组件的供应保障满足率,$i=1,2,\cdots,n$。

$$\sum_{k=0}^{M} \frac{(\lambda \times \mathrm{MTTR}^{b-d})^k \exp(-\lambda \times \mathrm{MTTR}^{b-d})}{k!} \geqslant \alpha \quad (7.6.2)$$

式中:λ 代表后方供应保障中心相关装备组件的接收率;MTTR^{b-d} 代表故障组件由"第 i 个装备现场"后送至"后方供应保障中心",并经过修理恢复其技术状态所需花费的总时间;M 代表后方供应保障中心相关装备组件的储备数量;k 代表后方供应保障中心相关装备组件的储备计数变量;α 代表后方供应保障中心相关装备组件的供应保障满足率。

[**算例 7-7**] 假设某后方供应保障基地与 3 个装备基层使用点间存在图 7-11 所示两级维修供应关联。已知各基层使用点中某型装备组件 A 的故障率 $\lambda_A=0.005$;组件 A 由"后方供应保障基地"向"基层使用点"前送供应备件的周转时间 $T_i^{d-b}=2$ h;组件 A 故障后由"基层使用点"后送至"后方供应保障基地",并经过修理恢复其技术状态所需花费的平均时间 $\mathrm{MTTR}^{b-d}=50$ h,试测算:

(1) 基层使用备件满足率要求 $\alpha_i=0.995$ 的前提下,各基层使用点所应储备的组件 A 数量;

(2) 后方供应备件满足率要求 $\alpha=0.995$ 的前提下,后方供应保障基地所应储备的组件 A 数量。

解:(1) 基于式(7.6.1),可知装备组件 A 的基层使用点储备数量 $M_i(i=1,2,3)$ 应满足如下不等式:

$$\sum_{k_i=0}^{M_i} \frac{(\lambda_A \times T_i^{d-b})^{k_i} \exp(-\lambda_A \times T_i^{d-b})}{k_i!} = \sum_{k_i=0}^{M_i} \frac{(0.005 \times 2)^{k_i} \exp(-0.005 \times 2)}{k_i!} \geqslant \alpha_i = 0.995 \quad (7.6.3)$$

分别取 $M_i=0,1$,则有

$$\sum_{k_i=0}^{0} \frac{(0.005 \times 2)^0 \exp(-0.005 \times 2)}{0!} = 0.99 < 0.995$$

$$\sum_{k_i=0}^{1} \frac{(0.005 \times 2)^1 \exp(-0.005 \times 2)}{1!} = 0.99995 > 0.995$$

为此,每个基层使用点至少应储备 1 个组件 A,才能满足基层使用的备件满足率要求。

(2) 基于式(7.6.2),可知装备组件 A 的后方供应备件储备数量 M 应满足如下不等式:

$$\sum_{k=0}^{M} \frac{(\lambda \times \mathrm{MTTR}^{b-d})^k \exp(-\lambda \times \mathrm{MTTR}^{b-d})}{k!} \geqslant \alpha = 0.995 \quad (7.6.4)$$

分别取 $\lambda=3\lambda_A$,$\mathrm{MTTR}^{b-d}=50$ h,$M=0,1,2,3$,则有

$$\sum_{k=0}^{0} \frac{(3 \times 0.005 \times 50)^0 \exp(-3 \times 0.005 \times 50)}{0!} = 0.4724 < 0.995$$

$$\sum_{k=0}^{1} \frac{(3 \times 0.005 \times 50)^1 \exp(-3 \times 0.005 \times 50)}{1!} = 0.8266 < 0.995$$

$$\sum_{k=0}^{2} \frac{(3\times0.005\times50)^2 \exp(-3\times0.005\times50)}{2!} = 0.9595 < 0.995$$

$$\sum_{k=0}^{3} \frac{(3\times0.005\times50)^3 \exp(-3\times0.005\times50)}{3!} = 0.9989 > 0.995$$

为此,后方供应保障基地至少应储备 3 个组件 A,才能满足基地的后方供应备件满足率要求。

7.7 储供优化目标及影响因素分析

前面 7.2 节至 7.6 节所述内容,重点用于解决可靠性系统工程备件供应保障中的第一类工程技术问题——备件供应的需求预测问题。自本节起,后续论述内容将重点关注可靠性系统工程备件供应保障中的第二类工程技术问题——备件储供的动态优化问题。

开展备件供应保障储供优化管理的目的主要有:① 通过有效的规划和预测,尽可能降低所需供应备件短缺事件发生的概率;② 尽可能以较低的备件储供管理投入,保证装备在役期间处于较高的使用可用度水准;③ 确保备件的批次补充和多点运输行为经济、有效,且能长期保持装备在役期间的技术完好状态。总而言之,备件供应保障储供优化管理的最终目标为:以最经济、最有效的储供管理成本投入,保证装备使用期间长期稳定处于最佳技术状态。

工程上,影响备件供应保障储供优化管理成本的主要因素包括采购实施成本、单元购置成本、库存管理成本和供应短缺成本。

1. 采购实施成本

采购实施成本指为完成单批次备件采购工作所需投入的与技术活动和管理活动相关的系列工程成本,一般涵盖采购计划制定成本、采购订单制定成本、采购人员管理成本、订购备件接收成本、库存记录更新成本等。注意:采购实施成本通常并不取决于采购订单中备件的订购数量,而且工程上一般认为任意单批次备件采购的实施成本是近似相等的。

2. 单元购置成本

单元购置成本指为获得每一备件单元所需投入的合同价格成本,一般涵盖备件单元的生产成本、间接管理成本、运输供应成本以及工程利润等。注意:单元购置成本有时是变化的,特别是当采购订单中备件的订购数量足够多或订单合同金额足够大时,单元购置成本可能会下降。

3. 库存管理成本

库存管理成本指单位时间周期内为满足入库备件的有效贮存与日常管理而需投入的平均工程成本,一般涵盖库房存储费用、保险费用、税费、包装费用、库内转运费用、折旧费用、失效备件处理费用等。

4. 供应短缺成本

供应短缺成本指当备件供应需求不能得以及时满足,导致装备遂行任务功能丧失而产生的合同惩罚类工程成本。供应短缺成本通常出现在民营产品领域。例如,由于备件短缺,民航飞机不能按时起飞所需赔偿旅客的延误保险成本;由于备件短缺,工业生产供电受限所需赔偿的用户经济损失成本。有时候,供应短缺产生的惩罚成本会远远超过采购实施成本和库存管理成本。为此,我们总是期望备件供应短缺的情况不发生,或短缺数量尽量少。

7.8 面向"经济订货"策略的储供优化决策

工程上,与备件储供优化管理相关的订货策略有很多种,"经济订货"策略是其中最为常见的一种。"经济订货"策略尝试通过寻找每批次订货的最优订货数,期望以最低的供应保障储供管理成本,确保装备使用期间长期稳定处于最佳技术状态。

假设某型备件的年度供应保障需求率为 λ,每批次拟采购的备件数量为 q,采购实施成本为 P_c,每一备件单元的年度库存管理成本为 C_c、购置成本为 U_c,忽略备件的供应短缺成本,则对于"经济订货"策略,有

$$\begin{cases} T_{P_c} = \dfrac{\lambda}{q} \times P_c \\ T_{U_c} = \lambda \times U_c \\ T_{C_c} = A \times B = \left(\dfrac{q}{2} \times \dfrac{q}{\lambda} \times C_c \right) \times \left(\dfrac{\lambda}{q} \right) = \dfrac{q}{2} \times C_c \end{cases} \quad (7.8.1)$$

式中: T_{P_c} 代表备件的年度采购实施总成本; T_{U_c} 代表备件的年度购置总成本; A 代表每采购间隔间备件的库存管理平均成本; B 代表年度采购频次; T_{C_c} 代表备件的年度库存管理总成本。进而,易知该型备件的年度储供优化管理总成本 T_c 为

$$T_c = T_{P_c} + T_{U_c} + T_{C_c} = \dfrac{\lambda}{q} \times P_c + \lambda \times U_c + \dfrac{q}{2} \times C_c \quad (7.8.2)$$

进一步,为求解不同 q 值下 T_c 的工程最小值,对式(7.8.2)求导有

$$\dfrac{\mathrm{d} T_c}{\mathrm{d} q} = -\dfrac{\lambda}{q^2} \times P_c + \dfrac{1}{2} \times C_c \quad (7.8.3)$$

令式(7.8.3)取 0 值,则该型备件每批次采购的最优订货数 q^* 为

$$q^* = \sqrt{\dfrac{2 \times \lambda \times P_c}{C_c}} \quad (7.8.4)$$

继而,该型备件年度采购的最优订货频次 B^* 为

$$B^* = \dfrac{\lambda}{\sqrt{\dfrac{2 \times \lambda \times P_c}{C_c}}} = \dfrac{\sqrt{\lambda \times C_c}}{\sqrt{2 \times P_c}} \quad (7.8.5)$$

[算例 7-8] 假设 A 供应保障中心某型耗损件 F 的年度供应保障需求率 $\lambda = 2000$,每批次采购的实施成本 $P_c = 2000$ 元,每个耗损件 F 的年度库存管理成本 $C_c = 200$ 元,试测算"经济订货"策略下该型耗损件 F 的每批次采购的最优订货数 q^* 与最优订货频次 B^*。

解:基于式(7.8.4),易知"经济订货"策略下该型耗损件 F 的每批次采购的最优订货数 q^* 为

$$q^* = \sqrt{\dfrac{2 \times \lambda \times P_c}{C_c}} = \sqrt{\dfrac{2 \times 2000 \times 2000}{200}} = 200 \quad (7.8.6)$$

继而,最优订货频次 B^* 为

$$B^* = \dfrac{\lambda}{q^*} = \dfrac{2000}{200} = 10 \quad (7.8.7)$$

7.9 几类常见的储供优化管理技术方法

除去基于"经济订货"策略的备件储供优化管理技术方法外,工程上面向不同的供应保障

约束条件,还有很多其他可供选择的备件储供优化管理技术方法。鉴于篇幅所限,这里重点介绍三类应用较多的技术方法,包括非线性整数规划法、边界分析法和蒙特卡罗仿真法。

7.9.1 非线性整数规划法

非线性整数规划法适用于解决"有限备件购置成本和购置数量约束下,如何在多种类型的备件集合中寻求最佳采购决策子集,以确保装备系统处于最佳可用状态"的工程问题。以图7-12所示串联任务功能系统为例,假设系统由 M 个备件构成,且任意备件 i 的故障累计概率为 $F_i(t)$、最大可采购数量为 $N_i, i=1,2,\cdots,M$,则在给定备件采购总预算额 C_L 约束下,不同类型备件的最优购置策略可表述如下。

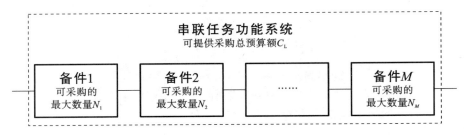

图 7-12 多类型备件串联任务功能系统(限制采购数量和采购成本)

$$\begin{cases} \sum_{i=1}^{M}\sum_{j=0}^{N_i} j \times c_i \times \eta_{ij} \leqslant C_L \\ A_S(t) = \prod_{i=1}^{M} A_i(t) \end{cases} \quad (7.9.1)$$

式中: t 代表任意任务时刻; c_i 代表备件 i 的购置成本; η_{ij} 代表整数规划逻辑判别函数,其逻辑判别取值可由式(7.9.2)计算确定; $A_S(t)$ 代表任务功能系统的可用度; $A_i(t)$ 代表备件 i 的可用度,其取值可由式(7.9.3)计算确定。

$$\eta_{ij} = \begin{cases} 1, \text{当第 } i \text{ 种备件采购 } j \text{ 个时} \\ 0, \text{其他情形} \end{cases} \quad (7.9.2)$$

$$A_i(t) = \sum_{j=0}^{N_i} \sum_{k=0}^{j} [F_i^k(t) - F_i^{k+1}(t)] \eta_{ij} \quad (7.9.3)$$

式中: $F_i^k(t)$ 代表将故障累计概率 $F_i(t)$ 卷积 $k-1$ 次,其满足如下数学关联

$$\begin{cases} F^{(k)}(t) = \int_0^t F^{(k-1)}(t-u) \mathrm{d}[F(u)] \\ F^{(1)}(t) = F(t), \quad F^{(0)}(t) = 1 \end{cases} \quad (7.9.4)$$

规划搜寻式(7.9.1)最优或局部最优解集 $\boldsymbol{\eta}^* = [\eta_{1j}, \eta_{2j}, \cdots, \eta_{Mj}]$ 的成熟工程算法有很多,例如遗传算法、蚁群算法、退火算法等[57-61]。但这些技术内容并不是本书论述的重点,此处建议读者以掌握解决此类储供优化约束问题的建模思路和建模技巧为主。

7.9.2 边界分析法

边界分析法是一类启发式寻优算法,适用于解决"有限备件购置成本和期望'利润'需求约

束下,如何在多种类型的备件集合中寻求最佳采购决策子集,以确保装备系统的供应保障工作成效最佳(短缺数最低)"的工程问题。边界分析法通过构建有效的单位成本边界"利润"信息函数 $\delta(\cdot)$,依据"利润最佳、优选采购"的供应保障决策原则,逐步推演寻找有限购置成本约束下,不同类型备件的最优或局部最优供应保障策略。

注意:① 边界分析法给出的最优或局部最优解集,可能并不是唯一的,有时需要供应保障决策人员再引入其他附加技术约束条件,以实现最终供应保障策略的权衡优化;② 边界分析法对于目标问题建模具备明显"凸"函数[62]特征的工程情形尤其适用。

这里仍以串联任务功能系统为例,如图 7-13 所示。假设系统由 M 个备件构成,则在给定备件采购总预算额 C_L 约束下,不同类型备件基于边界分析的最优购置策略可表述如下。

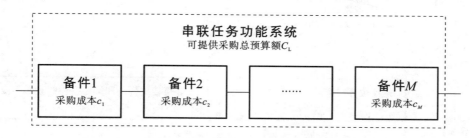

图 7-13 多类型备件串联任务功能系统(限制采购成本)

$$\begin{cases} \min\left\{\sum_{i=1}^{M} \mathrm{EBO}_i(n_i)\right\} \\ \sum_{i=1}^{M} c_i n_i \leqslant C_L \end{cases} \tag{7.9.5}$$

式中:t 代表任意任务时刻;c_i 代表备件 i 的购置成本,$i=1,2,\cdots,M$;n_i 代表备件 i 的拟购置数量,其取值会依据边界"利润"信息函数 $\delta(\cdot)$ 的计算结果,多轮次更新调整;$\mathrm{EBO}_i(\cdot)$ 代表备件 i 的期望短缺函数,对于备件 i 的供应保障需求次数满足"齐次泊松过程"的情形,有

$$\mathrm{EBO}_i(n_i) = \sum_{w=n_i+1}^{+\infty}\left[(w-n_i)\times\frac{(\lambda_i t)^w \exp(-\lambda_i t)}{w!}\right] \tag{7.9.6}$$

式中:λ_i 代表备件 i 的供应保障需求次数所满足"泊松分布"的特征值;w 代表备件 i 的短缺计数变量。

进一步,利用边界分析方法,逐步推演解算式(7.9.5),并寻找备件 i 的最优或局部最优购置解集,其基本技术流程如下。

(1) 定义面向目标问题的可变解集。

可变解集指具有多种选择可能的目标问题解决方案,对于图 7-13 所示串联任务功能系统的供应保障优化问题而言,可变解集 $\boldsymbol{n}$ 通常定义为

$$\boldsymbol{n} = \{n_1 \quad n_2 \quad \cdots \quad n_M\} \tag{7.9.7}$$

(2) 构建单位成本边界"利润"信息函数 $\delta(\cdot)$。

单位成本边界"利润"信息函数 $\delta(\cdot)$ 是逐次探索目标问题最优技术路径的关键判据,可变解集中每一 n_i 量值的更迭(由 $n_i \to n_i+1$),均应经由不同边界"利润"信息函数 $\delta_i(n_i)$ 的量值对比分析后确定。一类常用于备件供应保障边界分析的"利润"信息函数 $\delta_i(n_i)$ 为

$$\delta_i(n_i) = \frac{\mathrm{EBO}_i(n_i-1) - \mathrm{EBO}_i(n_i)}{c_i} \tag{7.9.8}$$

(3) 明确可变解集的多轮次迭代更新规则。

明确了目标问题的可变解集,以及探索目标问题优化路径的关键判据后,还需进一步明确可变解集的多轮次迭代更新规则。一般基于边界分析的供应保障优化按照图7-14所示规则进行迭代更新。

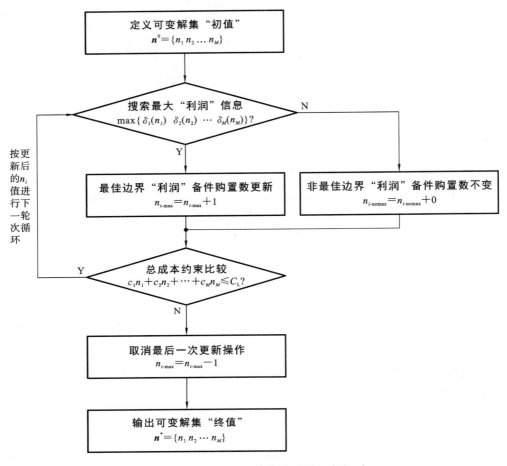

图7-14 边界分析的多轮次迭代更新规则

[**算例7-9**] 假设某型装备组件内含三个不同的线上可更换单元,各单元之间满足串联任务功能关联,且任务期内的故障演变规律均满足"指数分布"特征,平均故障间隔时间分别为 $MTBF_1 = 500$ h、$MTBF_2 = 600$ h、$MTBF_3 = 1000$ h,单位采购成本分别为 $c_1 = 4000$ 元、$c_2 = 8000$ 元、$c_3 = 10000$ 元。试利用边界分析方法,测算总预算额 $C_L = 64000$ 元约束下,为满足3000 h任务期内的最佳供应保障成效,该型装备组件中各备件单元的最优购置方案。

解:首先,定义满足该算例的可变解集初值 $\boldsymbol{n}^0$,如下:

$$\boldsymbol{n}^0 = \{n_1 \quad n_2 \quad n_3\} = \{0 \quad 0 \quad 0\} \tag{7.9.9}$$

进一步,基于式(7.9.8),构建该算例的单位成本边界"利润"信息函数 $\delta(\cdot)$:

$$\delta_i(n_i) = \frac{\mathrm{EBO}_i(n_i-1) - \mathrm{EBO}_i(n_i)}{c_i}, \quad i = 1, 2, 3 \tag{7.9.10}$$

取 $n_i = 1, 2, \cdots, 10$,计算不同备件单元 i 处于不同采购数量 n_i 状态时的期望短缺数

$\mathrm{EBO}_i(n_i)$,如表 7-5 所示。继而,相关边界"利润"信息函数 $\delta_i(n_i)$ 的取值如表 7-6 所示。

表 7-5 不同备件购置数量下的期望短缺数汇总

序号	储备数量 n_i	$\mathrm{EBO}_1(n_1)$	$\mathrm{EBO}_2(n_2)$	$\mathrm{EBO}_3(n_3)$	备注
1	0	6	5	3	
2	1	5.0024	4.0067	2.0498	
3	2	4.0198	3.0472	1.2489	
4	3	3.0818	2.1718	0.6721	
5	4	2.2330	1.4368	0.3194	$\lambda_i = \dfrac{1}{\mathrm{MTBF}_i}$
6	5	1.5180	0.8773	0.1346	$\mathrm{EBO}_i(n_i) = \sum\limits_{w=n_i+1}^{+\infty}\left[(w-n_i)\times\dfrac{(\lambda_i t)^w \exp(-\lambda_i t)}{w!}\right]$
7	6	0.9637	0.4933	0.0507	
8	7	0.5700	0.2555	0.0172	
9	8	0.3140	0.1221	0.0053	
10	9	0.1612	0.0540	0.0015	
11	10	0.0773	0.0222	0.00038	

表 7-6 不同备件购置数量下的边界利润汇总

序号	储备数量 n_i	$\delta_1(n_1)$	$\delta_2(n_2)$	$\delta_3(n_3)$	备注
1	0	—	—	—	
2	1	2.4938×10^{-4}	1.2416×10^{-4}	9.5021×10^{-5}	
3	2	2.4566×10^{-4}	1.1995×10^{-4}	8.0085×10^{-5}	
4	3	2.3451×10^{-4}	1.0942×10^{-4}	5.7681×10^{-5}	
5	4	2.1220×10^{-4}	9.1872×10^{-5}	3.5277×10^{-5}	
6	5	1.7874×10^{-4}	6.9938×10^{-5}	1.8474×10^{-5}	$\delta_i(n_i)=\dfrac{\mathrm{EBO}_i(n_i-1)-\mathrm{EBO}_i(n_i)}{c_i}$
7	6	1.3858×10^{-4}	4.8005×10^{-5}	8.3918×10^{-6}	
8	7	9.8424×10^{-5}	2.9727×10^{-5}	3.3509×10^{-6}	
9	8	6.4005×10^{-5}	1.6671×10^{-5}	1.1905×10^{-6}	
10	9	3.8190×10^{-5}	8.5117×10^{-6}	3.8030×10^{-7}	
11	10	2.0981×10^{-5}	3.9785×10^{-6}	1.1025×10^{-7}	

基于表 7-6 中所列边界"利润"信息函数 $\delta_i(n_i)$ 取值,参照图 7-14 所示多轮次迭代更新规则,经过 12 轮次的数值迭代后,可得该算例的可变解集终值 $\boldsymbol{n}^*$ 为

$$\boldsymbol{n}^* = \{n_1 \quad n_2 \quad n_3\} = \{7 \quad 3 \quad 1\} \tag{7.9.11}$$

即该型装备组件中各备件单元的最优购置方案为:备件 1 购置 7 个,备件 2 购置 3 个,备件 3 购置 1 个。此时,总采购成本为 $(7\times4000+3\times8000+10000)$ 元 $=62000$ 元 $<C_\mathrm{L}$。

算例中,借助"MATLAB 软件"进行备件供应保障购置方案优化分析的核心编程代码如下。

```
T=3000;                                    %限定任务期
MTBF=[500 600 1000];                       %不同备件单元的平均故障间隔时间
C=[4000 8000 10000];                       %不同备件单元的购置成本
Z=[0 1 2 3 4 5 6 7 8 9 10];                %设置边界分析中可变解集的搜索空间范围
EBO=zeros(length(MTBF),length(Z));         %期望短缺数赋初值
for j=1:length(Z)                          %计算期望短缺数
    for i=1:3
        for n=(Z(j)+1):20
EBO(i,j)=EBO(i,j)+(n-Z(j))*((T/MTBR(i))^n*exp(-T/MTBR(i)))/factorial(n);
        end
    end
end
for i=1:3                                  %计算边界利润
    for j=2:length(Z)
        ben(i,j-1)=(EBO(i,j-1)-EBO(i,j))/C(i);
    end
end
```

7.9.3 蒙特卡罗仿真法

蒙特卡罗仿真法是一类借助模拟的逻辑随机事件发生频次,近似测算随机事件发生概率的技术方法,适用于解决"缺乏足够明晰的解析约束关联条件下,优化权衡供应保障最佳策略"的工程问题。原则上,只要选择的随机事件样本发生方式恰当,且样本数量足够庞大,采用蒙特卡罗仿真法输出的近似模拟值,可充分逼近所关注目标问题的真实解析值[63]。

针对不同目标工程问题,实施蒙特卡罗仿真的基本技术流程如下。

(1) 构造随机事件发生函数。

构造随机事件发生函数是实施蒙特卡罗仿真的首要工作,也是确保蒙特卡罗仿真法真实有效的最为核心的基础工作。工程上,一般借助专业工具软件(如 MATLAB、Maple 等)内置的伪随机数发生函数,构造契合不同目标问题分析特点的随机事件发生函数。在 MATLAB 软件中,经常使用的伪随机数发生函数有:unifrnd()——均匀分布随机数;exprnd()——指数分布随机数;normrand()——正态分布随机数。

(2) 模拟足够样本的随机事件。

确定了恰当的随机事件发生函数后,为确保蒙特卡罗仿真法输出的模拟目标值精度,需要生成数量足够庞大的随机事件样本。相关样本数量的具体选择,一般以最终模拟输出值的波动误差尽量小为准。注意,对于内含较多组部件的大型复杂装备系统而言,为了尽量精确地模拟装备系统使用期间的故障演变与供应保障状态,通常会将随机样本数量定位在"万"量级。为此,蒙特卡罗仿真法的工程实施,对计算资源的依赖较为严重。

(3) 关联目标问题,统计分析样本,优化保障决策。

获得充足数量的契合目标问题需求的随机事件样本后,还应通过合理地数学关联构造,建立逻辑随机事件发生频次与目标问题解算需求间的工程演绎关系;进而,通过统计分析随机事件样本发生频次的数学特征,间接推演目标问题的近似工程解集,并为最终的供应保障优化决策提供重要的技术信息输入。

第 7 章 可靠性系统工程供应保障优化

[**算例 7-10**] 假设某型船舶装备组件采用"四级"供应保障策略,即"本船级-海上中继级-岸上中继级-基地级"。经过长期的供应保障实践可知,该型船舶装备组件出现故障后分别从本船级、海上中继级、岸上中继级和基地级获取备件的概率分布 $P(i)$ 与平均获取等待时间 WT_i,如表 7-7 所示,试基于 MATLAB 软件工具采用蒙特卡罗仿真法测算该型船舶装备组件的平均保障延误时间 MLDT。

表 7-7 "四级"供应保障的概率分布与平均获取等待时间

序号	i	供应保障级别	概率分布 $P(i)$	平均获取等待时间 WT_i	备注
1	$i=1$	本船级	0.4	0.5 h	不同级别供应保障事件发生的频次,满足"均匀分布"特征
2	$i=2$	海上中继级	0.3	8 h	
3	$i=3$	岸上中继级	0.25	72 h	
4	$i=4$	基地级	0.05	720 h	

解:首先,构造随机事件发生函数,鉴于不同级别供应保障事件发生的频次满足"均匀分布"特征,为此构造随机事件发生函数:unifrnd()。

其次,为确保仿真结果的稳定性与准确性,选择随机事件样本数量为 10000。

最后,建立随机事件发生频次 N 与平均保障延误时间 MLDT 的逻辑数学关联:

$$\text{MLDT} = \frac{\sum_{j=1}^{N}\{\Psi[\text{unifrnd}(\cdot)]\}}{N} \quad (7.9.12)$$

式中:$\Psi[\cdot]$ 为逻辑数学关联函数,其具体取值由式(7.9.13)确定。

$$\begin{cases} \Psi[\text{unifrnd}(\cdot)] = WT_1, & 0 \leqslant \text{unifrnd}(\cdot) \leqslant 0.4 \\ \Psi[\text{unifrnd}(\cdot)] = WT_2, & 0.4 < \text{unifrnd}(\cdot) \leqslant 0.7 \\ \Psi[\text{unifrnd}(\cdot)] = WT_3, & 0.7 < \text{unifrnd}(\cdot) \leqslant 0.95 \\ \Psi[\text{unifrnd}(\cdot)] = WT_4, & 0.95 < \text{unifrnd}(\cdot) \leqslant 1 \end{cases} \quad (7.9.13)$$

算例中,借助"MATLAB 软件"进行备件平均保障延误时间测算仿真分析的核心编程代码如下。

```
N=10000;              %设置蒙特卡罗仿真次数
for i=1:N             %生成仿真序列
    R(i)=unifrnd(0,1);
    if R(i)<=0.4;
        M(i)=0.5;
    elseif (R(i)>0.4) & (R(i)<=0.7);
        M(i)=8;
    elseif (R(i)>0.7) & (R(i)<=0.95);
        M(i)=72;
    else (R(i)>0.95) & (R(i)<=1);
        M(i)=720;
    end
end
LD=sum(M)/N;          %计算平均保障延误时间
```

本算例蒙特卡罗仿真过程的部分模拟测算数据,如表7-8所示。

表 7-8 蒙特卡罗仿真过程的部分模拟测算数据

仿真次数	随机样本值 unifrnd(·)	逻辑关联值 $\Psi[\cdot]$	仿真次数	随机样本值 unifrnd(·)	逻辑关联值 $\Psi[\cdot]$
1	0.3958	0.5	11	0.7191	72
2	0.4211	8	12	0.0265	0.5
3	0.7107	72	13	0.4861	8
4	0.5095	8	14	0.1935	0.5
5	0.7380	72	15	0.6649	8
6	0.5597	8	16	0.2516	0.5
7	0.8920	72	17	0.5349	8
8	0.5250	8	18	0.0375	0.5
9	0.3155	0.5	19	0.7238	72
10	0.7548	72	20	0.8483	72

经过10000次随机事件模拟后,基于蒙特卡罗仿真法给出的该型船舶装备组件平均保障延误时间 MLDT 为 56.8231 h。进一步,直接基于解析算法测算本算例的组件平均保障延误时间 MLDT,如式(7.9.14)所示。比较两种方法的计算结果可知,误差仅为 1.45%。

$$\text{MLDT} = P(1) \times \text{WT}_1 + P(2) \times \text{WT}_2 + P(3) \times \text{WT}_3 + P(4) \times \text{WT}_4 = 56.6 \text{ h}$$
(7.9.14)

注意:采用蒙特卡罗仿真法与采用解析方法相比,貌似"舍近求远",但工程现实中的核心技术"困境"在于,面对很多复杂的大型装备系统,我们并不能轻易或很难完全掌握其相关目标问题的解析运算关系,此时蒙特卡罗仿真法的技术优势明显,并可能是唯一可行的且经济可承受的工程技术途径。

附　　录

附表1　标准正态分布量值表

z为标准正态分布随机变量；Φ(z)为标准正态分布函数

z	$\Phi(z)$	z	$\Phi(z)$	z	$\Phi(z)$	z	$\Phi(z)$
−6	9.9e−10	−3	0.00135	0	0.5	3	0.998650033
−5.9	1.82e−09	−2.9	0.001866	0.1	0.539827896	3.1	0.999032329
−5.8	3.33e−09	−2.8	0.002555	0.2	0.579259687	3.2	0.999312798
−5.7	6.01e−09	−2.7	0.003467	0.3	0.617911357	3.3	0.999516517
−5.6	1.07e−08	−2.6	0.004661	0.4	0.655421697	3.4	0.999663019
−5.5	1.9e−08	−2.5	0.00621	0.5	0.691462467	3.5	0.999767327
−5.4	3.34e−08	−2.4	0.008198	0.6	0.725746935	3.6	0.999840854
−5.3	5.8e−08	−2.3	0.010724	0.7	0.758036422	3.7	0.999892170
−5.2	9.98e−08	−2.2	0.013903	0.8	0.788144666	3.8	0.999927628
−5.1	1.7e−07	−2.1	0.017864	0.9	0.815939908	3.9	0.999951884
−5	2.87e−07	−2	0.02275	1	0.841344740	4	0.999968314
−4.9	4.8e−07	−1.9	0.028716	1.1	0.864333898	4.1	0.999979331
−4.8	7.94e−07	−1.8	0.03593	1.2	0.884930268	4.2	0.999986646
−4.7	1.3e−06	−1.7	0.044565	1.3	0.903199451	4.3	0.999991454
−4.6	2.11e−06	−1.6	0.054799	1.4	0.919243289	4.4	0.999994583
−4.5	3.4e−06	−1.5	0.066807	1.5	0.933192771	4.5	0.999996599
−4.4	5.42e−06	−1.4	0.080757	1.6	0.945200711	4.6	0.999997885
−4.3	8.55e−06	−1.3	0.096801	1.7	0.955434568	4.7	0.999998698
−4.2	1.34e−05	−1.2	0.11507	1.8	0.964069734	4.8	0.999999206
−4.1	2.07e−05	−1.1	0.135666	1.9	0.971283507	4.9	0.999999520
−4	3.17e−05	−1	0.158655	2	0.977249938	5	0.999999713
−3.9	4.81e−05	−0.9	0.18406	2.1	0.982135643	5.1	0.999999830
−3.8	7.24e−05	−0.8	0.211855	2.2	0.986096601	5.2	0.999999900
−3.7	0.000108	−0.7	0.241964	2.3	0.989275919	5.3	0.999999942
−3.6	0.000159	−0.6	0.274253	2.4	0.991802471	5.4	0.999999967
−3.5	0.000233	−0.5	0.308538	2.5	0.993790320	5.5	0.999999981
−3.4	0.000337	−0.4	0.344578	2.6	0.995338778	5.6	0.999999989
−3.3	0.000483	−0.3	0.382089	2.7	0.996532977	5.7	0.999999994
−3.2	0.000687	−0.2	0.42074	2.8	0.997444809	5.8	0.999999997
−3.1	0.000968	−0.1	0.460172	2.9	0.998134120	5.9	0.999999998

附表 2 伽马分布量值表

z 为伽马分布随机变量;Γ(z)为伽马分布函数

z	Γ(z)	z	Γ(z)	z	Γ(z)	z	Γ(z)	z	Γ(z)
1.01	0.99433	1.41	0.88676	1.81	0.93408	2.21	1.10785	2.61	1.44044
1.02	0.9884	1.42	0.88636	1.82	0.93685	2.22	1.11399	2.62	1.45140
1.03	0.98355	1.43	0.88604	1.83	0.93969	2.23	1.12023	2.63	1.46251
1.04	0.97844	1.44	0.88581	1.84	0.94261	2.24	1.12657	2.64	1.47377
1.05	0.97350	1.45	0.88566	1.85	0.94561	2.25	1.13300	2.65	1.48519
1.06	0.96874	1.46	0.88560	1.86	0.94869	2.26	1.13954	2.66	1.49677
1.07	0.96415	1.47	0.88563	1.87	0.95184	2.27	1.14618	2.67	1.50851
1.08	0.95973	1.48	0.88575	1.88	0.95507	2.28	1.15292	2.68	1.52040
1.09	0.95546	1.49	0.88595	1.89	0.95838	2.29	1.15976	2.69	1.53246
1.10	0.95135	1.50	0.88623	1.90	0.96177	2.30	1.16671	2.70	1.54469
1.11	0.94740	1.51	0.88659	1.91	0.96523	2.31	1.17377	2.71	1.55708
1.12	0.94359	1.52	0.88704	1.92	0.96877	2.32	1.8093	2.72	1.56964
1.13	0.93993	1.53	0.88757	1.93	0.97240	2.33	1.18819	2.73	1.58237
1.14	0.93642	1.54	0.88818	1.94	0.97610	2.34	1.19557	2.74	1.59528
1.15	0.93304	1.55	0.88887	1.95	0.97988	2.35	1.20305	2.75	1.60836
1.16	0.92980	1.56	0.88964	1.96	0.98374	2.36	1.21065	2.76	1.62162
1.17	0.92670	1.57	0.89049	1.97	0.98769	2.37	1.21836	2.77	1.63506
1.18	0.92373	1.58	0.89142	1.98	0.99171	2.38	1.22618	2.78	1.64868
1.19	0.92089	1.59	0.89243	1.99	0.99581	2.39	1.23412	2.79	1.66249
1.20	0.91817	1.60	0.89352	2.00	1.00	2.40	1.24217	2.80	1.67649
1.21	0.91558	1.61	0.89468	2.01	1.00427	2.41	1.25034	2.81	1.69068
1.22	0.91311	1.62	0.89592	2.02	1.00862	2.42	1.25863	2.82	1.70506
1.23	0.91075	1.63	0.89724	2.03	1.01306	2.43	1.26703	2.83	1.71963
1.24	0.90852	1.64	0.89864	2.04	1.01758	2.44	1.27556	2.84	1.73441
1.25	0.90640	1.65	0.90012	2.05	1.02218	2.45	1.28421	2.85	1.74938
1.26	0.90440	1.66	0.90167	2.06	1.02687	2.46	1.29298	2.86	1.76456
1.27	0.90250	1.67	0.90330	2.07	1.03164	2.47	1.30188	2.87	1.77994
1.28	0.90072	1.68	0.90500	2.08	1.03650	2.48	1.31091	2.88	1.79553
1.29	0.89904	1.69	0.90678	2.09	1.04145	2.49	1.32006	2.89	1.81134
1.30	0.89747	1.70	0.90864	2.10	1.04649	2.50	1.32934	2.90	1.82736
1.31	0.89600	1.71	0.91057	2.11	1.05161	2.51	1.33875	2.91	1.84359
1.32	0.89464	1.72	0.91258	2.12	1.05682	2.52	1.34830	2.92	1.86005
1.33	0.89338	1.73	0.91467	2.13	1.06212	2.53	1.35798	2.93	1.87673
1.34	0.89222	1.74	0.91683	2.14	1.06751	2.54	1.36779	2.94	1.89363
1.35	0.89115	1.75	0.91906	2.15	1.07300	2.55	1.37775	2.95	1.91077
1.36	0.89018	1.76	0.92137	2.16	1.07857	2.56	1.38784	2.96	1.92814
1.37	0.88931	1.77	0.92376	2.17	1.08424	2.57	1.39807	2.97	1.94574
1.38	0.88854	1.78	0.92623	2.18	1.09000	2.58	1.40844	2.98	1.96358
1.39	0.88778	1.79	0.92877	2.19	1.09585	2.59	1.41896	2.99	1.98167
1.40	0.88726	1.80	0.93138	2.20	1.10180	2.60	1.42962	3.00	2.00

附表 3　　t 分布量值表

v 为 t 分布函数的自由度；α 为 t 分布函数的置信分位数

v	α				
	0.100	0.050	0.025	0.010	0.005
1	3.078	6.314	12.706	31.821	63.657
2	1.886	2.920	4.303	6.695	6.625
3	1.639	2.353	3.182	4.541	5.841
4	1.533	2.132	2.776	3.747	4.604
5	1.476	2.015	2.571	3.365	4.032
6	1.440	1.943	2.447	3.143	3.707
7	1.415	1.895	2.365	2.998	3.499
8	1.397	1.860	2.306	2.896	3.355
9	1.383	1.833	2.626	2.821	3.250
10	1.372	1.812	2.228	2.764	3.169
11	1.363	1.796	2.201	2.718	3.106
12	1.356	1.782	2.179	2.681	3.066
13	1.350	1.771	2.160	2.650	3.012
14	1.345	1.761	2.145	2.624	2.977
15	1.341	1.753	2.131	2.602	2.947
16	1.337	1.746	2.120	2.583	2.921
17	1.333	1.740	2.110	2.567	2.898
18	1.330	1.734	2.101	2.552	2.878
19	1.328	1.729	2.093	2.539	2.861
20	1.325	1.725	2.086	2.528	2.845
21	1.323	1.721	2.080	2.518	2.831
22	1.321	1.717	2.074	2.508	2.819
23	1.319	1.714	2.069	2.500	2.807
24	1.318	1.711	2.064	2.492	2.797
25	1.316	1.708	2.060	2.485	2.787
26	1.315	1.706	2.056	2.479	2.799
27	1.314	1.703	2.052	2.473	2.771
28	1.313	1.701	2.048	2.467	2.763
29	1.311	1.699	2.045	2.462	2.756
∞	1.282	1.645	1.960	2.326	2.576

英文缩略语

首字母	英文缩略语	英文全称	中文含义	页码
A	AC	Appearance Consequence	外观性后果	143
A	AGREE	Advisory Group of Reliability Electronic Equipment	电子设备可靠性咨询组	78
A	AMT	Active Maintenance Time	有效等价维修时间	48
A	ARINC	Aeronautical Radio Incorporation	航空无线电公司	79
C	CBM	Condition-based Maintenance	基于状态监测的视情维修	143
C	CBS	Cycle Breakdown Structure	费用分解结构	104
C	CM	Comprehensive Maintenance	综合维修	143
C	CP	Consumable Parts	耗损件/不可修件	146
D	DT	Down Time	停机时间	49
E	EBO	Expected Back Order	期望短缺数	146
E	EC	Economic Consequence	经济性后果	143
E	EF	Evident Failure	明显功能故障	143
F	FBM	Failure-based Maintenance	基于故障的"事后"维修	143
F	FMECA	Failure Mode Effects and Criticality Analysis	故障模式、影响及危害性分析	84
F	FR	Fill Rate	满足率	146
F	FRACAS	Failure Reporting and Corrective Action System	故障报告、分析与纠正措施系统	90
F	FTA	Fault Tree Analysis	故障树分析	100
H	HF	Hidden Failure	隐蔽功能故障	143
H	HPP	Homogeneous Poisson Process	齐次泊松过程	149
L	LCCA	Life Cycle Cost Analysis	寿命周期费用分析	104
L	LRU	Line Replaceable Unit	线上可更换单元	111
M	MC	Mission Consequence	任务性后果	143
M	ME	Multi-echelon	多级别	146
M	MFOP	Maintenance Free Operational Period	免维修使用周期	33
M	MFOPS	Maintenance Free Operational Period Survivability	免维修使用周期生存度	33
M	MI	Multi-indenture	多层次	146

续表

首字母	英文缩略语	英文全称	中文含义	页码
M	MLDT	Mean Logistic Delay Time	平均保障延误时间	50
	MLEM	Maximum Likelihood Estimation Method	最大似然估计方法	120
	MMH	Maintenance Man-hour	维修人工时	38
	MSG	Maintenance Steer Group	维修指导专家组	139
	MTBCF	Mean Time between Critical Failure	平均致命故障间隔时间	32
	MTBF	Mean Operating Time between Failure	平均故障(失效)间隔时间	31
	MTBM	Mean Time between Maintenance	平均维修间隔时间	48
	MTTF	Mean Time to Failure	平均故障(失效)前时间	26
	MTTPM	Mean Time to Preventive Maintenance	平均预防性维修时间	48
	MTTR	Mean Time to Repair	平均修复时间	37
	MTTS	Mean Time to Support	平均保障任务持续时间	42
N	NC	No Consequence	无严重后果	143
	NHPP	Non-homogeneous Poisson Process	非齐次泊松过程	73
P	PLC	Programmable Logic Controller	可编程逻辑控制器	95
R	RBD	Reliability Block Diagram	可靠性框图	53
	RCMA	Reliability Centered Maintenance Analysis	以可靠性为中心的维修工作分析	139
	RD	Revise Design	修订或更改产品设计	144
	RP	Renewal Process	更新过程	154
S	SC	Safety Consequence	安全性后果	143
	SRU	Shop Replaceable Unit	车间可更换单元	145
T	TAT	Turn Around Time	再次出动准备时间	146
	TBM	Time-based Maintenance	定期"事前"维修	143

参 考 文 献

[1] 中央军委装备发展部. 装备通用质量特性术语:GJB 451B—2021[S]. 北京:国家军用标准出版发行部,2022.
[2] 杨为民. 可靠性·维修性·保障性总论[M]. 北京:国防工业出版社,1995.
[3] 何正友. 复杂系统可靠性分析在轨道交通供电系统中的应用[M]. 北京:科学出版社,2015.
[4] 谭松林,李宝胜. 液体火箭发动机可靠性[M]. 北京:中国宇航出版社,2014.
[5] 周正伐. 航天可靠性工程[M]. 2 版. 北京:中国宇航出版社,2007.
[6] 周正伐. 可靠性工程基础[M]. 2 版. 北京:中国宇航出版社,2009.
[7] 周正伐. 可靠性工程技术问答 200 例[M]. 北京:中国宇航出版社,2011.
[8] 刘建同. 系统可靠性保证工程[M]. 北京:中国宇航出版社,2014.
[9] 王自力. 可靠性维修性保障性要求论证[M]. 北京:国防工业出版社,2011.
[10] 陆廷孝,郑鹏洲. 可靠性设计与分析[M]. 北京:国防工业出版社,1995.
[11] 李良巧. 机械可靠性设计与分析[M]. 北京:国防工业出版社,1998.
[12] 王汉功,甘茂治,陈学楚,等. 装备全系统全寿命管理[M]. 北京:国防工业出版社,2003.
[13] 史跃东,楼京俊,刘凯. 装备综合保障工程基础[M]. 武汉:华中科技大学出版社,2022.
[14] 马绍民. 综合保障工程[M]. 北京:国防工业出版社,1995.
[15] 楼京俊,史跃东,阮旻智. 舰船装备维修保障工程新技术[M]. 北京:电子工业出版社,2022.
[16] 史跃东,徐一帆,金家善. 装备复杂系统多状态可靠性分析与评估技术[M]. 北京:科学出版社,2017.
[17] 史跃东,金家善,徐一帆. 半马尔可夫跃迁历程下装备复杂系统多状态可靠性分析与评估[J]. 系统工程与电子技术, 2019, 41(2):445-453.
[18] 史跃东,徐一帆,金家善. 基于逻辑报酬矩阵的多状态系统可靠性评估[J]. 系统工程理论与实践, 2019, 39(5):1316-1325.
[19] 史跃东,陈砚桥,金家善. 舰船装备多状态可修复系统可靠性通用生成函数解算方法[J]. 系统工程与电子技术, 2016, 38(9):2215-2220.
[20] 史跃东,金家善,徐一帆,等. 基于发生函数的模糊多状态复杂系统可靠性通用评估方法[J]. 系统工程与电子技术, 2018, 40(1):238-244.
[21] 史跃东,金家善,柴凯. 大型复杂系统多态可靠性快速评估算法[J]. 系统工程与电子技术, 2022, 44(10):3282-3290.
[22] XU Y F, SHI Y D, XIONG Z H, et al. Multi-state reliability assessment for shipboard hybrid turbine-diesel generation system with redundancy and aging effects[J]. Quality

and Reliability Engineering International,2023,39(3):1001-1023.

[23] KUMAR U D. Reliability, maintenance and logistic support: a life cycle approach[M]. Berlin:Springer,2000.

[24] 国防科学技术工业委员会. 装备保障性分析:GJB 1371—1992[S].北京:总装备部军标出版发行部,1992.

[25] 国防科学技术工业委员会. 故障模式、影响及危害性分析程序:GJB 1391—1992[S].北京:总装备部军标出版发行部,1992.

[26] 章文晋,郭霖瀚. 装备保障性分析技术[M]. 北京:北京航空航天大学出版社,2012.

[27] 中央军委装备发展部. 装备综合保障通用要求:GJB 3872A—2022[S].北京:国家军用标准出版发行部,2023.

[28] 中国人民解放军总装备部. 装备保障性分析记录:GJB 3837—1999[S].北京:总装备部军标出版发行部,1999.

[29] 陈颖,康锐. FMECA 技术及其应用[M]. 2 版. 北京:国防工业出版社,2014.

[30] 王玉泉. 装备费用—效能分析[M]. 北京:国防工业出版社,2010.

[31] 何国伟. 可靠性试验技术[M]. 北京:国防工业出版社,1995.

[32] 贺国芳. 可靠性数据的收集与分析[M]. 北京:国防工业出版社,1995.

[33] 王黎明,陈颖,杨楠. 应用回归分析[M]. 2 版. 上海:复旦大学出版社,2018.

[34] 同济大学数学科学学院. 高等数学[M]. 8 版. 北京:高等教育出版社,2023.

[35] 中国人民解放军总装备部. 装备以可靠性为中心的维修分析:GJB 1378A—2007[S]. 北京:总装备部军标出版发行部,2007.

[36] 刘任洋,李华,李庆民,等. 串件拼修策略下指数型不完全修复件的可用度评估[J]. 系统工程理论与实践,2016,36(7):1857-1862.

[37] 刘任洋,李庆民,王慎,等. 任意寿命分布单元表决系统备件需求量的解析算法[J]. 系统工程与电子技术,2016,38(3):714-718.

[38] 邵松世,刘任洋,李庆民,等. 批量换件下多正态单元表决系统备件量确定[J]. 华中科技大学学报(自然科学版),2016,44(5):25-29.

[39] 李春洋,陈循,易晓山,等. 基于向量通用生成函数的多性能参数多态系统可靠性分析[J]. 兵工学报,2010,31(12):1604-1610.

[40] 阮旻智,钱超,王睿,等.定期保障模式下舰船编队携行备件配置优化[J].系统工程理论与实践,2018,38(9):2441-2448.

[41] 赵斐,刘学娟. 考虑不完美维修的定期检测与备件策略联合优化[J]. 系统工程理论与实践,2017,37(12):3201-3214.

[42] 蒋伟,盛文,杨莉,等. 视情维修条件下相控阵雷达备件优化配置[J]. 系统工程与电子技术,2017,39(9):2052-2057.

[43] 王永攀,杨江平,张宇,等. 相控阵天线阵面两级备件优化配置模型[J]. 国防科技大学学报,2017,39(3):172-178.

[44] 杨建华,韩梦莹. 视情维修条件下 k/N(G)系统备件供需联合优化[J]. 系统工程与电子技术,2019,41(9):2148-2156.

[45] 张永强,徐宗昌,呼凯凯,等. k/N 系统维修时机与备件携行量联合优化[J]. 北京航空航天大学学报,2016,42(10):2189-2197.

[46] 阮旻智,傅健,周亮,等.面向任务的作战单元携行备件配置优化方法研究[J].兵工学报,2017,38(6):1178-1185.
[47] 周亮,孟进,李毅,等.考虑关键性的多约束下辐射干扰对消装备随舰备件配置优化方法[J].系统工程与电子技术,2020,42(2):365-373.
[48] 胡起伟,贾希胜,赵建民.考虑预防性维修的备件需求量计算模型[J].兵工学报,2016,37(5):916-922.
[49] 蔡芝明,金家善,李广波.多约束下随船备件配置优化方法[J].系统工程理论与实践,2015,35(6):1561-1566.
[50] 甘茂治.英汉装备保障工程缩略语词典[M].北京:国防工业出版社,2008.
[51] 赵廷弟.安全性设计分析与验证[M].北京:国防工业出版社,2011.
[52] 吕川.维修性设计分析与验证[M].北京:国防工业出版社,2011.
[53] 石君友.测试性设计分析与验证[M].北京:国防工业出版社,2011.
[54] 马麟.保障性设计分析与评价[M].北京:国防工业出版社,2011.
[55] 国防科学技术工业委员会.修理级别分析:GJB 2961—1997[S].北京:总装备部军标出版发行部,1997.
[56] SHERBROOKE C C.装备备件最优库存建模——多级技术[M].2版.贺步杰,等译.北京:电子工业出版社,2008.
[57] 颜雪松,伍庆华,胡玉成.遗传算法及其应用[M].武汉:中国地质大学出版社,2018.
[58] 李士勇,等.蚁群算法及其应用[M].哈尔滨:哈尔滨工业大学出版社,2004.
[59] 潘峰,李位星,高琪,等.粒子群优化算法与多目标优化[M].北京:北京理工大学出版社,2013.
[60] 王文剑,门昌骞.支持向量机建模及应用[M].北京:科学出版社,2014.
[61] 邱锡鹏.神经网络与深度学习[M].北京:机械工业出版社,2020.
[62] 吉田耕作.泛函分析[M].6版.北京:高等教育出版社,2022.
[63] 康崇禄.蒙特卡罗方法理论和应用[M].北京:科学出版社,2015.

EQUIPMENT LIFE CYCLE RELIABILITY SYSTEM ENGINEERING

| 策划编辑：张少奇　　责任编辑：李梦阳　　封面设计：廖亚萍

超越传统出版　影响未来文化
全国免费热线：400-6679-118

ISBN 978-7-5772-0636-3

定价：68.00元